產業與競爭關係

The Relation of Industry and Competition

楊政學、陳銘煌◎著

楊序

　　本書編撰的動機，乃是期望以學理的分析技術，對應實務的產業特性，來敘說產業與競爭關係的不同面貌，且提供課堂老師與學生的對話空間。本書適合大專院校開設「產業分析」、「產業競爭」與「產業實務專題」等相關課程，以及相關產業競爭培訓課程使用。全書架構所呈現的分量，適合單一學期課程，乃至整個學年教學教材之選用，不致於讓授課老師與修課學生感到教材過多的壓力。

　　全書的章節安排是以學理與實務兩大篇為主軸，共計有二篇十六章。首先，在學理篇部分，係依市場中存在的生產者、要素提供者，引申至政府角色的討論，加以探討不同市場結構特性下廠商訂價策略，以及產業競爭與政府政策介入等議題，期望以全面性且系統性的角度，來介紹廠商、產業、市場與政府間的關聯性。

　　在學理篇之章節安排上，討論的議題有：廠商決策與分析工具（第1章）；市場結構類型與特性（第2章）；完全競爭廠商決策與均衡（第3章）；獨占廠商決策與均衡（第4章）；獨買廠商決策與均衡（第5章）；寡占廠商競爭與勾結（第6章）；獨占性競爭廠商競爭與均衡（第7章）；廠商訂價策略與管制（第8章）；產業競爭與政府管制（第9章）。

　　本書因著許多緣分的成全始得以圓滿完成，首先感謝家人及好友的全力支持，讓我更能專心於書籍的撰述工作；其次感謝本書另一位作者陳銘煌博士，以及各章節所引用資料的所有作者或譯者的成全；最後感謝揚智文化公司所有同仁鼎力協

i

助，終能順利付梓出版，個人特致萬分謝意！筆者學有不逮，才疏學淺，倘有掛漏之處，敬請各界賢達不吝指正，有以教之！

用一輩子的心力專精於得到，後來發現原來只要懂失去；
學會在遇到的每一個因緣中，無私願意給出別人的需要；
生命所有努力的最終到達點，不過是找到我存在的價值。
分享之……

楊政學 謹識

竹東‧浮塵居

2005.7.29

陳序

　　新竹科學工業園區歷經二十餘年的營運發展，已成功培植半導體、電腦、通訊、光電等產業發展，其中多項產品在國際市場之占有率位居世界第一，從而帶動上中下游高科技產業聚集，形成完整的生產及供應體系。新竹科學園區高科技產品進出口值約占全國貿易總額近一成；而科學園區營業額約占全國資訊電子產業總產值30％。對內由於電子零配件產業之向前向後產業總關聯程度高達2.59，造就科學園區成為我國高科技重鎮，更是帶動經濟發展的火車頭產業，未來高科技群聚效應之進一步擴散，將可望實現「綠色矽島」之願景；對外由於園區廠商之全球運籌營運策略，展開跨國性合縱連橫之購併與聯盟，加速產品範疇及營運規模之擴張，已充分展現台灣高科技產業實力。

　　有鑑於高科技產品研發成果日新月異，為配合政府推動高科技產業政策，除應秉持以往推動科學工業發展的成功經驗外，允宜掌握高科技產業之發展脈動，剖析當前產業投資營運所面臨之重要課題，俾能確實瞭解問題本質並因勢利導，健全產業發展環境，即時提供完善服務，滿足廠商營運需求。因此，本書第10章至第16章實務篇，擬依據有關經濟學理論探討科學工業園區之產業環境及廠商投資營運行為，因涉及問題及其相互關係頗為複雜，爰參酌產業經濟學有關結構學派之分析模式，系統化剖析科學園區產業環境、廠商行為、制度規範及營運績效之關聯性；除歸納我國科學工業園區所提供之優異產業環境外，並深入探究現行高科技廠商營運所面臨之重要課

題，舉凡廠商轉投資行為、全球運籌營運、策略聯盟、購併行為，及有關營運需求等攸關產業發展因素，俾供參考。

陳銘煌　謹識

於竹科

目錄

楊序　i

陳序　iii

第一篇 學理篇

1 廠商決策與分析工具　3

1.1 廠商要素投入組合　4

1.2 擴張線與長期成本　9

1.3 長期及短期成本曲線　10

1.4 收益與利潤極大化　15

1.5 決策分析工具　20

2 市場結構類型與特性　37

2.1 不同市場結構類型　38

2.2 完全競爭市場的特性　40

2.3 獨占市場的特性　42

2.4 獨買市場的特性　43

2.5 寡占市場的特性　44

2.6 獨占性競爭市場的特性　46

3 完全競爭廠商決策與均衡　51

3.1 廠商短期決策　52

3.2 短期供給曲線　56

3.3 短期生產者剩餘　61

3.4 長期均衡與供給　63

3.5 完全競爭與經濟效率　68

4 獨占廠商決策與均衡　77

4.1 獨占市場的形成　78

4.2 獨占市場的短期均衡　80

4.3 獨占市場的訂價決策　87

4.4 獨占力量的來源　95

4.5 獨占力量的衡量　97

4.6 獨占力量的社會成本　102

4.7 價格管制與自然獨占　104

5 獨買廠商決策與均衡　111

5.1 獨買市場的形成　112

5.2 獨買市場的短期均衡　112

5.3 獨買市場的訂價決策　115

5.4 獨買力量的來源　116

5.5 獨買力量的衡量　117

5.6 獨買力量的社會成本　118

5.7 雙邊獨占　119

6 寡占廠商競爭與勾結　123

6.1 寡占廠商的競爭模型　124

6.2 寡占廠商的價格僵固性　125

6.3 卡特爾組織　127

6.4 價格領導模型　131

6.5 報復行爲　132

7 獨占性競爭廠商競爭與均衡　137

7.1 廠商短期均衡　138

7.2 廠商長期均衡　139

7.3 廠商非價格競爭策略　141

7.4 廠商廣告策略　143

8 廠商訂價策略與管制　147

8.1 差別訂價　148

8.2 獨占廠商的價格管制　151

8.3 不同市場結構的比較　153

8.4 限制市場的力量　156

8.5 市場集中度指標　157

9 產業競爭與政府管制　165

9.1 產業競爭與經濟效率　166

9.2 管制的經濟理論　169

9.3 經濟管制的討論　174

9.4 自然獨占與政府管制　185

第二篇 實務篇

10 產業環境與廠商競爭概論　197

10.1 問題緣起　198

10.2 探究範疇　199

10.3 探究方法　200

10.4 預期成果及其應用　200

10.5 探究架構　201

11 科學工業園區產業特質分析　205

11.1 前言　206

11.2 科學工業園區與相關工業區之產業比較分析　207

11.3 科學工業園區之產業發展特質分析　222

12 產業環境與競爭機制剖析　241

12.1 新竹科學工業園區之開發模式　242

12.2 新竹科學工業園區之產業環境　252

12.3 新竹科學工業園區廠商營運機制與規範　268

13 廠商對保稅通關制度之滿意度調查分析　285

13.1 前言　286

13.2 調查內容概要　288

13.3 廠商滿意度調查結果分析　289

13.4 園區六大產業對現行保稅貿易制度之滿意度變異數分析　299

13.5 廠商意見彙整分析與因應　305

14 廠商投資營運行為與營運績效　319

14.1 前言　320

14.2 科學工業園區廠商投資營運行為　320

14.3 科學工業園區廠商營運績效　352

15 公平交易法如何規範高科技產業及有關案例分析　373

15.1 高科技產業涉及公平交易法之案例統計　374

15.2 公平交易法如何規範高科技產業之反托拉斯行為　379

15.3 公平交易法如何規範高科技產業之不公平競爭行為　389

16 產業環境與廠商競爭結論　395

16.1 前言　396

16.2 研究結論　396

參考文獻　405

中英索引　411

英中索引　415

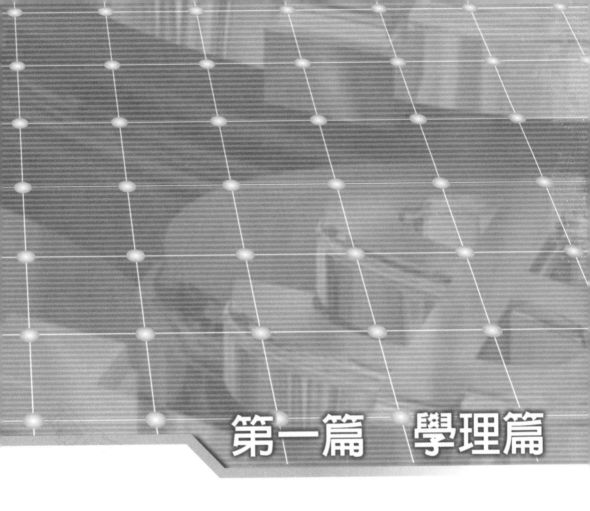

第一篇 學理篇

❶ 廠商決策與分析工具

❷ 市場結構類型與特性

❸ 完全競爭廠商決策與均衡

❹ 獨占廠商決策與均衡

❺ 獨買廠商決策與均衡

❻ 寡占廠商競爭與勾結

❼ 獨占性競爭廠商競爭與均衡

❽ 廠商訂價策略與管制

❾ 產業競爭與政府管制

上次事情發生所留下的結果，
就是現在你身上遇到的感受；
透過每次遇到的緣份，
讓你有機會去完成未完成的事情。

第 1 章
廠商決策與分析工具

- 1.1 廠商要素投入組合
- 1.2 擴張線與長期成本
- 1.3 長期及短期成本曲線
- 1.4 收益與利潤極大化
- 1.5 決策分析工具

本章節探討廠商的決策行為與所用分析工具，討論的議題有：廠商要素投入組合、擴張線與長期成本、長期及短期成本曲線、收益與利潤極大化，以及決策分析工具。

1.1 廠商要素投入組合

一、特定產量下的成本極小

假設我們希望生產q_1的產量，應該如何做才能以最小的成本來達成呢？〔圖1-1〕中，q_1為廠商的等產量線，其問題是在等產量線上選擇一點，而使得總成本最小，而〔圖1-1〕顯示了此問題的答案。假設這廠商另花費C_0在投入上，很不幸的，沒

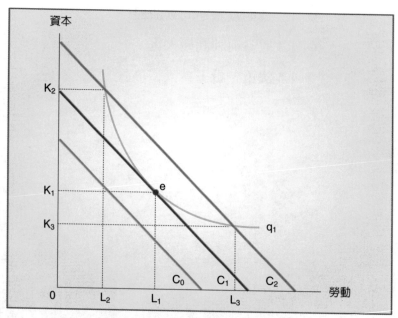

圖1-1　廠商成本極小化決策行為

有任何投入組合可以用C_0的花費，來使廠商達到q_1的產量。q_1的產量可以用C_2的花費來達成，不論是使用K_2單位的資本與L_2單位的勞動，或使用K_3單位的資本與L_3單位的勞動。但C_2不是最小的成本，相同的q_1產量可以用更低的成本C_1來達成，此時使用K_1單位的資本與L_1單位的勞動。

事實上，等成本線C_1是可以生產q_1的最低等成本線。等產量線q_1的切點，以及等成本線C_1上的e點，告訴我們成本最小的投入選擇是L_1及K_1，而此可直接從圖中看出。在此時，等產量線的斜率與等成本線的斜率相同。

當所有投入的支出增加時，等成本線的斜率並沒有改變，因為投入的價格沒有改變，但截距增加。假設任何一種投入，如勞動的價格上升，則等成本線斜率（w/r）的絕對值將增加，並會使成本線變得更陡峭，〔**圖1-2**〕顯示出此種情況。起初等成本線是C_1，而廠商使用L_1的勞動力與K_1單位的資本生產q_1，而使成本在e點達到最低。當勞動價格上升時，等成本線變得更加陡峭。

等成本線C_2反映了較高價格的勞動，面對此較高價格的勞動，廠商為了使成本最小化，改在f點生產q_1，並使用L_2單位的勞動及K_2單位的資本。廠商為回應較高價格的勞動，在生產過程中以資本來取代勞動，而這與廠商的生產過程有何關係呢？

當我們討論生產技術時，勞動對資本的$MRTS_{LK}$是等產量線斜率的負值，等於勞動與資本邊際產量的比值，如（**1-1**）式：

$$MRTS_{LK} = \Delta K / \Delta L = -MP_L / MP_K \qquad (1-1)$$

由前述，等成本線的斜率是$\Delta K / \Delta L = -w/r$，即當廠商以最低成本來生產某特定產出時，下列的等式就會成立，即：

$$MP_L / MP_K = w/r$$

重寫公式如（**1-2**）式所示：

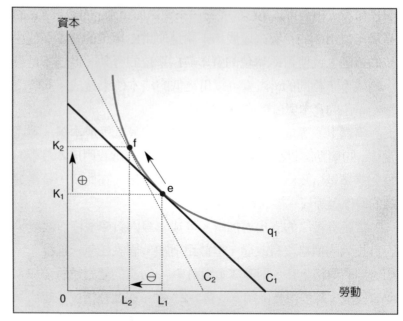

圖1-2　投入價格改變所致投入要素間的替代

$$\frac{MP_L}{w} = \frac{MP_K}{r} \qquad (1\text{-}2)$$

MP_L/w是每增加一元的勞動投入所得到的額外產出；若工資率是10，而多雇用一位勞工會增加產出20單位，則每元的勞動投入所帶來的額外產出為20/10=2單位。同理，MP_K/r是每增加一元的資本投入所得到的額外產出。因此，（**1-2**）式告訴我們成本極小化的廠商，應該選擇投入的數量，使生產過程中任一投入所增加的最後一元價值，能產生相同的額外產出。

為什麼成本極小化必須使（**1-2**）式成立呢？假設除了工資率為10之外，資本的租金為2，而且每增加一元的資本投入所得到的額外產出亦為20單位。此時，每元的資本投入所帶來的額外產出為20/2=10單位。因為每元花費在資本設備的生產力，是五倍於每元花在勞動的生產力，廠商的做法會傾向於多用資本

少用勞力。若廠商減少勞力而增加資本，勞動的邊際產量會上升，資本的邊際產量會下降。最後一定會有一點，使任何一種額外的投入所生產的額外產出之成本均相同。此時廠商的成本達到極小化。

二、變動產量下的成本極小

上一節已說明在特定產量下，成本極小化廠商如何選擇各種不同的投入組合來生產。現將此分析延伸，以討論廠商的成本是如何決定於其產量。首先決定廠商對於每種產量的成本極小化之投入數量，然後再計算廠商的總成本。

成本極小化所產生的結果，如〔圖1-3〕所示。假設廠商可以每小時w=10雇用勞工L，並以每小時r=20租用一單位資本K。以這些投入成本，我們可畫出廠商的三條等成本線。每一條等成本以下式表示：

C=（10/每小時）（L）+（20/每小時）（K）

在〔圖1-3〕中，最低的線代表成本為1,000，中間的線為2,000，而最高的線代表成本為3,000。

在〔圖1-3〕（a）中，a、b、c每一點代表等成本線與等產量線的切點。例如，b點告訴我們，要以最低成本來生產200單位，必須選擇100單位勞動與50單位資本。此一組合位於2,000等成本線之上。同樣的，生產100單位的最低成本為1,000（在點a，L=50，K=25）；生產300單位的最低成本為3,000（在點c，L=150，K=75）。

通過廠商等成本線與等產量線切點的線，即為廠商的**擴張線**（expansion path）。此擴張線說明廠商在每種產出水準下，所選擇最低成本的各種不同勞動及資本的組合。當產量增加而兩種投入的使用也增加時，此曲線將為正斜率。例如，當產量由

**擴張線
expansion path**

通過廠商等成本線與等產量線切點的線，即為廠商的擴張線。此擴張線說明廠商在每種產出水準下，所選擇最低成本的各種不同勞動及資本的組合。

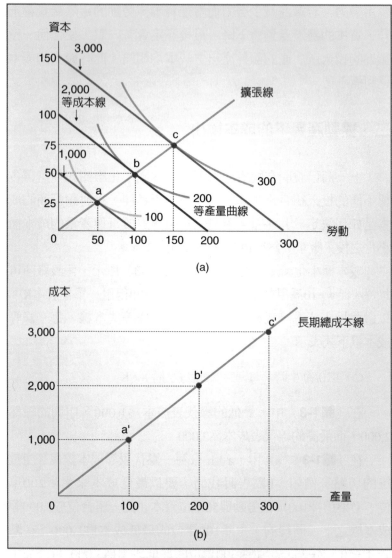

圖1-3　廠商的擴張線與長期總成本線

100單位增至200單位時，資本由25增至50單位，勞動由50增至
100單位。對每一產出水準，廠商使用的資本僅為勞動的一半。
因此，擴張線為一直線，其斜率等於$\Delta L/\Delta K = (-25)/(100-50)$

=-1/2。

1.2 擴張線與長期成本

　　廠商的擴張線包含與長期總成本線LTC（q）相同的資訊，此可見〔圖1-3〕（b）。由擴張線移向成本線，則有如下三個步驟：

1. 選擇〔圖1-3〕（a）中，一條等成本線所代表的產出水準，然後找出等產量線與等成本線的切點。
2. 由選定的等成本線，決定所選擇產出水準的最低成本。
3. 畫出產出與成本的組合，如〔圖1-3〕（b）。

　　假設我們由產量為100單位開始，此100單位的等產量線與等成本線的切點，為〔圖1-3〕（a）的a點。因為a點位於1,000的等成本線上，故我們知道在長期要生產100單位的最低成本為1,000。現將100單位的產出與1,000的成本畫在〔圖1-3〕（b）的a'點，故a'點代表以1,000的成本生產100單位。同理，b'點代表以2,000的成本生產200單位，此對應於擴張線上的b點。最後，c'點代表以3,000的成本生產300單位，並對應於c點。對每一產出水準重複上述步驟，可以得到〔圖1-3〕（b）的長期總成本線，即每一產出水準下的長期最低成本。

　　在〔圖1-3〕（b）中，我們看到與擴張線對應的長期總成本曲線，是由原點出發的直線。在這種固定規模報酬的情形下，生產的長期平均成本為固定的；意即當產量增加時，平均成本是不會變動的。如當產量為100，長期平均成本是每單位1,000/100=10。產量為200時，長期平均成本是每單位2,000/200=10；產量為300時，每單位平均成本也是10。因為固定的平均成本代表邊際成本亦固定，故長期平均成本與邊際成

本曲線，都可以用成本爲每單位10的水平線來表示。

1.3 長期及短期成本曲線

在本章節中，我們將會討論長期平均成本及邊際成本曲線，並將強調這些曲線相對於短期曲線的不同處，以瞭解廠商的決策行爲。

一、短期生產的僵固性

廠商所有的長期投入都是可變動的，因爲其計畫期間夠長，所以允許改變工廠的大小，這也使得廠商可以用低於短期的平均成本來生產之可能性。要瞭解其原因，可以比較在短期中資本與勞動都是可變動的情形，以及資本及勞動都是固定的兩種情形。

〔圖1-4〕說明廠商的生產等產量線，其中廠商的長期擴張線，是對應於〔圖1-3〕中由原點出發的直線。假設資本在短期是固定在K_1，爲了要生產q_1的產量，廠商會選擇勞動等於L_1來使其成本最小化，並對應於$\overline{AB}$等成本線的切點。當廠商決定要增產到q_2時，僵固性就出現了。如果資本不是固定的，則可以用資本K_2及勞動L_2生產相同產量，其生產成本可以由等成本線$\overline{CD}$反映。

但是固定的資本迫使廠商在g點使用資本K_1，以及勞動L_3來增加產量，g點在等成本線$\overline{EF}$上，其比等成本線$\overline{CD}$有較高的成本。爲什麼當資本固定時，生產成本較高呢？因爲當廠商增加生產時，無法以較便宜的資本來取代較昂貴的勞動。此種僵固性反映在短期擴張線，即由原點延伸的線在當資本投入到達K_1時成爲一條水平線。

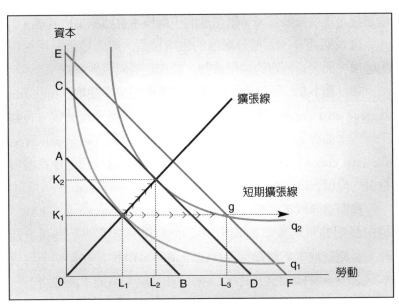

圖1-4　短期生產的僵固性

二、長期平均成本

　　在長期中，資本數量可以改變，此會使得廠商能夠降低成本。要瞭解當廠商沿著擴張線移動時成本會如何，可以觀察長期的平均與邊際成本曲線。決定長期平均及邊際成本曲線的最重要因素，需視廠商是否有規模報酬遞增、固定或遞減而定。例如，假設一個廠商的生產過程，在各種產量上呈現固定的規模報酬，當投入加倍會導致產量加倍。因為當產量增加時，投入的價格保持不變，對所有的產量而言，生產的平均成本應該是一樣的。

　　假設廠商的生產過程是規模報酬遞增，加倍的投入會導致一倍以上的產量，則生產的平均成本會隨產量而降低，因為兩倍的成本會生產超過兩倍的產量。以相同的邏輯來看，如果生

產過程是規模報酬遞減，則生產的平均成本會隨產量而遞增。

就長期而言，大部分廠商的生產技術，起先是呈現規模報酬遞增，而後是固定的規模報酬，最後是規模報酬遞減。

如〔**圖1-5**〕顯示一個典型的**長期平均成本曲線**（long-run average cost curve，簡稱LAC），而與此種生產過程一致。長期平均成本曲線是U型的，正如**短期平均成本曲線**（short-run average cost curve，簡稱SAC），但是此U形的曲線來源，是遞增與遞減的規模報酬，而不是生產過程中要素的報酬遞減。

長期邊際成本曲線（long-run marginal cost curve，簡稱LMC）是由長期的平均成本曲線所決定的，其衡量當產量逐漸上升時，長期總成本的變動。當LAC下降時，LMC是在長期平均成本線之下，當LAC上升時，LMC則在長期平均成本曲線之上。這兩條曲線相交於e點，此時長期平均成本曲線達到最小值。

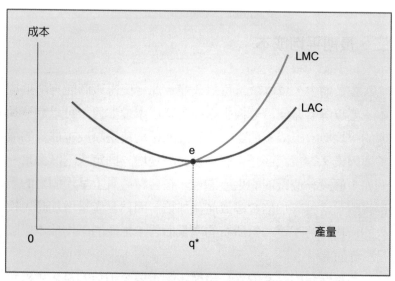

圖1-5　長期平均成本曲線與長期邊際成本曲線

三、短期及長期成本的關係

〔**圖1-6**〕及〔**圖1-7**〕說明短期與長期成本間的關係。假設廠商對於未來產品的需求是不確定的，且正在考慮三種不同的工廠規模，其短期平均成本曲線分別是SAC_1、SAC_2、SAC_3，如〔**圖1-6**〕所示。此決定非常重要，因為一旦工廠建立後，在一段時間內廠商無法改變工廠的大小。

〔**圖1-6**〕顯示長期的固定規模報酬。如果廠商期望生產q_1單位的產量，則應建立最小的工廠，其生產的平均成本是50；這是最小的成本，因為當兩者均是50時，短期邊際成本SMC_1與短期平均成本SAC_1相交。如果廠商要生產q_2的產量，中型的工廠最好，其生產的平均成本也是50。如果要生產q_3的產量，則最大的工廠是最好的。因為只有這三種大小的工廠，任何在q_1與q_2之間的生產選擇，將會導致生產平均成本的增加，如果選擇在q_2與q_3之間的產量，結果也是一樣。

什麼是廠商的長期成本曲線呢？在長期，廠商可以改變工

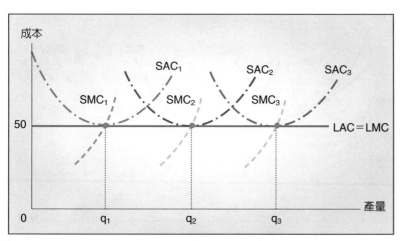

圖1-6　固定規模報酬下的長期成本

廠的大小，因此若在一開始選擇生產q_1，且希望增加產量到q_2或q_3，則可以如此做而不會導致平均成本的增加。長期平均成本曲線可由短期平均成本曲線有橫線交叉的部分連接起來，因為這顯示任何產量的最低生產成本。長期平均成本曲線是短期平均成本曲線的**包絡曲線**（envelope curve），因為其包圍有短期平均成本曲線。

現在假設有許多種工廠大小可供選擇，每個選擇都有一個短期平均成本曲線，而其最小值都是50，則長期平均成本曲線是這些短期平均成本曲線的包絡曲線。在〔**圖1-6**〕中即為直線LAC，不論這廠商想要生產多少，其可以選擇工廠的大小，以及資本與勞動的組合，而以最低的平均成本50來生產。

在規模經濟及規模不經濟的情形下，其分析仍是相同的，但長期平均成本曲線不再是水平線。〔**圖1-7**〕顯示三種大小工廠都可能被採用的典型例子；中型工廠的最小平均成本是最低的。長期平均成本曲線在一開始是呈現規模經濟，但在較高產量之下，則呈現規模不經濟。同樣的，交叉橫線顯示出所對應

包絡曲線
envelope curve

長期平均成本曲線是短期平均成本曲線的包絡曲線，因為其包圍有短期平均成本曲線。

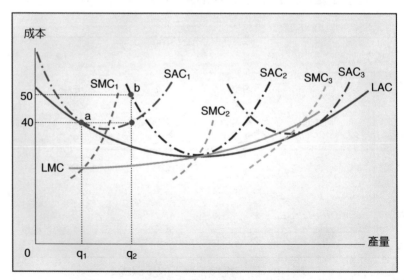

圖1-7　規模經濟與規模不經濟下的長期成本

三種工廠大小的包絡曲線。

　　為釐清短期與長期成本曲線間的關係，可思考在〔圖1-7〕中想要生產q_1產量的廠商，如果要建立小型的工廠，短期平均成本曲線SAC_1是適當的，因此生產的平均成本（在SAC_1上的a點）是40，可見一個小型工廠比生產平均成本是50（SAC_2上的b點）的中型工廠要好。當只有三個工廠大小可以選擇時，a點就會成為長期成本函數裡的一點。如果有其他大小的工廠可供選擇，而且至少有一種工廠的大小，是可以讓廠商以少於每單位40來生產q_2，則a點就不會在長期平均成本曲線上。

　　在〔圖1-7〕中，如果任何大小的廠商可以由U形的LAC曲線來建立，則包絡曲線是上升的。注意LAC曲線永遠不會在短期平均成本曲線之上，而且最小廠與最大廠的最低平均成本點，並不會在長期平均成本曲線上，因為就長期而言，具有規模經濟與規模不經濟。例如，一個小工廠以最低平均成本來經營是不太有效率的，因為一個較大的工廠可以利用遞增的規模報酬，而以較低的平均成本生產。

　　長期邊際成本曲線LMC，並不是短期邊際成本曲線的包絡曲線。短期邊際成本可適用於一個特殊的工廠，而長期邊際成本可以應用到各種不同大小的工廠。長期邊際成本曲線上的每一點，是最具成本效益之工廠所對應的短期邊際成本。在〔圖1-7〕中，SMC_1與LMC之交點所對應之產量，同時亦對應於SAC_1與LAC之切點。

1.4 收益與利潤極大化

　　廠商進行生產的目的是為達成利潤極大化的目標，因此廠商除瞭解成本的各種概念外，還必須對收益、利潤與利潤極大化的達成條件進一步分析。

一、總收益、平均收益與邊際收益

廠商的收益就是廠商出售產品所得到的收入，廠商的收益可分為總收益、平均收益與邊際收益。**總收益**（total revenue，簡稱TR）是指廠商按某一價格出售某一定量產品所獲得的全部收入，總收益等於單位產品價格與總銷售量的乘積。如果以P表示價格，q表示銷售量，則總收益TR可用下列（**1-3**）式表示：

$$TR = P \cdot q \tag{1-3}$$

平均收益（average revenue，簡稱AR）是指廠商平均每銷售一單位產品所獲得的收入，即總收益與總銷售量之比值。平均收益的公式可表示為（**1-4**）式：

$$AR = TR/q \tag{1-4}$$

邊際收益（marginal revenue，簡稱MR）是指廠商每增加銷售一單位產品所獲得的收入增加量，邊際收益等於總收入增加量與總銷售量增加量之比值。邊際收益的計算公式為（**1-5**）式：

$$MR = \Delta TR / \Delta q \tag{1-5}$$

成本是用貨幣或價格表示的資源投入，收益則是用貨幣或價格表示的產量。因此，總收益、平均收益與邊際收益間的相互關係，受到總產量、平均產量與邊際產量的影響。

收益是產品數量與價格的函數，故可以由價格不變與價格遞減兩種情況，來觀察總收益、平均收益與邊際收益的變化。

（一）產品價格不變的條件下

如果產品價格不隨產品銷售數量的多寡而變化，廠商出售

最後一單位產品的價格與前一單位產品的價格相同，亦即增加
一單位產品所獲得的總收益TR增加量等於產品的價格。此時，
單位產品的價格P等於平均收益AR，也等於邊際收益MR，其情
況如〔**表1-1**〕所示。

在平面座標上，邊際收益曲線與平均收益曲線重疊，並與
座標的橫軸平行，如〔**圖1-8**〕中平行於橫軸的P＝AR＝MR曲
線。

表1-1　價格不變條件下的收益情況

產量（q）	價格（P＝AR）	總收益（TR）	邊際收益（MR）
1	100	100	100
2	100	200	100
3	100	300	100
4	100	400	100
5	100	500	100
6	100	600	100
7	100	700	100
8	100	800	100

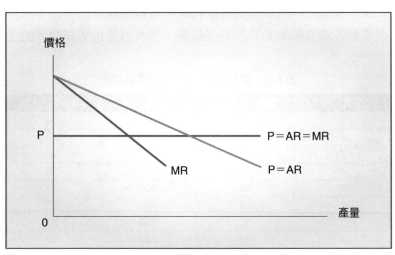

圖1-8　平均收益與邊際收益曲線

（二）產品價格遞減的條件下

由於最後一單位產品的售價，即邊際收益小於前一單位產品的售價，故邊際收益小於同一產量下的平均售價，即平均收益，如〔**表1-2**〕所示。在座標上，不僅平均收益曲線與邊際收益曲線都向右下方傾斜，且邊際收益曲線位於平均收益曲線之下，如〔**圖1-8**〕中的P=AR曲線與MR曲線。

綜合言之，無論在價格遞減或在價格不變的條件下，平均收益都等於平均每單位產品的價格。由於廠商收益等於消費者支出，故平均收益曲線不僅反映廠商收益的銷售曲線，也是反映消費者需求程度的需求曲線。

二、利潤的概念

利潤是收益與成本間的差額，經濟學的利潤觀念與會計學的觀念有所不同。會計上所稱的**會計利潤**（accounting profit），是廠商總收益與會計成本間的差額，即總收益減去外顯成本的餘額。相當於內隱成本的會計利潤，是廠商願意繼續從事經營企業與管理活動所必須的最低報酬，通常也是企業經營者的**正**

會計利潤
accounting profit
會計利潤是廠商總收益與會計成本間的差額，即總收益減去外顯成本的餘額。

表1-2　價格遞減條件下的收益情況

產量（q）	價格（P＝AR）	總收益（TR）	邊際收益（MR）
1	80	80	80
2	75	150	70
3	70	210	60
4	65	260	50
5	60	300	40
6	55	330	30
7	50	350	20
8	45	360	10
9	40	360	0
10	35	350	-10

常利潤（normal profit）。

經濟學所稱之**經濟利潤**（economic profit），是總收益減去外顯成本與內隱成本的餘額；經濟利潤是超過正常利潤外的利潤，故又稱超額利潤。廠商所追求的極大利潤，指的是經濟利潤。由於經濟利潤等於總收益減去總成本，而總成本中又包含了正常利潤，因此，當廠商的經濟利潤為零時，廠商仍得到正常利潤。

會計利潤、經濟利潤與各種成本之間的關係，可簡要的以公式表示如下：

> 會計利潤＝總收益-外顯成本
> 經濟利潤＝總收益-總成本
> 　　　　＝總收益-（外顯成本+內隱成本）
> 　　　　＝會計利潤-正常利潤（或內隱成本）
> 　　　　＝超額利潤

經濟利潤
economic profit

經濟利潤是總收益減去外顯成本與內隱成本的餘額；經濟利潤是超過正常利潤外的利潤，故又稱超額利潤。

三、利潤極大化原則

利潤極大化原則是探討在什麼條件下，總收益與總成本之間的差額為最大。由於價格與產量的變化，影響邊際收益與邊際成本的變化，進而影響總收益與總成本的變化，所以可以從邊際收益與邊際成本的關係中，尋找利潤極大化的條件。

當達到某一價格或產量時，如果邊際收益等於邊際成本，此時總收益與總成本間的差額最大，意謂總利潤為最大。因此，追求利潤極大化的條件為：邊際收益等於邊際成本，用（**1-6**）式來表示：

$$MR=MC \qquad\qquad (1\text{-}6)$$

式中，MR代表邊際收益，MC代表邊際成本。

如果MR>MC，隨著產量的增加，總收益與總成本的差額也會增大，此時，生產量愈多利潤愈大。如果MR<MC，隨著產量的增加，總收益與總成本的差額就會減少，此時生產量愈多利潤愈小。只有當MR=MC時，廠商才能得到全部利潤，達到利潤極大化的目標。

由於利潤極大化的條件是邊際收益等於邊際成本，因此廠商要達成利潤極大化的目標，其經營原則必須根據市場狀況調節供給，在邊際收益大於邊際成本時，擴大產量；在邊際收益小於邊際成本時，減少產量，以維持邊際收益等於邊際成本的條件。唯需要特別注意的是，利潤極大化的一般條件是在某一價格及其一產量上達成的，然價格與產量的變化必須取決於市場的類型。

1.5 決策分析工具

一、SWOT分析

在企業管理專業學理上，所謂策略規劃是一種「優勢」與「劣勢」、「機會」與「威脅」的確認與考量，如〔**表1-3**〕所示。其中，組織必須確認外部環境的機會與威脅，從機會尋找目標，同時避免威脅；惟所尋找的目標必須配合組織的優勢與劣勢，且考量企業體的本身任務，以確認組織所想要達到的未來願景，並找出未來願景與組織現狀間的差距，然後發展策略與拉近兩者差距。同時，亦要針對本身內部條件進行分析，以瞭解其優缺點及競爭能力，以創造組織的高利潤價值。

SWOT分析是以有利或不利，以及內部或外部這兩個構面，對經濟分析所研究之個案公司，其擁有的內部**優勢**

表1-3 SWOT分析

優勢（Strengths）	劣勢（Weaknesses）
機會（Opportunities）	威脅（Threats）

資料來源：引用自楊政學（2005a）。

（strengths）與**劣勢**（weaknesses），以及個案公司所面對的外部**機會**（opportunities）與**威脅**（threats）進行分析，如〔圖1-9〕所示。內部優勢與劣勢，是指個案公司通常能夠加以控制的內部因素，諸如組織使命、財務資源、技術資源、研究與發展能力、組織文化、人力資源、產品特色等。

　　對一般以營利為主之企業體個案而言，任何優勢與劣勢的分析都必須以顧客為焦點，由顧客的觀點去探討才有意義，因為只有能有利於滿足顧客需要的優勢，才是真正的優勢；也只

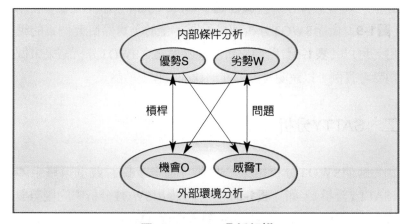

圖1-9 SWOT分析架構
資料來源：引用自楊政學（2005a）。

有會不利於滿足顧客需要的劣勢，才是眞正的劣勢。個案公司需要定期去評估他們擁有的優勢與劣勢。例如，蘋果電腦（Apple Computer）的顧客忠誠度高，是其一項競爭優勢；但其作業系統不如微軟公司（Microsoft）的視窗作業系統（Windows），則是一項競爭劣勢。

外部機會與威脅，是指個案公司通常無法加以控制的外部因素，包括競爭、政治、經濟、法律、社會、文化、科技與人口環境等。這些外部因素雖非個案公司所能控制，但卻對個案公司的營運有重大的影響。機會如能及時掌握，將有助於達成目標；威脅如不能及時防範，將會阻礙目標的達成。

例如，油價的上漲並非一般廠商所能左右，但卻會增加廠商的產銷成本，如未妥善因應，將成爲廠商的一大威脅；而在全球環境意識高漲之際，對那些比競爭者更重視污染防治與生態保育的廠商而言，將會是一個成長的機會。例如，中國鋼鐵公司對綠色環保的重視與投入，使中鋼公司相對其他競爭同業，保有更大的特色與優勢，同時藉以轉型本身企業體質。

在SWOT外部環境分析當中，包括有環境分析、消費者行爲分析與政經趨勢分析等。在內部條件分析當中，包括有組織分析、高階主管分析與**價值鏈**（value chain）分析等，一般以〔**圖1-9**〕所示SWOT分析架構說明。至於，實際研究個案的應用，可以〔**表1-4**〕所列之新屋蓮園個案之SWOT分析結果來做爲參考實例，以說明實際操作演練的流程與結論。

二、SATTY分析

延伸SWOT分析結果，我們可進一步探討競爭策略矩陣（SATTY分析），如〔**表1-5**〕所示，提出SWOT分析中的優勢與機會（S+O：Maxi-Maxi）、劣勢與機會（W+O：Mini-Maxi）、優勢與威脅（S+T：Maxi-Mini）、劣勢與威脅（W+T：Mini-

表1-4　新屋蓮園SWOT分析

優勢	劣勢
1.新屋蓮園位於新屋鄉北端，隔觀音、中壢，交通方便。 2.新屋蓮園屬於鄉下地區，非常清靜而且離觀音鄉近，只要到其他農場參觀的遊客，勢必也會到新屋蓮園觀賞。 3.農場土地是經營者的，可以節省租金。 4.農場離業主家近，經營方便。	1.蓮花有季節性，6-9月是旺季，其餘時間，很少會有遊客。 2.缺乏專業解說人員及行銷人員。 3.產品促銷方式不足。 4.產品促銷班未有正式牌照。 5.沒有民宿，無法提供兩日遊。 6.缺乏傳媒廣告。 7.相關人員還處於學習階段，沒有足夠的相關知識。
機會	威脅
1.因為921地震及現在SARS的關係，遊客大多往鄉下跑，接近大自然。 2.政府輔導舉辦蓮花季，設計各種活動或遊樂設施，吸引更多的遊客。 3.東西向快速道路興建，交通便利。 4.週休二日政策影響遊客增加。 5.政府積極推動休閒農業。	1.乾旱。 2.蟲害。

資料來源：引用自楊政學、陳佩君（2003）。

表1-5　SWOT競爭策略矩陣（SATTY分析）

	S	W
O	S+O:Maxi-Maxi （使用優勢並利用威脅） ☆解決方案	W+O:Mini-Maxi （減輕弱勢並利用機會） ☆解決方案
T	S+T:Maxi-Mini （使用優勢並減輕威脅） ☆解決方案	W+T:Mini-Mini （減輕弱勢並減輕威脅） ☆解決方案

資料來源：引用自楊政學（2005a）。

Mini）所歸結出具體的解決方案，以研擬出因應的競爭策略矩陣表。同樣地，筆者延伸前述新屋蓮園SWOT分析結果，可進一步歸結出其競爭策略矩陣，即SATTY分析結果，如〔**表1-6**〕

表1-6　新屋蓮園SWOT競爭策略矩陣（參考實例）

S：新屋鄉與觀音鄉眾多休閒農場 O：政府積極推動休閒農業 S＋O：策略聯盟	W：沒有民宿，無法提供兩日遊 O：東西向快速道路完工，交通便利 W＋O：異業結盟
S：農場離業主家近，經營方便 T：乾旱 S＋T：引用大堀溪水	W：部分花卉無法長時間開花 T：蟲害 W＋T：廣植花種且以螯蝦除害

資料來源：引用自楊政學、陳佩君（2003）。

所示參考實例。

三、成長策略

　　情勢分析的結果可用來協助評估個案公司的成長策略，而個案公司的成長策略，如〔圖1-10〕所示，可用(1)現有市場或新市場，以及(2)現有產品或新產品，這兩個構面將之分成四種類型，分別為(1)市場滲透；(2)市場開發；(3)產品開發；(4)多角化等成長策略。茲將不同成長策略之意涵，列示說明如下：

	現有產品	新產品
現有市場	市場滲透	產品開發
新市場	市場開發	多角化

圖1-10　成長策略的類型
資料來源：引用自楊政學（2005a）。

（一）市場滲透

市場滲透（market penetration）是指在現有的市場中，以更積極的行銷措施，來增加現有產品的銷售量或市場占有率。譬如：可鼓勵現有的顧客增加他們的購買次數或購買數量；把競爭者的顧客爭取過來；或將目前的尚未使用者轉變為使用者。

（二）市場開發

市場開發（market development）是指將現有產品銷售到新的市場，以爭取新的顧客群體。譬如：可經由地區性、全國性或國際性的擴張行動，打開新的地區市場；或進入新的分配通路，或在新興媒體上作廣告，以開發新的市場。

（三）產品開發

產品開發（product development）是指為現有的顧客開發出新的產品或改良的產品，以增加銷售量。譬如：可經由改裝、修改、縮放、替換、重排或合併現有的產品特性，開發新的產品特性或內容。

（四）多角化

多角化（diversification）是指針對新市場開發新產品。如果現有的行銷系統缺少繼續成長或獲利的機會，或在現有的行銷系統之外有更佳的成長或獲利機會，則可考慮採取多角化的成長策略。多角化策略又有以下三種型態：

垂直整合（vertical integration）

個案公司可向前整合（如製造廠商取得其中間商的所有權或控制權），亦可向後整合（如製造商取得其供應商的所有權或控制權）。

集中多角化（concentric diversification）

集中多角化又稱「**關聯多角化**」（related diversification），是指個案公司開發或外購的新產品與其原有的產品線，可產生技

市場滲透
market penetration

市場滲透是指在現有的市場中，以更積極的行銷措施，來增加現有產品的銷售量或市場占有率。

市場開發
market development

市場開發是指將現有產品銷售到新的市場，以爭取新的顧客群體。

產品開發
product development

產品開發是指為現有的顧客開發出新的產品或改良的產品，以增加銷售量。

多角化
diversification

多角化是指針對新市場開發新產品。

術上或行銷上的**綜效**（synergy）；同時，新產品是用來爭取新的顧客群體。

⚓**綜合多角化**（conglomerate diversification）

綜合多角化又稱「**非關聯多角化**」（unrelated diversification），是指為新顧客群體開發或外購的新產品與原有的產品、技術或顧客並無關聯。當現有的事業面臨衰退或無利可圖的時候，個案公司會傾向採取綜合多角化策略；但綜合多角化不會產生綜效，會將注意力及資源由核心事業上移開，其風險與困難都較大。

四、波特五力分析

哈佛大學著名的管理策略學者麥克‧波特（Michael Porter）曾在其名著《競爭性優勢》（*Competitive Advantage*）書中，提出影響產業（或企業）發展與利潤之五種**競爭動力**（competitive forces），而其五力分析架構，則如〔**圖1-11**〕所示。茲依以下五個部分，條列說明如后：

1. 現有廠商間的對抗；
2. 新進入者的威脅；
3. 替代品的壓力；
4. 客戶的議價力量；
5. 供應商的議價力量。

（一）現有廠商間的對抗（rivalry among existing firms）

現有廠商間的對抗，亦即指同業爭食市場大餅，較常採用的手段有：

1. 價格競爭：降（削）價；
2. 非價格競爭：廣告戰、促銷戰；

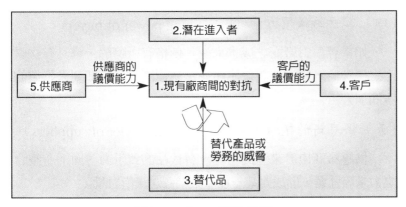

圖1-11　Porter五力分析

資料來源：引用自楊政學（2005a）。

3.造謠、夾攻、中傷。

（二）新進入者的威脅（the threat of new entrants）

　　當產業之進入障礙很少時，在短期內將會有很多業者競相進入，爭食市場大餅，此將導致供過於求與價格競爭。因此，新進入者的威脅，端視其**進入障礙**（entry barrier）程度為何而定。至於，廠商的進入障礙，可能有以下情況：

1.**規模經濟**（economies of scale）；
2.**產品差異化**（product differentiation）；
3.**資金需求**（capital requirement）；
4.**轉換成本**（switch cost）；
5.**配銷通路**（distribution channels）；
6.**政府政策**（government policy）；
7.**其他成本不利因素**（cost disadvantage）。

（三）替代品的壓力（pressure of substitute products）

　　替代品的產生將使原有產品其市場生命快速老化，而當其替代品很少時，對現有廠商則較有利。

（四）客戶的議價力量（bargaining power of buyers）

如果客戶對廠商之成本來源、價格有所瞭解，且具有採購上之優勢時，將形成對供應廠商之議價壓力，亦即要求降價的空間加大。

（五）供應商的議價力量（bargaining power of suppliers）

供應廠商由於來源的多寡、替代品的競爭力、向下游整合之力量等強弱，形成對某一種產業廠商之議價力量。

再者，實例的操作演練，則沿用上述實例，以新屋蓮園個案作參考實例，如〔圖1-12〕所示，來說明Porter五力分析的應用。

此外，行銷學者基根（Geegan）則認為，政府與總體環境的力量也應該考慮進去。因此，其另外以〔圖1-13〕所示的方式及內容，表達出五種的競爭力量。

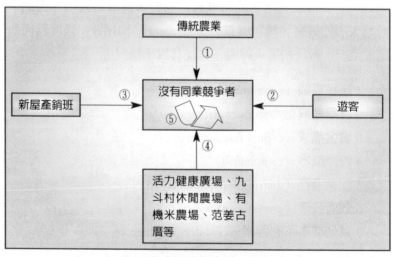

圖1-12　新屋蓮園五力分析

資料來源：引用自楊政學、陳佩君（2003）。

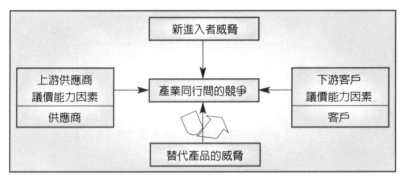

圖1-13　供應商的議價力量
資料來源：引用自楊政學、陳佩君（2003）。

五、波特基本競爭策略

根據前述的五種競爭力，Porter進而提出廠商可以採行的三種**基本競爭策略**〔generic competitive strategy〕，如〔**圖1-14**〕所示，競爭策略包括有：

1.全面成本優勢策略；
2.差異化策略；
3.專注經營策略。

在專注經營策略上，又可分為低成本與差異化專注經營，而圖中所謂競爭範圍狹窄，係指針對**區隔市場**（segment market）來經營。茲將各不同競爭策略之內涵，分別敘述如后：

（一）全面成本優勢（cost leadership）

這種策略是要努力降低生產及配銷成本，使價格能比競爭者低，以贏得大的市場占有率。採用此策略的廠商必須專精於工程、採購、製造與實體分配，較不需要行銷方面的技能。此策略的問題是其他廠商可能以更低的成本出現，對專注於成本的廠商將造成很大的傷害。

> **全面成本優勢**
> **cost leadership**
>
> 全面成本優勢是要努力降低生產及配銷成本，使價格能比競爭者低，以贏得大的市場占有率。

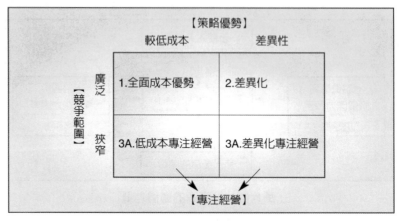

圖1-14　Porter基本競爭策略
資料來源：引用自楊政學（2005a）。

（二）差異化（differentiation）

　　採用此策略的事業集中全力於某項重要的顧客利益領域中，以獲得優越的績效。廠商可以努力成為服務的領導者、品質的領導者、造型的領導者、技術的領導者等，但要在各個領域中都表現突出是不可能的，廠商只能在一、二項利益上，獲得差異化的競爭優勢，並進而取得領導地位。

（三）專注經營（focus）

　　採行這種策略的事業只全力爭取一個或多個狹窄的區隔市場，而非爭取一個廣大市場。廠商須瞭解這些區隔市場的需要，並在每一個區隔市場中，追求成本領導或某些形式的差異化。

六、成長／占有率矩陣

　　成長／占有率矩陣法（growth／share matrix）係由美國波士頓顧問集團（Boston Consulting Group，簡稱BCG）所提出與採用，如〔圖1-15〕所示。圖中係以相對市場占有率為橫軸，而

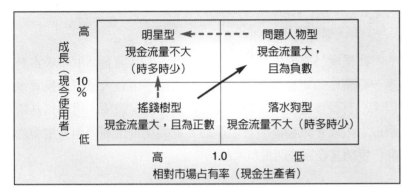

圖1-15　成長／占有率矩陣

資料來源：引用自楊政學（2005a）。

以市場成長率爲縱軸，形成四個區域，分別爲：

1.問題人物型；

2.明星型；

3.搖錢樹型；

4.落水狗型。

圖中箭頭符號代表最適現金流動的方向。茲將各不同區域之意涵，列示說明如后：

（一）問題人物型（question child）

此型產品是屬於有高的市場成長率，但是公司的品牌在市場占有率卻很低，意謂公司宜思考是否應再投入資金以打開僵局，抑或迅速撤退以避免浪費。

（二）明星型（rising star）

此型產品是屬於有高的市場成長率，而公司的品牌在市場占有率也很高，不過由於初期投入之資金相當鉅大，短期間尚未回收完成，但可肯定的是，未來將可替公司賺入可觀的盈餘。

（三）搖錢樹型（cash cow）

此型產品屬於低度的市場成長率，但卻擁有高度市場占有率，意謂產品處於成熟期階段，公司已不再有大量資金投資，但卻享有較多的盈餘回收，是公司的一棵搖錢樹，可利用其所賺取之盈餘，來發展明星型產品，或挹注資金到問題人物型產品，協助其發展成明星型產品。

（四）落水狗型（dog）

此型產品屬於低度的市場成長率，以及低度的市場占有率，說明此產品已步入衰退期階段，而公司品牌在此市場亦沒有什麼地位，對公司而言是一種負擔，未來也無太大展望，宜規劃退出市場，以避免資源浪費。這種事業由於競爭地位低落，往往會是「錢坑」。

重點摘錄

- 成本極小化的廠商，應該選擇投入的數量，使生產過程中任一投入所增加的最後一元價值能產生相同的額外產出。

- 通過廠商等成本線與等產量線切點的線，即為廠商的擴張線，此擴張線說明廠商在每種產出水準下，所選擇最低成本的各種不同勞動及資本的組合。

- 長期平均成本曲線是短期平均成本曲線的包絡曲線，因為它包圍了短期平均成本曲線。

- 會計利潤是廠商總收益與會計成本間的差額，即總收益減去外顯成本的餘額。

- 經濟利潤是總收益減去外顯成本與內隱成本的餘額；經濟利潤是超過正常利潤以外的利潤，故又稱超額利潤。廠商所追求的極大利潤，指的是經濟利潤。

- 當達到某一價格或產量時，如果邊際收益等於邊際成本，此時總收益與總成本之間的差額最大，意謂總利潤為最大。

- 由於利潤極大化的條件是邊際收益等於邊際成本，因此廠商要達成利潤極大化的目標，其經營原則必須根據市場狀況調節供給，在邊際收益大於邊際成本時，擴大產量；在邊際收益小於邊際成本時，減少產量，以維持邊際收益等於邊際成本的條件。

- 在SWOT外部環境分析當中，包括有環境分析、消費者行為分析與政經趨勢分析等。在內部條件分析當中，包括有組織分析、高階主管分析與價值鏈分析等。

- 延伸SWOT分析結果，我們可進一步探討競爭策略矩陣（SATTY分析），提出SWOT分析中的優勢與機會、劣勢與機會、優勢與威脅、劣勢與威脅所歸結出具體的解決方案，以研擬出因應的競爭策略矩陣表。

- 個案公司的成長策略，可用現有市場或新市場，以及現有產品或新產品，這兩個構面將之分成四種類型，分別為市場滲透；市場開發；產品開發；多角化等成長策略。

- 影響產業或企業發展與利潤之五種競爭動力：現有廠商間的對抗；新進入者的威脅；替代品的壓力；客戶的議價力量；供應商的議價力量。

- Porter提出廠商可以採行的三種基本競爭策略：全面成本優勢策略；差異化策略；專注經營策略。專注經營策略上，又可分為低成本與差異化專注經營。

- 成長／占有率矩陣法，係以相對市場占有率為橫軸，市場成長率為縱軸，形成四個區域，分別為：問題人物型；明星型；搖錢樹型；落水狗型。

重要名詞

擴張線（expansion path）

長期平均成本曲線（long-run average cost curve）

短期平均成本曲線（short-run average cost curve）

長期邊際成本曲線（long-run marginal cost curve）

包絡曲線（envelope curve）

總收益（total revenue）

平均收益（average revenue）

邊際收益（marginal revenue）

會計利潤（accounting profit）

正常利潤（normal profit）

經濟利潤（economic profit）

優勢（strengths）

劣勢（weaknesses）

機會（opportunities）

威脅（threats）

價值鏈（value chain）

市場滲透（market penetration）

市場開發（market development）

產品開發（product development）

多角化（diversification）

關聯多角化（related diversification）

綜效（synergy）

非關聯多角化（unrelated diversification）

競爭動力（competitive forces）

進入障礙（entry barrier）

規模經濟（economies of scale）

產品差異化（product differentiation）

資金需求（capital requirement）

轉換成本（switch cost）

配銷通路（distribution channels）

政府政策（government policy）

其他成本不利因素（cost disadvantage）

基本競爭策略（generic competitive strategy）

區隔市場（segment market）

全面成本優勢（cost leadership）

差異化（differentiation）

專注經營（focus）

成長／占有率矩陣法（growth／share matrix）

波士頓顧問集團（Boston Consulting Group）

問題討論

1.下表為小玉蛋糕的生產函數：

勞工（每日）	產出（每日）			
	計畫1	計畫2	計畫3	計畫4
1	20	40	55	65
2	40	60	75	85
3	65	75	90	100
4	65	85	100	110
烤箱（總數）	1	2	3	4

小玉租用烤箱每個每日100美元，雇用廚房工作人員每日薪資50美元。

(1)找出並畫出每一計畫的平均總成曲線。

(2)畫出小玉的長期平均成本曲線。

(3)在哪一產出範圍內小玉經歷規模經濟？

(4)請說明小玉如何運用長期平均成本曲線決定出租烤箱數。

2.假設一生產函數為：$Q=10\sqrt{LK}$，其中Q是產量，L是勞動，K是資本。

(1)此生產函數是規模報酬遞增、遞減，還是固定報酬？

(2)生產函數是否符合邊際報酬遞減法則？

3.若廠商生產在 $\frac{MP_1}{r_1} > \frac{MP_2}{r_2}$，其中$r_1$與$r_2$各為生產要素$X_1$與$X_2$之價格，廠商如何維持原來產量水準不變之下，又可以降低生產成本？

4.廠商生產函數為$Q=5K^{\frac{1}{2}}L^{\frac{1}{2}}$，$P_K=20$，$P_L=5$

(1)求出廠商短期總成本？

(2)求出廠商長期總成本？

(3)如果廠商設定產量$Q_0=400$，則最佳要素使用量K、L各為多少？

(4)假設產品價格為4，則廠商利潤？

5.廠商決策分析的工具為何？各自有何特性？試研析之。

6.請簡述波特五力分析的內涵為何？

第 2 章
市場結構類型與特性

- 2.1 不同市場結構類型
- 2.2 完全競爭市場的特性
- 2.3 獨占市場的特性
- 2.4 獨買市場的特性
- 2.5 寡占市場的特性
- 2.6 獨占性競爭市場的特性

本章節探討市場結構類型與特性，討論的議題有：不同市場結構類型、完全競爭市場的特性、獨占市場的特性、獨買市場的特性、寡占市場的特性，以及獨占性競爭市場的特性。

2.1 不同市場結構類型

「市場」是一個大家耳熟能詳的名詞，譬如我們常聽到證券市場、超級市場、黃昏市場等，所指的是眾多商品買賣的「地方」。但是經濟學所稱的市場與我們所熟知的市場不同，經濟學者以「商品」為劃分的基礎，將生產同一種商品的所有廠商匯集成一個**產業**（industry），如生產汽車的汽車業、生產電腦及其零組件與周邊設備的資訊業、提供空中運輸服務的航空業等，每一個產業均有一個對應的市場。因此，前述的超級市場，由經濟學的角度來說，即是眾多產業市場的集合，而就單一商品而言，該超級市場的交易僅是此商品市場的小部分。

依市場特性中，(1)廠商人數多寡；(2)產品為同質或異質；以及(3)廠商有無進入障礙等，可將市場區分為**完全競爭**（perfect competition）市場、**獨占性競爭**（monopolistic competition）市場、**寡占**（oligopoly）市場、**獨占**（monopoly）市場等四種不同的市場結構，如〔**表2-1**〕所示。

我們可以使用廠商競爭的連續圖，來描述廠商所處的市場位置，如〔**圖2-1**〕所示。在〔**圖2-1**〕中，廠商A面臨完全競爭的市場結構，他所處的環境是產品差異性低，進入及退出市場的障礙低，其他供應商的數目很多；廠商B位於獨占性競爭的市場結構，其所處的環境中產品差異性高，進入及退出市場的障礙低，其他供應商的數目很多；廠商C位於寡占的市場結構，他所處的環境中其他供應商的數目不多，但產品差異性及進出市場的障礙均高；廠商D則面臨獨占的市場結構，其所處的環境中

表2-1　四種不同市場結構的特性比較

市場結構	廠商人數	商品差異性	進出市場障礙	代表性產業	價格決定能力
完全競爭	眾多	同質	不存在	農產品、證券市場	價格接受者
獨占性競爭	眾多	異質	不存在	餐飲業、成衣業	難具影響力
寡占	少數	同質或異質	小	電信業、汽車、家電業	稍具影響力
獨占	一家	同質	大	自來水、家用天然氣	價格決定者

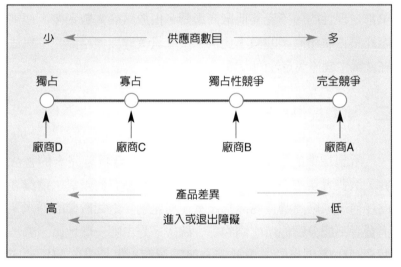

圖2-1　不同廠商所處市場的競爭關係

其他供應商的數目極少，而產品差異性及進出市場的障礙極高。這些經營環境所存在的差異，對廠商的經濟行為有重大的影響（楊政學，2005c）。

　　我們在本章中說明完全競爭市場中廠商的行為，至於獨占市場、獨占性競爭市場及寡占市場等統稱為**不完全競爭**（imperfect competition）市場，將於稍後章節中詳細述明。

不完全競爭
imperfect
competition

獨占市場、獨占性競爭市場及寡占市場等統稱為不完全競爭市場。

2.2 完全競爭市場的特性

茲將完全競爭市場的特性，列示說明如下幾點要項：

一、廠商人數眾多

完全競爭的市場中，廠商數目十分龐大，每一個廠商的決策都是理性的，不受其他廠商影響。由於廠商人數眾多，個別廠商只占整體產業的微小比例，其產量改變與價格調整，無法在產業中發揮決定性的影響。

二、廠商提供標準的同質性商品

所謂標準的同質性商品指的是商品本身具有完全的替代性，消費者無法區分不同廠商所生產的商品有何差異，消費者向任何一家廠商購買商品都沒有任何差別。例如散裝的稻米，消費者不能分辨他所吃到的那一碗飯，是由哪一個地區、哪一個農戶生產出來的。由於完全競爭廠商提供標準的同質性商品，消費者向任何一家廠商購買商品均無差別，故廠商間不存在諸如廣告之**非價格競爭**（nonprice competition）。

三、廠商可以自由進出市場

在完全競爭市場中，假設所有生產要素具有完全流動性，沒有任何的限制。當市場發生「供不應求」的情形，使得均衡價格上升，產生經濟利潤時，新廠商可以自由的結合生產要素投入生產，增加供給數量。新廠商的加入，使得供給數量增

加，均衡價格下跌，一直到產業內所有廠商只能得到正常利潤，新廠商才會停止加入。相反的，當市場發生「供過於求」的情形，使得均衡價格下降，產生經濟損失時，產業內廠商可以自由的放棄生產，退出市場。舊廠商的退出，使得供給數量減少，均衡價格回升，一直到產業內所有廠商都能得到正常利潤，舊廠商才會停止退出。

四、廠商為市場價格的接受者

完全競爭市場內資訊流通完全，故個別廠商一旦調整商品價格，此一消息立即傳遍整個市場，為所有廠商與消費者所知曉。如果個別廠商調高商品價格，由於所有商品均屬同質，則所有消費者將轉向其他未調高價格的廠商處購買，調高價格的個別廠商其商品出售數量將等於零；相反的，如果個別廠商降低商品價格，則所有消費者將集中向他購買。

然而，在短期內個別廠商的產能固定，降低商品價格的結果將減少他的總收益，對一個理性的廠商而言，調高與降低商品價格均不是一個良好的策略，故個別廠商只能接受整體產業由市場供需條件所決定的均衡價格，做為其訂價的依據，成為**價格的接受者**（price taker）。因此，個別廠商所面對的是一條水平的需求曲線，如〔**圖2-2**〕所示。

根據以上的特性，在現實世界中幾乎沒有任何一種商品或勞務的市場結構，可以稱得上是完全競爭市場，只有農產品、證券及天然礦產市場，勉強可視為較接近完全競爭市場的結構。

The Relation of Industry and Competition

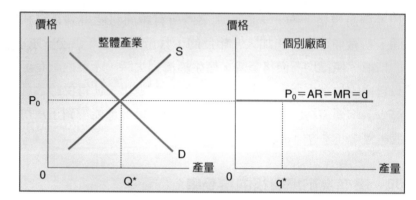

圖2-2　完全競爭市場中個別廠商為價格接受者

 ## 2.3 獨占市場的特性

茲將獨占市場的特性，列示說明如下幾點要項：

一、只有單獨一家廠商

獨占市場中只有一家廠商單獨生產商品，獨占廠商代表整個產業。例如，台電公司即是輸配電產業的化身；而自來水公司即是整個自來水產業。市場需求曲線就是獨占廠商所面對的需求曲線，雖然此商品僅由該廠商獨家生產，但是市場需求曲線仍然得遵守需求法則，市場需求曲線的斜率為負值，即獨占廠商訂定較高價格時，消費者需求量即會降低。

二、廠商提供標準的同質性商品

獨占廠商提供標準的同質性商品，且其商品沒有密切的替代品。例如，電力是提供家電用品的主要能源，而擁有發電機

的家庭不多,台電公司成爲電力市場的獨占供應廠商。不過消費者大多數的需求均可用多種不同的方式來滿足,因此純粹獨占的例子並不多見。例如,消費者打算搭乘火車由台北到高雄旅行,鐵路局即是提供此特別旅行服務的獨占廠商。但旅客由台北到高雄的方法,除了搭乘火車外,尚可選擇搭乘飛機、巴士或自行開車等替代方式,因此鐵路局並不是台北到高雄交通運輸的獨占廠商。

三、市場內資訊流通不完全

獨占市場中除了獨占者外,其他廠商或消費者不容易取得有關市場的相關資訊。例如,獨占廠商的生產成本就不易爲外界所獲悉。

四、廠商進出市場的障礙很高

獨占市場中原有的獨占者難以退出,新廠商亦不容易進入。獨占者難以退出的原因在於**原始投資**(initial investment)很大,退出經營的**沉沒成本**(sunk cost)太高,損失慘重;或因獨占者屬於重要的公用事業,政府不允許退出。新廠商不容易進入的原因,包括產業的特性、法令上的限制、關鍵生產要素與生產技術的取得等,這些因素均與形成獨占的原因密切相關,我們將在以下章節詳細說明。

2.4 獨買市場的特性

到目前爲止,我們所討論的市場力量完全著重在市場上的賣方,現在我們轉爲討論買方。不同於完全競爭下的買主,獨

買者所付的價格決定於其購買數量。獨買者的問題在於，選擇自購買中可獲得最大淨利益的數量，即財貨的價值減掉其支付價格。藉由解釋此種選擇是如何達成，我們將討論獨占與獨買間的高度平行關係。

純粹的獨買亦不常見，然而許多市場卻只有少數的買主，這些買主較之競爭下的買主可用較少的金額購得財貨。這一類的買主擁有**獨買力**（monopsony power），此常見於生產要素市場。例如，美國的三大汽車製造廠，在市場上對輪胎、汽車電瓶及其他零件具有獨買力量，我們將討論獨買力量的決定因素，其測定及如何反應在其訂價上。

本章節所謂的**獨買**（monopsony），係表示市場上只有一位買者。所謂的**寡買**（oligopsony），是表示市場上只有很少的買者。當只有一位或很少買者的情形下，有些買者可能會有獨買力，即一位買者去影響財貨價格的能力，而獨買力使得買者可以低於完全競爭市場下的價格來購買。

2.5 寡占市場的特性

寡占（oligopoly）的特性是市場只有少數幾家廠商，生產同質或異質產品。因為只有少數廠商存在，自家的生產與訂價決策，會影響到其他競爭廠商的價格與利潤。茲將寡占市場的特性，列示如下四點：

一、僅有少數幾家廠商

寡占市場的少數幾家廠商，不一定需要正確指出廠商家數，只要市場內某一家廠商的決策足以引發其他廠商對此做出回應動作者，即稱為寡占市場。如果市場中僅有兩家廠商，則

稱為**雙占**（duopoly）。寡占市場中廠商間關係密切，策略的相互依賴程度高，各廠商達到規模經濟所需的生產量亦較大。例如，汽車業中有裕隆、中華、福特、三陽等；家電業有大同、國際、三洋、聲寶等；油品業有中油、台塑、全國等，都是典型的寡占市場。

二、產品可能同質也可能異質

寡占市場各廠商生產的產品，可能同質也可能異質。例如，中油、台塑生產的汽油即是同質商品，而中華與福特生產的汽車，不論是外觀、配備、價格等均有所差異，因而是異質的商品。

三、廠商很難自由進出市場

與完全競爭及獨占性競爭市場相比，寡占市場中廠商人數較少，新廠商加入時容易受到現有廠商的抵制與排擠。由於各個廠商的生產規模較大，新廠商必須投入很高的固定資本才得以加入，這個限制除了使得新廠商加入不易外，對於已投入的廠商而言，其退出的沉沒成本亦高，因此也不容易退出。

四、廠商間交互影響

寡占廠商間彼此相互依存與相互競爭，亦即廠商間的**交互影響**（interdependence），不但有價格競爭，也有非價格競爭。**網際網路服務業者**（internet service provider，簡稱ISP），依消費者需求的不同，提供多重的費率組合，如每月20小時或不限次數上網。ISP提供的加值服務，包括線上娛樂，如線上遊戲、音樂及影片播放；有價值資訊，如即時股價、資料庫；通訊服

務，如免費電子郵件、網路電話；電子商務，如網路證券、網路拍賣、網路銀行。

 ## 2.6 獨占性競爭市場的特性

日常生活中，有許許多多獨占性競爭廠商的例子，包括餐廳、便利商店、加油站、報紙、連鎖藥房、洗髮精、牙刷、牙膏、運動商品、早餐穀類食品，還有超級市場架上諸多商品等。獨占性競爭市場的特性，有如下幾點要項：

一、廠商數目眾多

在獨占性競爭市場中，廠商如同完全競爭市場一般數目眾多，但有其限度。例如，餐廳、便利商店、加油站等。

二、產品差異性

產品差異性（product differentiation）是獨占性競爭市場最重要的一個特性。廠商銷售其產品時，會儘量強調自己產品的特色，並凸顯與他人產品不同之處。消費者可以感受到個別的獨占性競爭廠商所生產的商品有些許的差異，但商品間的差異程度不大，商品間差異的來源可能是商品本質上的不同，也可能是廠商對同質商品賦予有形或無形的效用，如商標、包裝、廣告、售後服務等而創造出來。例如，小包分裝的米透過廣告，使消費者對不同品牌的米有著不同的偏好。

三、廠商可以自由進出市場

如同完全競爭市場一般，當市場內的個別廠商獲取經濟利潤時，將吸引其他新廠商加入；當市場內的個別廠商遭受經濟損失時，舊廠商如不堪虧損可隨時退出。

四、廠商具有部分價格決定能力

由於每一個獨占性競爭廠商的規模，相對整個產業而言十分微小，且由於生產異質商品，個別廠商雖擁有有限的價格決定能力，但無法影響整體產業市場的均衡。例如，飯店內的罐裝啤酒可以賣到一罐100元，比市面一般價格貴出許多，但不足以影響市面上的售價。

整體而言，獨占性競爭市場有兩個特性與完全競爭市場相同，一是廠商數目很多，另一是廠商能夠自由進入或退出市場。若你住在台北市，你會發覺住家附近有許多便利商店，如統一7-11、萊爾富、全家、OK便利商店等，每一家距離都不遠，販售的商品亦大同小異，價錢或許有些許出入。又例如，連鎖藥房、加油站、錄影帶店、乾洗連鎖店、餐廳等，都屬於商品有些差異，但是廠商進入市場相對沒有限制。進入這些行業的門檻，不像進入有線電視業或百貨業如此高，所以長期可以自由進入或退出市場。

獨占性競爭市場有一個特性與獨占相同，就是廠商銷售異質產品。例如，每一家餐廳的招牌菜不盡相同，每一家加油站的服務也不見得一樣。這裡有一點與獨占廠商不同，獨占市場只有一個廠商，產品沒有近似替代品，但獨占性競爭廠商的產品替代性頗高。如果你不想吃永康街牛肉麵，你可以選擇漢堡王或麥當勞漢堡。

產品的差異可以是服務、地點、品牌形象的不同或實質的差異。某些商品可能完全相同，但廠商強調服務不同。例如，加油站有台塑及中油兩個系統。有些台塑加油站，只要顧客加滿一定金額，會贈送面紙、礦泉水，還附帶免費洗車。有些產品可能差異不大，但提供的服務不同。例如，百視達影視強調如果店裡無法供應某些影片，消費者下次可以免費租看；其他錄影帶店則無此服務。如果你在網路ezfly訂購機票，不但刷卡不加價，並且以快遞送到你手上，但有些旅行社就必須親自前往，且刷卡還得加3%的費用。

地點不同也會造成產品的差異性。便利商店離住家近，但商品種類有限且價錢稍貴。家樂福商品可能便宜，但設置點少，且假日還大排長龍。SK-II在各大百貨公司均售，但Nu Skin只有靠直銷來暢貨。此外，產品差異的另一個來源是品牌形象的塑造。許多運動廠商會找一些知名運動員做代言廣告，企圖建立消費者忠誠度。例如，Nike公司找麥可喬丹（Michael Jordan）代言籃球鞋，羅納度（Ronaldo）代言足球鞋，老虎伍茲（Tiger Woods）代理高爾夫球用品，麗仕洗髮精也曾找過莫文蔚、舒淇拍攝洗髮精廣告。

最後，產品可能有重量、顏色、包裝設計、形狀、香味等的實質差異。例如洗衣粉中，紙盒裝與紙袋裝兩者價錢不同。即使洗髮精本質相近，有些廠商強調洗髮潤髮一次完成，有些強調對付頭皮屑，有些強調保濕。花果茶種類更是多得不可勝數：玫瑰、薰衣草、柑橘、藍莓、香草等。產品差異使得廠商對商品價格有某些控制能力，漲價不致喪失所有顧客，降價會吸引部分消費者。因此，獨占性競爭廠商將面對負斜率的需求曲線。

重點摘錄

- 依市場特性中，廠商人數多寡；產品為同質或異質；以及廠商有無進入障礙等，可將市場區分為完全競爭、獨占性競爭、寡占、獨占等四種不同的市場結構。
- 獨占市場、獨占性競爭市場及寡占市場等統稱為不完全競爭市場。
- 完全競爭市場的特性：廠商人數眾多；廠商提供標準的同質性商品；廠商可以自由進出市場；廠商為市場價格的接受者。
- 獨占市場的特性：只有單獨一家廠商；廠商提供標準的同質性商品；市場內資訊流通不完全；廠商進出市場的障礙很高。
- 不同於完全競爭下的買主，獨買者所付的價格決定於其購買數量。獨買者的問題在於，選擇自購買中可獲得最大淨利益的數量，即財貨的價值減掉其支付價格。
- 寡占市場的特性：僅有少數幾家廠商；產品可能同質也可能異質；廠商很難自由進出市場；廠商間交互影響。
- 獨占性競爭市場的特性：廠商數目眾多；產品差異性；廠商可以自由進出市場；廠商具有部分價格決定能力。

重要名詞

產業（industry）

完全競爭（perfect competition）

獨占性競爭（monopolistic competition）

寡占（oligopoly）

獨占（monopoly）

不完全競爭（imperfect competition）

非價格競爭（nonprice competition）

價格的接受者（price taker）

原始投資（initial investment）

沉沒成本（sunk cost）

獨買力（monopsony power）

獨買（monopsony）

寡買（oligopsony）

雙占（duopoly）

交互影響（interdependence）

網際網路服務業者（internet service provider）

產品差異性（product differentiation）

The Relation of Industry and Competition

問題討論

1.完全競爭市場的特性為何？試研析之。

2.獨占市場的特性為何？試研析之。

3.獨買市場的特性為何？試研析之。

4.寡占市場的特性為何？試研析之。

5.獨占性競爭市場的特性為何？試研析之。

6.請試著由大至小排列出完全競爭、獨占、獨占性競爭、寡占等四種不同的市場結構中，廠商間競爭的激烈程度，並說明你如此排列的理由為何？

Note

第 3 章

完全競爭廠商決策
與均衡

● 3.1 廠商短期決策

● 3.2 短期供給曲線

● 3.3 短期生產者剩餘

● 3.4 長期均衡與供給

● 3.5 完全競爭與經濟效率

本章節探討完全競爭廠商的決策與均衡，討論的議題有：廠商短期決策、短期供給曲線、短期生產者剩餘、長期均衡與供給，以及完全競爭與經濟效率。

3.1 廠商短期決策

在短期，由於個別廠商為價格的接受者，在市場價格為 $\bar{P}$ 的情況下，個別廠商的總收益視銷售的數量q而定。因此，總收益TR= $\bar{P}$ ‧ q，為一條由原點往右上角延伸的直線，而其平均收益（AR）及邊際收益（MR）的數學式，則分別列示如（**3-1**）式及（**3-2**）式：

$$AR = \frac{TR}{q} = \frac{\bar{P} \times q}{q} = \bar{P} \tag{3-1}$$

$$MR = \frac{\Delta TR}{\Delta q} = \frac{\bar{P} \times \Delta q}{\Delta q} = \bar{P} \tag{3-2}$$

由以上的結果，我們可發現完全競爭廠商的短期邊際收益曲線、平均收益曲線與其面對的需求曲線重疊，等於同一條水平線。此時，個別廠商的收益線，如〔**圖3-1**〕所示。

廠商存在的目的在於追求利潤的極大化；完全競爭市場的個別廠商如何追求利潤的極大化？我們可以從總收益與總成本，以及邊際收益與邊際成本，兩個角度來進行分析。

一、總收益與總成本分析法

利潤（profit，以 π 表示）是廠商總收益減去總成本的餘額，亦即 π =TR-TC。在〔**圖3-2**〕中，個別廠商的產出水準，如小於 q_1 或大於 q_2 時，廠商的總收益小於總成本，利潤均為負值（存在虧損）；產出水準如在 q_1 與 q_2 之間時，廠商的總收益大於

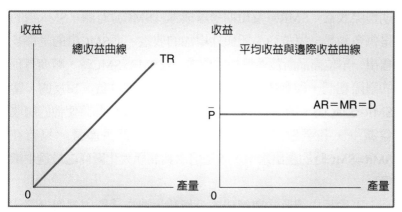

圖3-1 個別廠商的總收益、平均收益與邊際收益曲線

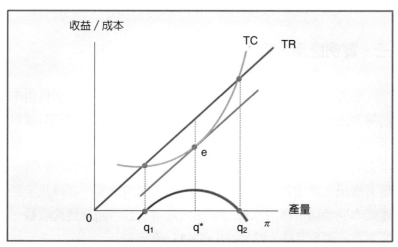

圖3-2 由總收益與總成本分析廠商利潤極大化

總成本，廠商有正的利潤，但只有產出水準為q^*時，廠商的總
收益與總成本的差距最大，而所得到的利潤也最大。

二、邊際收益與邊際成本分析法

完全競爭廠商在短期內所願意提供的商品數量，與他的短

期邊際收益（SMR）及短期邊際成本（SMC）有關。SMR指的是每多銷售一單位商品所額外增加的收益，而SMC指的是每多售出一單位商品所額外增加的成本。當SMR>SMC時，廠商有正的邊際利潤，願意多生產商品以擴大他的總收益。相反的，當SMR<SMC時，廠商有負的邊際利潤，多生產商品將使他的總收益減少，甚至造成虧損，是故廠商將降低生產量。只有在SMR=SMC時的產出水準，才是追求利潤極大化廠商之最適生產量。

不論是由總收益與總成本分析法，或由邊際收益與邊際成本分析法，分析完全競爭市場個別廠商如何追求利潤極大化，其結果都一樣。以下我們舉一個例子來說明之。

三、實例應用分析

假設新竹縣五峰有位果農從事柿子種植，柿子的價格由市場供需決定，今年的均衡價格為每盒300元，因此該果農只能以每盒300元的價格出售其生產的柿子。該果農為種植柿子所必須投入的固定成本為50萬元，且生產成本在產出水準低時較高。隨著產出水準增加而遞減，但當產出水準到達某一高峰後，生產成本開始隨著產出水準的增加而遞增。茲將該果農的收益、成本與利潤等資料，列示如〔表3-1〕所示。

由〔表3-1〕中，我們可以發現：由總收益與總成本的觀點來看，該果農生產8千盒的柿子時，π=STR-STC的差距最大，使得果農可獲得45萬元的最大利潤；而由邊際收益與邊際成本的觀點來看，該果農生產8千盒的柿子時SMR=SMC，果農亦可獲得45萬元的最大利潤。值得注意的是，在本例中，該果農生產7千盒柿子時，亦可同樣得到45萬元的最大利潤，原因是本例提供的資料為**離散**（discrete）型態，利潤曲線的圖形為一個由多個片段相連而成的**平滑曲線**（piecewise smooth curve）。果農

的產出水準在7千盒到8千盒間，由於每多生產一盒柿子的收益與成本恰好均等於300元，因此，在此區間中任何產出水準的最大利潤均為45萬元。

如將〔**表3-1**〕中的資料描繪如〔**圖3-3**〕，我們可更清楚的看出：果農生產柿子的產出水準為8千盒時，STR曲線與STC曲

表3-1　柿農的收益、成本與利潤資料表

單位：千盒；千元

產出水準 (q)	價格 (P)	總收益 (STR)	邊際收益 (SMR)	總成本 (STC)	邊際成本 (SMC)	利潤 (π＝STR-STC)
0	300	0	-	500	-	-500
1	300	300	300	780	280	-480
2	300	600	300	980	200	-380
3	300	900	300	1,120	140	-220
4	300	1,200	300	1,190	70	10
5	300	1,500	300	1,290	100	210
6	300	1,800	300	1,440	150	360
7	300	2,100	300	1,650	210	450
8*	300*	2,400	300*	1,950	300*	450*
9	300	2,700	300	2,450	500	250
10	300	3,000	300	3,280	830	-280

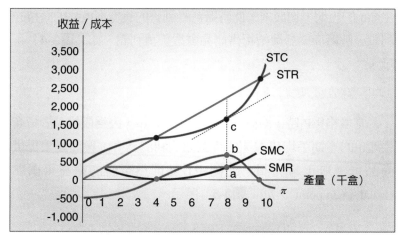

圖3-3　柿農的收益、成本與利潤

線的差距最大，如圖中c點所示；SMR曲線與SMC曲線相交於a點，而且利潤曲線π又達到最高點b，故8千盒是柿農利潤極大化的產量。

3.2 短期供給曲線

在本章節短期供給曲線的討論中，擬以廠商、產業與市場的短期供給曲線為主軸，來進行學理基礎的分析。

一、廠商短期供給曲線

完全競爭廠商在短期間不能自由進出市場，且個別廠商的產能固定不變，因而廠商有可能會有盈餘或虧損的情形發生。廠商的盈虧與他的短期平均成本（SAC）、短期平均變動成本（SAVC）及短期邊際成本（SMC）有關。

（一）存在經濟利潤

當價格為P_0時，廠商之最適供給量為q_0，因為價格高於廠商生產q_0的短期平均成本，此時廠商得到正的長方形P_0ABC面積的利潤，故廠商樂於繼續提供商品賺取經濟利潤，如〔圖3-4〕所示。

（二）存在正常利潤

當價格為P_1時，廠商之最適供應量為q_1，因為價格等於廠商生產q_1的短期平均成本，此時廠商的利潤為零，廠商繼續提供商品可賺取正常利潤，而圖中D點即為廠商的**損益平衡點**（break-even point），如〔圖3-5〕所示。

損益平衡點
break-even point

當價格等於廠商生產的短期平均成本，此時廠商的利潤為零，廠商繼續提供商品可賺取正常利潤，即為廠商的損益平衡點。

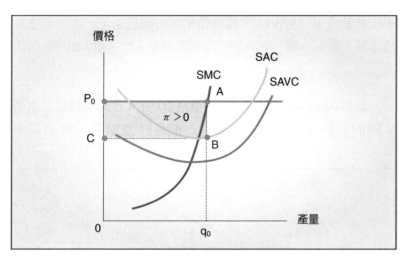

圖3-4　廠商可賺取經濟利潤

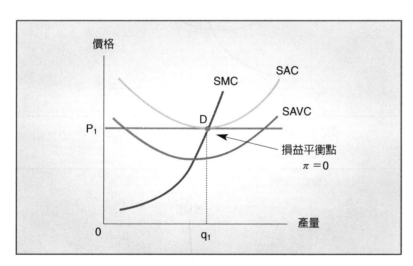

圖3-5　廠商賺取正常利潤

（三）存在經濟損失但仍繼續生產

　　當價格為P_2時，廠商之最適供應量為q_2，因為價格低於廠商生產q_2的短期平均成本，此時廠商的利潤為負值，遭致長方形$GEFP_2$面積的虧損（經濟損失）。即使如此，價格P_2仍高於短期

平均變動成本（SAVC），廠商繼續提供商品除可回收平均變動成本外，尚可分攤一部分固定成本的損失，如〔圖3-6〕所示。

（四）存在經濟損失且停止生產

當價格為P₃時，廠商之最適供應量為q₃，此時價格低於生產q₃時的短期平均成本（SAC），但等於短期平均變動成本

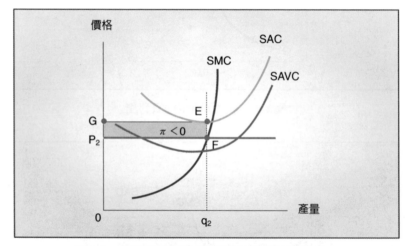

圖3-6　廠商經濟損失但仍可分攤部分變動成本

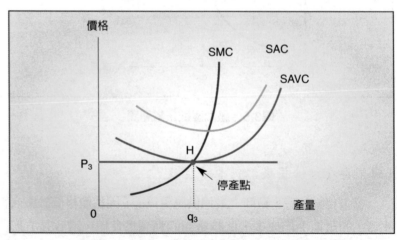

圖3-7　廠商經濟損失但僅能回收固定成本

（SAVC），廠商的虧損等於他所投入的固定成本，廠商是否繼續提供商品對於他的盈虧沒有影響，如〔**圖3-7**〕中所示之H點，是廠商的**停產點**（shut-down point）。

綜合以上的討論，我們可以整理完全競爭廠商之生產決策流程，如〔**圖3-8**〕所示。

由以上的討論中，我們可歸納出完全競爭廠商短期供給曲線，其實就是廠商的短期邊際成本線，高於短期平均變動成本最低點的那一段，如〔**圖3-9**〕中SMC之H點以上部分，此即為

停產點
shut-down point
價格等於短期平均變動成本，廠商的虧損等於他所投入的固定成本，廠商是否繼續提供商品對於他的盈虧沒有影響，是廠商的停產點。

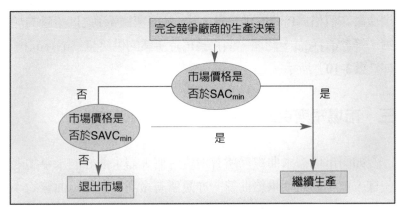

圖3-8　完全競爭廠商生產決策流程

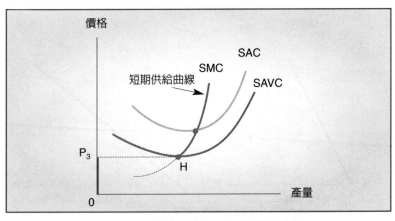

圖3-9　完全競爭廠商的短期供給曲線

廠商在不同市場均衡價格下，願意且能夠提供的商品數量所組合而成的軌跡。

二、產業短期供給曲線

產業的短期供給曲線為產業內，所有個別廠商短期供給曲線的水平加總。假設某一產業由A、B兩個廠商組成，其中A廠商在價格為P_1時的供給量為q_{A1}，價格為P_2時的供給量為q_{A2}；B廠商在價格P_1為時的供給量為q_{B1}，價格為P_2時的供給量為q_{B2}，則產業在價格為P_1時的供給量，為A廠商與B廠商之供給量的加總，等於$q_{A1}+q_{B1}$，同理，價格為P_2時產業的供給量為$q_{A2}+q_{B2}$，如〔圖3-10〕所示。

三、市場短期供給曲線

如同市場需求曲線為所有消費者個人需求曲線的水平加總一樣，市場的短期供給曲線，亦是所有廠商短期供給曲線的水平加總。例如，在〔圖3-11〕中，假設X財貨市場只存在著三家

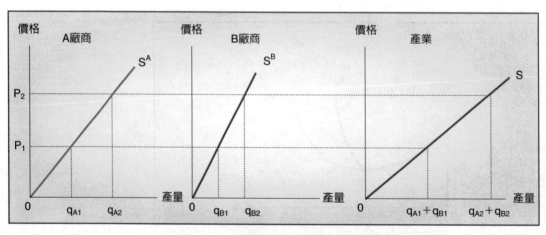

圖3-10　完全競爭產業短期供給曲線

廠商,其短期供給曲線分別爲SS_A、SS_B與SS_C,當市場價格低於P_2,但高於P_1時,只有第三家廠商有意願生產並提供該財貨,故點S_0至點S_1的SS_C曲線,即爲上述價格區間所對應的短期市場供給曲線;當市場價格爲P_2時,三家廠商願意生產並提供的產出水準分別爲2單位、5單位與8單位,此時市場總供給量爲15單位,可得出點S_2。同理,當市場價格爲P_3時,三家廠商願意生產並提供的產出水準分別爲4單位、7單位與10單位,市場的總供給量爲21單位,可得出點S_3。吾人可將市場供給點加以連結,所形成的軌跡即爲短期市場的供給曲線SS_T,如〔**圖3-11**〕所示。此概念與先前的產業短期供給曲線一樣,僅是範圍界定的差異不同而已。

 ## 3.3 短期生產者剩餘

一、個別廠商的生產者剩餘

生產者剩餘(producer surplus,簡稱PS)的定義爲:廠商

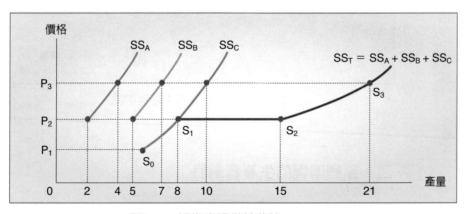

圖3-11　短期市場供給曲線

The Relation of Industry and Competition

實際收進價格與最低願意接受價格的差距。在完全競爭市場
裡，廠商實際收進價格即為市場交易價格，而最低願意接受價
格則為邊際成本的概念。因此，生產者剩餘又可被定義為市場
價格與邊際成本的差距。在〔圖3-12〕中，廠商SAVC與SMC曲
線如圖所示，當市場價格為P*時，廠商若依利潤最大的方式，
即以邊際收益等於邊際成本的方式作決策，則產出水準為q*。
此時該廠商所獲得的生產者剩餘，等於P*水平線以下及SMC曲
線以上所圍起來的面積。由於產出水準由0到q*所對應的邊際成
本，累積起來剛好等於變動成本（=SAVC · q*），故該廠商的生
產者剩餘又等於總收入（=P* · q*）減掉變動成本（=SAVC ·
q*），亦即等於圖中長方形ABCD的面積。

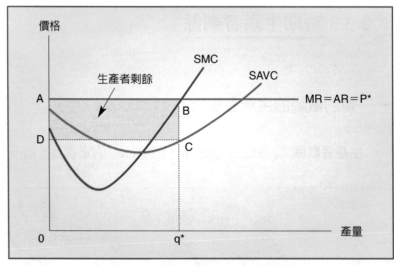

圖3-12　個別廠商的生產者剩餘

二、整個市場的生產者剩餘

　　整個市場生產者剩餘的衡量，以〔圖3-13〕說明，圖中市

場需求曲線與供給曲線所決定的市場價格P*與交易量Q*，由於
短期市場供給曲線為個別廠商短期邊際成本曲線的水平加總，
故短期市場供給曲線又代表整個市場的MC曲線。因此，整個市
場的生產者剩餘等於P*水平線以下，以及供給曲線以上所圍起
來的陰影面積，亦即就是生產者實際的收益比期望的收益多出
來的差額。

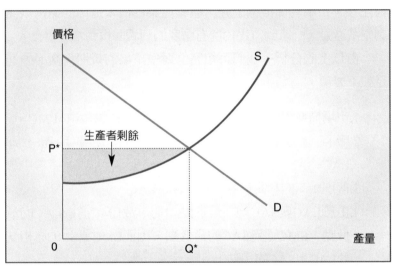

圖3-13　整個市場的生產者剩餘

 ## 3.4 長期均衡與供給

一、市場長期均衡

在長期追求利潤最大化的廠商，仍然依據其長期邊際成本
等於市場價格的條件，來尋找最適的生產量。完全競爭廠商可

以自由進出市場，同時廠商不使用固定生產要素，如果該產業有利可圖，將吸引新廠商的加入。在其他條件不變的情況下，新廠商所帶來的額外產能將使得市場供給曲線右移，市場均衡價格下跌，迫使產業內個別廠商必須調整其產量，一直到市場內所有廠商的利潤都為零時才會停止。相反的，如果該產業景氣低迷，不堪虧損的現有廠商將退出市場。在其他條件不變的情況下，現有廠商的退出使得產業內的產能下降，市場供給曲線左移，市場均衡價格上升，激勵產業內尚未退出的個別廠商調整其產量，一直到市場內所有廠商的利潤回復到零時為止。

由以上的分析，我們可知完全競爭市場的長期均衡必須滿足如下要項：

1. 市場價格等於廠商長期邊際成本，即 $P=MR=AR=LMC$。
2. 廠商會尋找一個最適的生產規模從事生產，即 $LAC=SAC$。
3. 個別廠商的利潤為零，即 $P=AR=LAC$。
4. 由於 LAC 與 SAC 均在最低點相切，故 LMC 通過 LAC 的最低點，SMC 通過 SAC 的最低點，因而 LMC 與 SMC 亦相交於 LAC 與 SAC 的切點上。

綜合以上論述可知，完全競爭市場的長期均衡條件，可以用如下等式表示：

$$P=AR=LMC=LAC=SAC=SMC$$

亦即完全競爭市場長期均衡時，需求曲線（平均收益線、邊際收益線）、長期平均成本線、長期邊際成本線、短期平均成本線、短期邊際成本線等五條線相交於 E 點，如〔圖3-14〕所示。

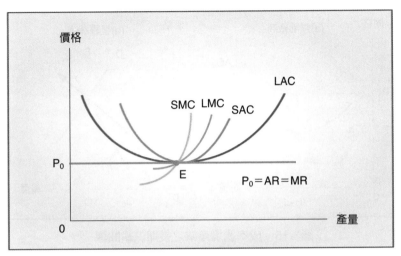

圖3-14　完全競爭市場的長期均衡

二、產業長期供給曲線

　　由完全競爭市場的長期均衡中可知，個別廠商的長期供給
曲線，事實上只是由市場價格及其長期平均成本線、長期邊際
成本線、短期平均成本線、短期邊際成本線等條件共同決定的
一個點，即〔圖3-14〕中之E點。產業的長期供給曲線不再像產
業的短期供給曲線一般，可以將個別廠商的長期供給曲線水平
加總而得到。

　　產業的長期供給曲線反映的是，在不同市場價格下，廠商
調整其產能後整體產業供給量之均衡點組合所形成的軌跡。產
業的長期供給曲線依產業需求之增減，牽動個別廠商長期平均
成本的變化情形，可分為以下三種情況：

（一）成本遞增產業

　　當產業的需求增加，個別廠商的產出擴張，導致生產要素
單位成本，因**外部不經濟**（external diseconomies）而上漲，使

65

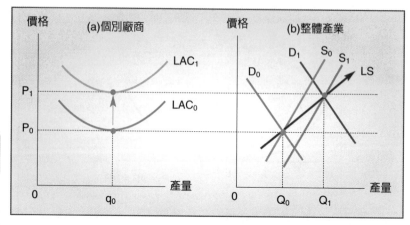

圖3-15　成本遞增產業之長期供給曲線

得個別廠商長期平均成本上升，此即為**成本遞增產業**（increasing cost industry）。在此產業中，將需求變動引發的所有長期均衡點連結起來的曲線，即為一條斜率為正的成本遞增產業長期供給曲線，如〔**圖3-15**〕所示。

（二）成本遞減產業

　　當產業的需求增加，個別廠商的產出擴張，導致生產要素單位成本，因**外部經濟**（external economies）而下跌，使得個別廠商長期平均成本下降，此即為**成本遞減產業**（decreasing cost industry）。在此產業中，將需求變動引發的所有長期均衡點連結起來的曲線，即為一條斜率為負的成本遞減產業長期供給曲線，如〔**圖3-16**〕所示。

（三）成本不變產業

　　當產業的需求增加，雖然個別廠商的產出擴張，生產要素的單位成本仍維持不變，個別廠商長期平均成本不受影響，此即為**成本不變產業**（constant cost industry）。在成本不變的產業中，其長期供給曲線為一條水平線，如〔**圖3-17**〕所示。

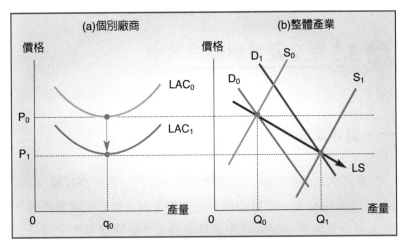

圖3-16 成本遞減產業之長期供給曲線

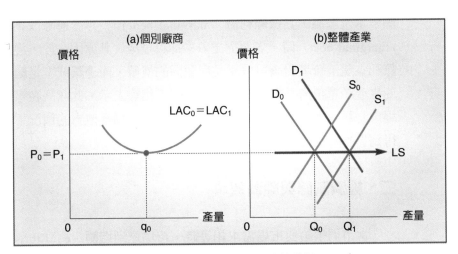

圖3-17 成本不變產業之長期供給曲線

3.5 完全競爭與經濟效率

一、資源配置效率

在評估市場產出時，我們常會問是否已達到**經濟效率**（economic efficiency），即是否極大化消費者與生產者的整體剩餘。在市場中資源要如何配置才算是有效率？一個簡單的定義是：當市場內的某一方獲益必然使另一方遭受損失，此時資源的配置是有效率的。以經濟學的說法表達即是：當市場中額外增加的一單位產品，其**邊際利益**（marginal benefit）等於**邊際成本**（marginal cost）時，資源配置效率即可達成。其原因在於，邊際利益是消費者對該單位產品所認同的價值，而邊際成本是廠商生產該單位產品所付出的代價，兩者相等表示，此商品在市場中交易，生產與消費雙方沒有人可以在不損及他方的情況下得到更多的利益。

二、經濟剩餘與經濟效率

當市場供給與市場需求相等時，市場達到**均衡**（equilibrium）。從生產者的角度來看，市場供給曲線即是生產者在各個產出量上，最有效率邊際成本MC的點所連成的軌跡；從消費者的角度來看，市場需求曲線即是消費者在各個消費量上，最有效益邊際利益MB的點所連成的軌跡。我們由〔**圖3-18**〕可以清楚看出，到達均衡點E時，不論生產者或消費者均不願脫離市場的均衡價格P*及均衡數量Q*，此時資源配置效率達到最高。

由市場供給及需求曲線的定義可知，供給曲線代表的是生

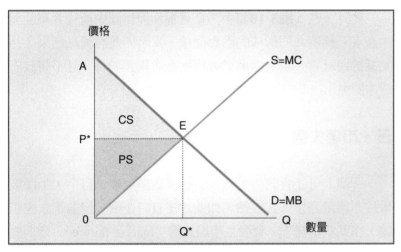

圖3-18　完全競爭市場效率

產者在不同的價格下，願意且能供給的數量，而需求曲線代表
的是消費者在不同的價格下，願意且能消費的數量。事實上，
生產者及消費者在均衡時，是以市場價格交易；**生產者剩餘**
（producer surplus，簡稱PS）已知為三角形0EP*。就消費者來
說，均衡時他的實際支出為長方形0Q*EP*，較其心目中期待的
支出梯形0Q*EA減少三角形AEP*，此減少的支出△AEP*即為**消
費者剩餘**（consumer surplus，簡稱CS）。因此，均衡時生產者及
消費者的總剩餘達到最大。

　　在經濟學的世界裡，若我們將社會大眾分成兩大類時，即
代表需求面的消費者與代表供給面的生產者，則該社會大眾的
福利，即包含消費者的福利與生產者的福利。前者以消費者剩
餘來衡量，而後者以生產者剩餘來衡量，因此，該市場的**社會
福利**（social welfare，簡稱SW）就等於消費者剩餘加上生產者
剩餘。

　　上述關係，可以數學式（**3-3**）表示之：

SW=CS+PS　　　　　　　　　　　　　　　　　　　　（3-3）

社會福利
social welfare

市場的社會福利，就
等於消費者剩餘加上
生產者剩餘。

此外，在〔**圖3-18**〕中，社會福利即為圖中消費者剩餘與生產者剩餘所共同形成的陰影面積。當然如此討論之結果，乃是基於將社會大眾分為消費者與生產者兩大類時，且不將政府或中間進出口商的角色納入討論所得。

三、市場失靈

一個人可能會認為如何達到經濟效率是唯一目標，那麼競爭性市場最好是任其自然，如此說法有時正確，但並不永遠正確。在某些情況下，會發生**市場失靈**（market failure），意即價格無法提供正確的訊息給消費者與生產者，以致於未管制的競爭市場沒有效率，而不會極大化整體消費者與生產者的剩餘。

一般而言，主要有兩種情形會導致市場失靈的發生：

（一）外部性

有時候消費者或生產者的行為，會導致成本或利益無法反映在市場價格時，這些成本或利益稱之為**外部性**（externalities），因為這些是在市場之外的。一個外部性的例子，就是鐵工廠業者導致環境污染的成本。若沒有政府的干預，這些生產者將沒有誘因來思考污染的社會成本。

（二）缺乏訊息

當消費者對於產品的品質或本質缺乏訊息時，市場失靈也會發生，以致於無法作出效用最大化的購買選擇，故此時政府的干預是有需要的。

在沒有外部性也未缺乏訊息的情形下，一個未干預的競爭市場的確會導致經濟有效率的產出水準。

市場失靈
market failure

市場失靈，意即價格無法提供正確的訊息給消費者與生產者，以致於未管制的競爭市場沒有效率，而不會極大化整體消費者與生產者的剩餘。

外部性
externalities

有時候消費者或生產者的行為，會導致成本或利益無法反映在市場價格時，這些成本或利益稱之為外部性。

四、經濟剩餘的分析

　　用消費者及生產者剩餘的觀念，可來評估政府干預市場的**福利效果**（welfare effects），如〔圖3-19〕所示的分析。我們可以決定誰由干預中獲利或損失，數額是多少。政府認為生產者若讓價格超過規定上限是違法的，而這種低於均衡價格的上限管制，會壓抑生產並增加需求，造成供給短缺（超額需求）。

（一）消費者剩餘的改變

　　由於價格管制政策，有些消費者變得更好，有些則更差。那些更差的消費者，在配額有限下已離開市場，生產及銷售從Q_0降至Q_1。對那些仍可購買到財貨的消費者，現在則變得更

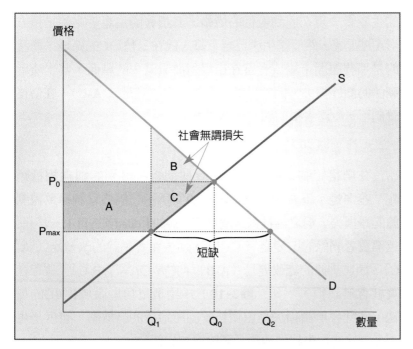

圖3-19　價格管制所導致消費者及生產者剩餘的改變

好，因為其可以用較低的價格P_{max}來購買。

　　每一群組會更好或更壞多少呢？那些仍可購買到財貨的消費者享受了消費者剩餘的增加，即長方形A的部分。此一長方形衡量的是每單位減少的價格，乘上消費者能以較低價格購買的數量。另一方面，那些不再能買到此財貨的消費者，損失了消費者剩餘；此損失的部分是三角形B的區域，此三角形衡量的是消費者因產量由Q_0降至Q_1所減少的淨價值，故消費者剩餘的淨改變是（+A-B）。在〔圖3-19〕中，長方形A大於三角形B，因此消費者剩餘的淨改變是正的，所以對消費者是有利的。

（二）生產者剩餘的改變

　　在價格管制下，有些生產者（有相對較低之成本者）仍會留在市場中，但其產出的銷售價格較低，而其他廠商則會退出市場，此兩類廠商都損失生產者剩餘。那些仍在市場且生產Q_1的生產者，現在收到較低的價格，其損失的生產者剩餘是長方形A的區域。然而總生產已經下降，故在三角形C的區域，衡量的是那些離開市場或者留在市場但產量減少的廠商，其生產者剩餘的額外損失。因此生產者剩餘的總改變是（-A-C），在價格管制下，生產者很明顯的受到損失。

（三）社會無謂損失

　　在價格管制下的損失是否會與消費者得到的利益相抵銷呢？答案是：不會的。如〔圖3-19〕所示，價格管制導致總剩餘的淨損失，稱之為**社會無謂損失**（social deadweight loss）。前述消費者剩餘的改變是（+A-B），而生產者剩餘的改變是（-A-C），因此剩餘的總改變是（A-B）+（-A-C）=（-B-C），故存在著社會無謂損失，如〔圖3-19〕中兩個三角形區域B與C的加總。此社會無謂損失是由價格管制所造成的無效率，也就是生產者剩餘的損失超過消費者剩餘增加的部分。

重點摘錄

- 完全競爭廠商在短期內所願意提供的商品數量，與他的短期邊際收益（SMR）及短期邊際成本（SMC）有關。只有在SMR=SMC時的產出水準，才是追求利潤極大化廠商之最適生產量。

- 當價格等於廠商生產的短期平均成本，此時廠商的利潤為零，廠商繼續提供商品可賺取正常利潤，即為廠商的損益平衡點。

- 價格等於短期平均變動成本，廠商的虧損等於他所投入的固定成本，廠商是否繼續提供商品對於他的盈虧沒有影響，是廠商的停產點。

- 完全競爭廠商短期供給曲線，其實就是廠商的短期邊際成本線，高於短期平均變動成本最低點的那一段。

- 生產者剩餘的定義為：廠商實際收進價格與最低願意接受價格的差距。在完全競爭市場裡，廠商實際收進價格即為市場交易價格，而最低願意接受價格則為邊際成本的概念，故生產者剩餘又可被定義為市場價格與邊際成本的差距。

- 產業的長期供給曲線依產業需求之增減，牽動個別廠商長期平均成本的變化情形，可分為以下三種情況：成本遞增產業；成本遞減產業；成本不變產業。

- 當產業的需求增加，個別廠商的產出擴張，導致生產要素單位成本，因外部不經濟而上漲，使得個別廠商長期平均成本上升，此即為成本遞增產業。

- 當產業的需求增加，個別廠商的產出擴張，導致生產要素單位成本，因外部經濟而下跌，使得個別廠商長期平均成本下降，此即為成本遞減產業。

- 當產業的需求增加，雖然個別廠商的產出擴張，生產要素的單位成本仍維持不變，個別廠商長期平均成本不受影響，此即為成本不變產業。

- 當市場中額外增加的一單位產品，其邊際利益等於邊際成本時，資源配置效率即可達成。

- 市場的社會福利，就等於消費者剩餘加上生產者剩餘。

- 在某些情況下，會發生市場失靈，意即價格無法提供正確的訊息給消費者與生產者，以致於未管制的競爭市場沒有效率，而不會極大化整體消費者與生產者的剩餘。主要有兩種情形會導致市場失靈的發生：外部性；缺乏訊息。

- 有時候消費者或生產者的行為，會導致成本或利益無法反映在市場價格時，這些成本或利益稱之為外部性。

重要名詞

利潤（profit）

離散（discrete）

平滑曲線（piecewise smooth curve）

損益平衡點（break-even point）

停產點（shut-down point）

生產者剩餘（producer surplus）

外部不經濟（external diseconomies）

成本遞增產業（increasing cost industry）

外部經濟（external economies）

成本遞減產業（decreasing cost industry）

成本不變產業（constant cost industry）

經濟效率（economic efficiency）

邊際利益（marginal benefit）

邊際成本（marginal cost）

均衡（equilibrium）

消費者剩餘（consumer surplus）

社會福利（social welfare）

市場失靈（market failure）

外部性（externalities）

福利效果（welfare effects）

社會無謂損失（social deadweight loss）

問題討論

1. 某完全競爭廠商的成本函數為$TC=0.1q^3-10q^2+400q+520$，試求：（假設長期、短期成本函數均為上式）

   (1)廠商的短期供給曲線？

   (2)廠商的長期供給曲線？

   (3)廠商的短期停業條件？

   (4)廠商的長期退出條件？

   (5)假設產品價格為$P=230$，廠商產量應為多少？其利潤為何？

   (6)如果市場需求函數$Q=5260.3-P$，長期之下該產業會有多少家廠商（假設每一家廠商均相同）？

2. 假設完全競爭市場裡，有100家完全相同的廠商，市場供給與需求曲線如下：

   市場供給：$Q=1,750+50P$

   市場需求：$Q=4,750-50P$

   (1)均衡價格為何？

   (2)廠商面臨的需求曲線是什麼？請繪圖說明之。

3. 政府為保護國內廠商，通常會採用提高關稅或減少進口配額的措施，來控管進口量的多寡。若假定兩政策的進口量相同，請你由社會福利的觀點來判斷，上述兩種政策工具何者較佳？理由為何？

第 4 章
獨占廠商決策與均衡

- 4.1 獨占市場的形成
- 4.2 獨占市場的短期均衡
- 4.3 獨占市場的訂價決策
- 4.4 獨占力量的來源
- 4.5 獨占力量的衡量
- 4.6 獨占力量的社會成本
- 4.7 價格管制與自然獨占

本章節探討**獨占**（monopoly）廠商的決策與均衡，討論的議題有：獨占市場的形成、獨占市場的短期均衡、獨占市場的訂價決策、獨占力量的來源、獨占力量的衡量、獨占力量的社會成本，以及價格管制與自然獨占。

4.1 獨占市場的形成

獨占是市場上只有一個賣方但有許多買者，因為獨占者是某一商品的唯一生產者，故市場需求曲線可說明獨占者所收到的價格與其所提供財貨數量的關係。我們將見到獨占者如何由控制價格而獲利，以及其最大利潤下的價格與數量，是如何不同於完全競爭市場下的情況。茲將獨占市場形成的原因，列示說明如下：

一、自然獨占

有些產業的**設立成本**（start-up cost）很高，只有資本雄厚的廠商或財團才有能力投資，加上產業存在**規模經濟**（economies of scale），長期平均成本遞減之特性，廠商的生產規模愈大成本愈低。現有的一家獨占廠商在達到長期平均成本最低點的產量，即足以滿足全部市場的需求，新廠商的加入，將會使所有廠商的產量減少，成本上升，造成虧損，因而無法容納第二家以上廠商的存在；此種由市場力量自然形成的獨占，稱之為**自然獨占**（natural monopoly）。

二、擁有關鍵生產要素

某些商品的生產必須使用到某種特別的關鍵生產要素，因

獨占
monopoly

獨占是市場上只有一個賣方但有許多買者，因為獨占者是某一商品的唯一生產者，故市場需求曲線可說明獨占者所收到的價格與其所提供財貨數量的關係。

自然獨占
natural monopoly

現有的一家獨占廠商在達到長期平均成本最低點的產量，即足以滿足全部市場的需求，新廠商的加入，將會使所有廠商的產量減少，成本上升，造成虧損，因而無法容納第二家以上廠商的存在，稱之為自然獨占。

而只有擁有這種關鍵生產要素的廠商才得以生產出該種商品。例如，曬鹽必須使用龐大土地做為鹽田，因此只有擁有大量鹽灘地的台鹽公司，才有能力來生產曬鹽。

三、具備特殊生產技能或獨特配方

某些商品的生產必須使用到某種特殊的生產技能或獨特配方，令其他廠商無法模仿而得以獨占生產。例如，Microsoft公司獨特的**編碼**（coding）技能，使其Windows系列產品幾乎壟斷PC的作業系統；可口可樂公司獨特的配方，取得可樂飲料的龍頭地位。

四、法令保障

受政府法令保障的獨占生產形式，通常有**專利權**（patents）及政府特許等。各國政府為鼓勵廠商從事研發創新，紛紛訂定「專利法」，以保障廠商的**智慧財產權**（intellectual property right），允許廠商在一定的期限內獨占生產該種商品。此外，政府為提供公共事業服務品質或特殊政策考量，也會以特權許可的方式允許廠商獨占經營。例如，台北市自來水公司、台灣省自來水公司分別獨占供應台北市、台灣省（含高雄市）的自來水；每一縣市均只有一家「欣」字頭的天然氣公司獨占供應各縣市的瓦斯；樂透彩只有特許台北銀行獨占發行等。

五、特殊的時空環境

有些市場在本質上稱不上是獨占市場，但由於特殊的時空環境造成這些市場具有獨占市場的特性。例如，飲料、零食、爆米花等商品市場接近完全競爭市場，但在電影院內，由於只

有單獨一家販賣部供應這些商品，因而形成局部獨占。又例如偏遠山區的加油站，由於地域的因素只有一家加油站提供加油服務而形成獨占。

　　觀察獨占形成的原因，我們可知獨占廠商要不是在生產前就必須投入大量經費（如產品研發、技術開發、關鍵要素取得等），就是設廠時需要投入的資本龐大，使得新廠商加入的門檻很高；由於停產需要負擔巨大的沉沒成本，也使已存在的獨占廠商不願輕易退出市場。此外，許多由政府特許獨占經營的獨占事業，如公共事業，其營運受政府當局的管制，廠商自然更不可能自由進出獨占市場。

4.2 獨占市場的短期均衡

　　做為一項財貨的唯一生產者，獨占廠商處於一個相當獨特的位置，假若獨占者決定提高產品的售價，即不需要擔心會有競爭者藉由較低價格來瓜分獨占廠商的市場占有率。獨占廠商即是市場，並且可完全控制供應銷售的產量。

　　但這並不意味著獨占者可以隨心所欲的訂定高價，至少當其目標為利潤極大時不會如此。為了求取最大的利潤，獨占廠商首先需要決定市場需求的特色及其成本。對市場需求及成本的瞭解是廠商作經濟決策的關鍵所在，因而獨占廠商可決定生產及銷售的數量。獨占者所收到的單位價格是由市場需求曲線所決定；同樣的，獨占廠商亦可以先決定價格，再由其市場需求曲線來決定數量。

一、平均收入與邊際收入

　　獨占廠商的平均收入，謂其銷售所得之單位價格，即是其

市場需求曲線。為了選擇最大獲利之產出水準，獨占廠商亦需要知道其**邊際收入**（marginal revenue），亦即一單位產出的改變所導致收入的改變。為瞭解總收入、平均收入及邊際收入間的關係，現以一家面臨需求曲線為P=6-Q的廠商做例子來說明。

〔**表4-1**〕顯示在此需求曲線下，總收入、平均收入及邊際收入的情況。請注意當價格為6時，其收入為0，因為在此價格時沒有任何數量售出。但當單位售價為5時，有一單位售出，因此總收入（及邊際收入）為5。當銷售數量從1增至2時，收入則從5增加到8，因此邊際收入為3。當銷售數量從2增至3時，邊際收入跌至1，當銷售數量從3增至4時，邊際收入為負值。當邊際收入為正值時，總收入隨數量增加，但當邊際收入為負值時，總收入是遞減的。

當需求曲線為向下傾斜時，價格（平均收入）較邊際收入為大，因為所有的售出單位為同一價格。每增加1單位銷售量時，價格勢必下降，因此，不只是額外售出的單位會賺得較少的收入，而是所有售出的單位皆如此。〔**表4-1**〕同時說明，當產出從1單位增至2單位時，單位價格降至4；邊際收入為3，等於售出額外一單位的收入4減掉1，於是邊際收入會低於價格。

〔**圖4-1**〕為依據〔**表4-1**〕所繪之平均收入與邊際收入的圖形；在此需求曲線為直線的情形下，邊際收入曲線的斜率是需求曲線的2倍（截距相同）。

表4-1　總收入、邊際收入與平均收入資料表

價格（P）	數量（Q）	總收入（TR）	邊際收入（MR）	平均收入（AR）
6	0	0	-	-
5	1	5	5	5
4	2	8	3	4
3	3	9	1	3
2	4	8	-1	2
1	5	5	-3	1

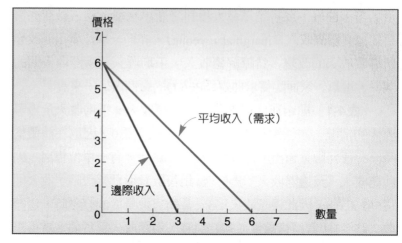

圖4-1　平均收入與邊際收入

二、獨占廠商的產出決定

〔**圖4-2**〕說明市場需求曲線D亦是獨占廠商之平均收入曲線，獨占廠商所得之單位價格為其產出水準之函數。本圖形亦顯示出相關的邊際收入曲線MR，以及平均成本AC、邊際成本曲線MC。邊際收入與邊際成本在數量Q^*時相等，再由需求曲線上，找到與數量Q^*對應的價格P^*。

如何確定Q^*為最大利潤下的數量？假設獨占廠商只生產較少的數量Q_1，並得到一相對應之較高價格P_1。如〔**圖4-2**〕所示，邊際收入會超過邊際成本。因此，若是獨占廠商之生產略多於Q_1時，可得到額外的利潤（MR-MC），並因而增加其總利潤。事實上，獨占者可持續增加產出，並增加其總利潤直到產量Q^*為止，在Q^*時每多生產1單位，所獲得的利潤為0。雖然獨占者可以在較小的數量Q_1下，訂定較高的價格，但此並非最大利潤。當產出為Q_1而非Q^*時，獨占廠商獲得較少的總利潤，其利潤損失價值相當於在MR曲線之下及MC曲線之上，介於Q_1及

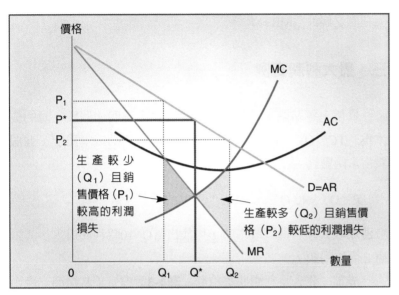

圖4-2　當邊際收入等於邊際成本時，可得到最大利潤

Q*間的陰影區域。

　　在〔**圖4-2**〕中，較大的產出Q_2也不是最大利潤之數量。因為在數量Q_2時，邊際成本超過了邊際收入，因此若是獨占廠商之生產數量小於Q_2時，其總利潤會增加（MC-MR）的部分。獨占廠商即使減產至Q^*，也能使其利潤遞增。生產Q^*而非Q_2所增加的利潤，是位於Q^*及Q_2間之MC曲線以下及MR曲線以上的區域。

　　我們也可從數學上說明在Q^*時利潤最大；利潤 π 是收入與成本之差值，二者皆決定於Q：

　　π（Q）=TR（Q）－ TC（Q）

當Q自0開始增加，利潤亦隨之增加，當利潤達到極大值後，即開始隨之下滑。因此，最大利潤之Q，是當Q值只有很微小的增加，而所增加的利潤等於0時，即$\Delta \pi /\Delta Q=0$。

　　但因ΔTR/ΔQ為邊際收入，ΔTC/ΔQ為邊際成本，因此最

大利潤之條件為MR=MC。

三、最大利潤實例

為使上述結論更清楚，現列舉實例來說明。假設生產的成本為：TC（Q）=50+Q²，即固定成本50，變動成本為Q²，並假設需求函數為：

P（Q）=40-Q

令邊際收入等於邊際成本時，可找出當Q=10時利潤最大，其對應之價格為30。

成本、收入及利潤曲線繪於〔圖4-3〕（a）；當廠商之產出數量很少或為0時，由於固定成本之存在，利潤為負值。利潤隨著Q值增加而增加，直到Q*=10時，達到最大利潤150，之後產量增加利潤卻隨之下降。同時，在最大利潤的這一點，收入與成本曲線的斜率是相同的（注意：切線rr'與cc'平行）。收入曲線之斜率為ΔTR/ΔQ，相當於邊際收入，成本曲線之斜率為ΔTC/ΔQ，相當於邊際成本。當邊際收入等於邊際成本時，即兩者斜率相等時，利潤為最大。

〔圖4-3〕（b）顯示對應的平均與邊際收入曲線，以及平均與邊際成本曲線。邊際收入與邊際成本之交點在Q*=10，在此數量下，平均單位成本為15，單位價格為30，故平均每單位利潤為30-15=15。賣出10個單位之利潤為10×15=150，即長方形之陰影區塊。

四、廠商的短期均衡

在短期間，獨占廠商與完全競爭廠商一樣追求最大利潤，也是以MR=MC為產量的決策標準，可能會得到經濟利潤、正常

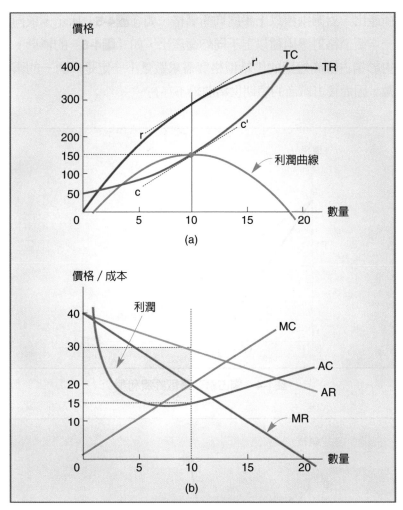

圖4-3　最大利潤的實例說明

利潤或經濟損失，端視市場的需求狀況及廠商的成本而定。獨占廠商以MR=SMC決定產量水準Q^*，再依需求曲線訂定價格P^*，如價格大於短期平均成本，獨占廠商獲得經濟利潤，如〔**圖4-4**〕陰影部分所示。

在短期間，獨占廠商的成本結構固定不變，但隨著市場需求情況的改變，商品的供給價格與需求數量間可能產生同一均

衡產出,對應兩種以上不同均衡價格,如〔**圖4-5**〕所示,或同
一均衡價格對應兩種以上不同均衡產出,如〔**圖4-6**〕的情形。
由於獨占廠商短期的供給價格與需求數量不一定是一對一的函
數,因而獨占廠商的短期供給曲線不存在。

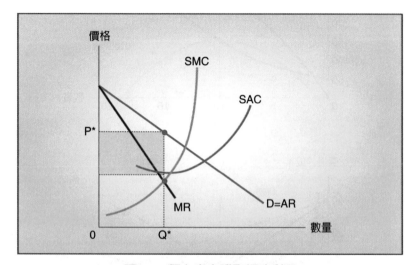

圖4-4　獨占廠商賺取經濟利潤

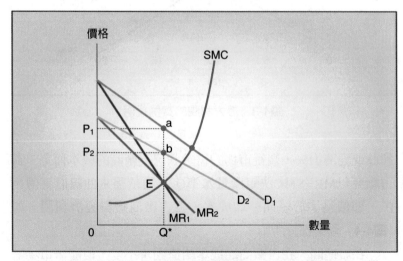

圖4-5　同一均衡產出對應兩種不同的均衡價格

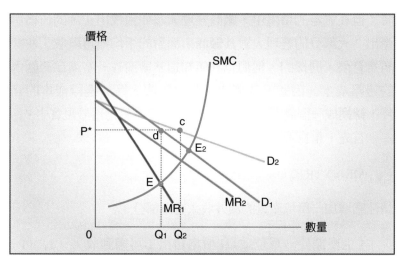

圖4-6　同一均衡價格對應兩種不同的均衡產出

4.3 獨占市場的訂價決策

　　獨占廠商的長期行為與其短期行為差異不大,所差別者只是獨占廠商在長期沒有固定成本的存在。與完全競爭廠商不同的是,由於獨占廠商不能自由進出市場,產業有超額利潤產生時,新廠商不能加入,而產業有虧損時,獨占者亦不能隨意退出。因此,獨占廠商在長期一樣會有經濟利潤、正常利潤或經濟損失的情形出現。由於私有的獨占廠商不可能長期忍受經濟損失,如果沒有政府**補貼**(subsidy),虧損的私有獨占廠商終將因破產而退出市場。

一、訂價法則

　　由前述得知價格與產量應選定在當邊際收入等於邊際成本

時；但在實際的環境中，廠商經理人該如何找出正確的價格與產出？大部分的經理人對其廠商所面對的平均與邊際收入曲線訊息有限，同樣的，他們也許僅知道其廠商在一定產出範圍內的邊際成本。因此，我們想要將邊際收入等於邊際成本的條件，轉換成一個簡單的訂價法則，使之更容易應用於現實中。

首先，重寫邊際收入之方程式：

$$MR=\Delta TR/\Delta Q=\Delta（PQ）/\Delta Q$$

請注意增加一單位產量的額外收入有兩部分：

1. 生產額外一單位並以P價格售出，可得到收入（1）（P）=P。
2. 但當廠商面臨一個負斜率的需求曲線時，每生產並售出額外一單位時，會使得價格下降少許（$\Delta P/\Delta Q$），此會減少所有已售出之單位的收入，亦即收入的變動為Q×（$\Delta P/\Delta Q$）。

因此，

$$MR=P+Q\times（\Delta P/\Delta Q）=P+P（Q/P）（\Delta P/\Delta Q）$$

等式右邊是將Q×（$\Delta P/\Delta Q$）乘以P再除以P而得。又因$E_d=$（P/Q）（$\Delta Q/\Delta P$）。因此，（Q/P）（$\Delta P/\Delta Q$）為最大利潤的產出水準下，所測得之需求彈性的倒數$1/E_d$，故可改寫成

$$MR=P+P（1/E_d）$$

現在，廠商的目標是追求最大利潤，我們可令邊際收入等於邊際成本：

$$P+P（1/E_d）=MC$$

經整理後可得到如下（**4-1**）式：

$$（P-MC）/P = -1/E_d \qquad (4-1)$$

（**4-1**）式提供了一個訂價法則，在等號左邊（**P-MC**）/**P**，表示超過邊際成本的加成，以價格的百分比來表示，此公式亦說明此種加成應該等於負的需求彈性之倒數（此結果為正值，因為需求彈性是負的）。同樣的，此方程式亦可改寫成直接以超過邊際成本的加成來表示價格，如（**4-2**）式所示：

$$P=MC/（1+1/E_d） \qquad (4-2)$$

例如，假設需求彈性為-4，邊際成本為每單位$9，則價格應為9/（1-1/4）=9/0.75=12。

獨占者所訂定的價格與完全競爭下價格的決定如何作比較？在完全競爭市場下，價格等於邊際成本；而獨占廠商訂定一個超過其邊際成本的價格，此超過的數額則取決於其需求彈性的倒數。在（**4-1**）式中顯示，假若需求非常具有彈性，E_d為一很大的負數，而價格會趨近於邊際成本，此種獨占市場很類似完全競爭市場。事實上，當需求很有彈性時，獨占廠商的獲利空間不大。

二、需求變動

在一個完全競爭的市場中，價格與供給數量間有很明確的關係，此關係即為供給曲線。如供給曲線為整個產業之生產邊際成本，供給曲線告訴我們在每一個價格下廠商願意生產的數量。

一個獨占市場沒有供給曲線，換言之，一對一的價格與生產數量的關係並不存在。原因在於獨占廠商的產出不只取決於邊際成本，也決定於需求曲線的型態。於是，需求的變動不會導出一系列價格與數量的組合，如同完全競爭市場下的供給曲

線。需求變動可導致在產出不變的情況下價格的變動,或導致
價格不變下而產出有所改變,或是二者皆變動。

〔**圖4-7**〕(a)及(b)說明上述的關係;在兩個圖中,需求
曲線原為D_1,對應的邊際收入曲線為MR_1,獨占者的原始價格
及數量分別為P_1及Q_1。在〔**圖4-7**〕(a),需求曲線向下移動並
旋轉;新的需求與邊際收入曲線為D_2及MR_2。注意MR_2與MR_1皆

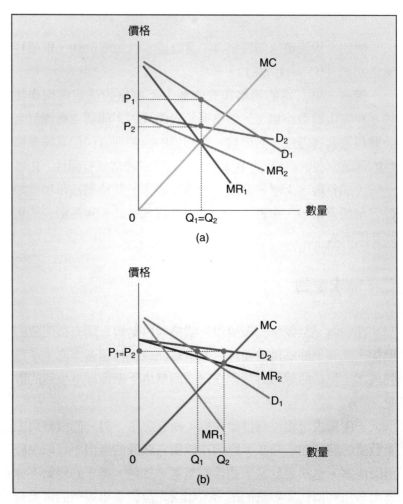

圖4-7　價格與數量的不同對應均衡關係

與邊際成本曲線相交於同一點，造成生產數量仍維持原狀，而價格則降為P_2。

在〔圖4-7〕（b）中，需求曲線向上移並轉動。新的邊際收入曲線MR_2與邊際成本曲線交於一個較大的數量Q_2，而非Q_1，然而需求曲線的變動所導致的最後訂價與以前一樣。

需求變動通常會引起數量及價格兩者的改變，但在〔圖4-7〕的特例顯示，在獨占與完全競爭供給兩者間的一個重要區別。競爭產業會在不同價格下提供一特定的數量，但獨占廠商不會存在此種關係，而是供給決定於需求的變動。可能在同一價格下，供給不同之數量；或在不同之價格下，供給相同的數量。

三、租稅效果

對產出課稅，在獨占廠商與完全競爭產業間有不同的效果。在完全競爭產業課徵從量稅分析中，市場價格上升的數額小於稅額，而所產生的租稅負擔是由生產者與消費者共同承擔。然而在獨占的情形下，價格的上升有時會超過稅額。

分析對獨占廠商的課稅效果是相當直接明確的，假設每一單位課徵t元的從量稅，如此獨占者每售出一單位，就必須付出t元給政府。因此，廠商的邊際（與平均）成本，每單位增加租稅t元。假設MC為廠商原來的邊際成本，其最適的產出水準可由下式來決定。

$$MR=MC+t$$

繪成圖形，租稅使得邊際成本曲線向上移動t的數量，並與邊際收入有新交點。在〔圖4-8〕中，Q_0及P_0分別為課稅前的數量與價格，而Q_1及P_1則是稅後的數量與價格。

邊際成本曲線向上移動的結果，造成較少的產出與較高的價格水準。有時價格的增加少於租稅，但並非永遠如此，如

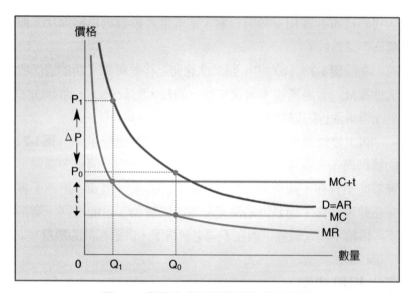

圖4-8 對獨占廠商課徵貨物稅的效果

〔**圖4-8**〕即為一例，其價格的增加超過租稅t。這種情形在競爭市場是不可能發生的，但卻會發生在獨占市場，因其價格與邊際成本之關係決定於需求彈性。例如，假設獨占者面對的是一固定彈性的需求曲線，其彈性為-2，（**4-2**）式將告訴我們價格會等於邊際成本的兩倍。隨著租稅t，邊際成本增加為MC+t，故價格增為2（MC+t）=2MC+2t。價格的增加為租稅的兩倍，但獨占廠商的利潤會因租稅而減少。

四、多家工廠的廠商

　　一個廠商可藉由設定產出於邊際收入等於邊際成本時，得到其最大利潤。對許多廠商而言，其生產可來自兩家，甚至更多的工廠，而其營運成本亦有所不同。但無論如何，在此種情形下選擇合適的產出水準，非常類似於單一工廠廠商的情況。

　　假設一廠商有兩家工廠，那麼其總產出應為多少，且每家

工廠各應生產多少？我們可直接由下述的兩個步驟找到答案。

步驟一，不管總產出為何，應將其產出分配給兩個工廠，使得每一工廠之邊際成本均相同，否則廠商可以重新配置生產使其成本降低、利潤提高。例如，假設工廠1的邊際成本高於工廠2，廠商可使工廠1生產較少而工廠2生產較多，以較低的成本達到同樣的產出。

步驟二，總產出必須設定在邊際收入等於邊際成本所對應之處，否則，廠商可以增加或降低總產出，而增加其利潤。例如，假設每一工廠的邊際成本均相同，但邊際收入高於邊際成本。那麼，該廠商可以增加兩工廠的生產而做得更好，因為其每增加1單位所賺得的收入會超過其成本。既然每一工廠的邊際成本必須相同，而且邊際收入必須等於邊際成本，則當每一工廠的邊際收入等於邊際成本時，可得到最大利潤。

上述的結果，亦可以代數方法導出。令Q_1及C_1分別代表工廠1的產出與成本，Q_2及C_2則分別代表工廠2的產出與成本，總產出為$Q_T=Q_1+Q_2$，則利潤為：

$$\pi = P \cdot Q_T - C_1 (Q_1) - C_2 (Q_2)$$

廠商應增加每一工廠的產出，直到最後一單位產出之獲利為0。設工廠1因產出增加而額外增加的利潤為0，則

$$\Delta \pi / \Delta Q_1 = (\Delta (P \cdot Q_T) - \Delta C_1) / \Delta Q_1 = 0$$

上式中，$\Delta (P \cdot Q_T) / \Delta Q_1$為生產並銷售額外一單位的收入，亦即對廠商所有產出的邊際收入MR，$\Delta C_1 / \Delta Q_1$為工廠1的邊際成本MC_1，故$MR - MC_1 = 0$，或

$$MR = MC_1$$

同樣的，令工廠2因產出而增加的利益為0，可得

$MR=MC_2$

合併後，廠商應生產至（**4-3**）式成立：

$MR=MC_1=MC_2$ （4-3）

〔**圖4-9**〕說明了一個廠商有兩個工廠時的狀況，其中，MC_1及MC_2代表兩個工廠的邊際成本曲線，而工廠1比工廠2有較高的邊際成本。圖中的MC_T曲線為廠商的總邊際成本線，是得自MC_1及MC_2的水平加總。我們現在可找到最大獲利的產出階段Q_1、Q_2及Q_T。首先，先找出MC_T與MR的交點，該點決定了總產出Q_T。其次，在邊際收入曲線上的此點，畫一平行線至縱軸，點MR^*決定了廠商的邊際收入。由該邊際收入線與MC_1及MC_2的交點，可得出對應之工廠產出Q_1及Q_2，如（**4-3**）式所示。

請注意總產出Q_T決定了廠商的邊際收入及其價格P^*，但Q_1及Q_2則決定了兩工廠個別的邊際成本。由於MC_T是MC_1及MC_2的水平加總，故可得知$Q_1+Q_2=Q_T$。因此，這些產出水準皆滿足

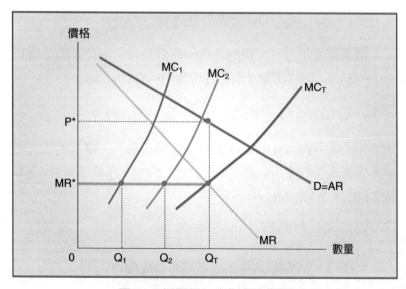

圖4-9 以兩個工廠生產的均衡

$MR=MC_1=MC_2$的條件。

4.4 獨占力量的來源

　　為什麼有些廠商具有相當的**獨占力**（monopoly power），而
有些廠商沒有或只有很小的獨占力呢？記住獨占力是使訂價高
於邊際成本的能力，而此差額是與廠商需求彈性呈「反向」變
動。如（**4-3**）式所示，需求曲線愈缺乏彈性，廠商獨占力量愈
大，因此獨占力的最根本決定因素是廠商的需求彈性。然而為
何有些廠商（如超市連鎖店）面對較具彈性的需求曲線，而有
些廠商（如名牌衣服生產者）則是面對缺乏彈性的需求曲線
呢？我們可歸結下列三項決定廠商需求彈性的因素：

一、市場需求彈性

　　如果只有一家廠商，即所謂一個純粹獨占廠商，其需求曲
線即是市場需求曲線，則廠商獨占力的大小完全視市場需求彈
性而定。唯常見的情況是許多廠商彼此互相競爭，而市場需求
彈性是每一個廠商自己所面對的需求彈性的下限。對市場需求
可能不具彈性，但每一家廠商的需求卻相當具有彈性；而個別
廠商到底是多具有彈性，要視廠商間彼此競爭的程度。但無論
廠商間如何競爭，廠商需求彈性的幅度不會小於市場需求彈性
的絕對值。

　　如對原油的需求是相當不具彈性的（至少在短期內是如
此），故OPEC能在一九七〇年代及一九八〇年代初期，抬高原
油價格使其遠遠高於邊際生產成本。對咖啡、可可、錫及銅等
商品的需求較具彈性，這就是為什麼在這些市場中的生產者想
合作形成卡特爾組織，然而最後均告失敗的原因。在這些例子

中，市場需求彈性限制了個別生產者潛在的獨占力。由此可知，個別廠商自己的需求彈性至少和市場需求彈性一樣大，故市場需求彈性限制了獨占力的可能性。

二、廠商的數目

決定廠商獨占力的第二個因素，就是市場中廠商的數目。在其他條件不變下，廠商數目增加，每一廠商的獨占力就下降。當愈來愈多廠商競爭時，每一廠商會發現它很難抬高價格，而又能避免銷售量流失到別家廠商。

當然，重要的不只是廠商的總數，具有「主要影響力」的廠商，亦即擁有相當市場占有率的廠商尤為重要。例如，有2家大廠商占有90%的市場占有率，而其他20家只擁有10%的市場占有率，這兩個大廠商可能擁有相當的獨占力。當只有少數廠商擁有大部分市場占有率時，我們說這市場是「高度集中」。

有人會說美國企業最害怕的是競爭，這可能是真的，也可能不是。但我們一定會預期到，當只有一些廠商在市場中，他們的管理者將會偏好沒有任何新廠商進入此市場，因為新進廠商只會減少原有廠商的獨占力而已。一個很重要的競爭策略是找出方法來產生**進入障礙**（barrier to entry），亦即阻礙新競爭者進入此產業的條件。

有些產業有自然的進入障礙，如某一廠商可能有生產某一特定產品的技術專利權，這樣可使得其他廠商無法進入此市場，至少在專利到期前是如此。其他合法產生的權利亦是如此，如著作權能使書籍、音樂或電腦軟體只讓一家公司販賣，同時需要政府執照的產品可避免新廠進入此市場，如電信服務、電視廣播或者州際運輸。最後，規模經濟可能使得在一市場中有太多廠商供應產品時的成本過高。若規模經濟可能會大到使得最有效率的情況是，只由一家廠商來供應整個市場需

求，亦即所謂的自然獨占。

三、廠商間的互動關係

廠商間如何互動有時候是決定獨占力最重要的因素。假設有四個廠商在一個市場裡，他們可能激烈的競爭，相互降價以求取更大的市場占有率，這可能使得價格降至接近完全競爭下的水準。每一廠商將害怕自己漲價會失去市場占有率，並因此而只擁有很小的獨占力或完全沒有獨占力。

另一方面，廠商間可能不會過度競爭，而甚至可能互相勾結，彼此同意限制產量，提高價格。同步而非個別的提高價格最有可能產生利潤，因此勾結會產生相當大的獨占力。在其他條件不變下，廠商間競爭愈激烈獨占力愈小，反之，相互合作時的獨占力較大。

當廠商的營運狀況、行為和其競爭者的行為，隨時間而改變時，其獨占力也隨之改變，故獨占力必須以動態的內涵來考慮。例如，市場需求曲線在短期較不具彈性，在長期較具彈性。更進一步的說，短期的真實或潛在獨占力，能使產業在長期更具競爭性。大量的短期利潤會吸引新廠商進入此產業，因此減少其在長期的獨占力。

 ## 4.5 獨占力量的衡量

一、獨占力的運作機制

純粹的獨占是很少見的，市場上有數家廠商彼此競爭較為常見，在此我們將解釋為何一個市場有多家廠商時，每一家廠

商皆好像面臨一條負斜率的需求曲線,並在價格超過邊際成本的情況下生產。例如,假設有四家廠商之市場需求曲線,如〔圖4-10〕(a)所示,假定這四家廠商每天的總生產量為200個單位,即每家每天生產50個單位,並以每單位1.50售出。注意市場需求為相對的無彈性;你可以確認在價格1.50時,其需求彈性為-0.5。

現在假設廠商A正決定是否要降價以增加銷售,為了做成此一決定,其需要知道當價格改變時,銷售量會有何反應。換言

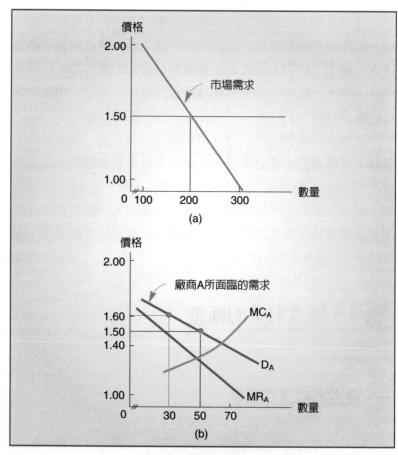

圖4-10　市場與個別廠商的均衡量價

之，在相對於市場需求曲線時，廠商A要對其所面對之需求曲線有些概念。〔圖4-10〕(b)顯示一種合理的可能情況，其中，廠商面對之需求曲線D_A是比市場需求曲線更具有彈性。在價格為1.50時，彈性為-6.0，廠商可預期將價格由1.50提高到1.60時，銷售量可能由50單位降到30單位，造成消費者向別家廠商購買的情形。

由於以下幾點理由，銷售量不會像在完全競爭市場下一樣降為零。第一，廠商A的商品可能與他廠有一點不同，所以有些消費者願意多付一點錢去購買它。第二，其他廠商也可能同時調升價格。同樣地，廠商A也可能預期當價格從1.50下降至1.40時，其能夠多賣一點，如由50單位上升為70單位，但是其仍無法占有所有市場。有些消費者可能喜歡其他廠商的商品，而其他廠商也可能調降價格。

廠商A的需求曲線，決定於其產品與競爭廠商產品的差異性，以及四家廠商如何相互競爭。廠商A可能面對一條比市場需求曲線更具彈性的需求曲線，但並不是像在完全競爭市場下完全彈性的需求曲線。

瞭解其需求曲線後，廠商A如何選擇產出水準？可運用同樣的原則：在最大利潤的產量會使邊際收入等於邊際成本。在〔圖4-10〕(b)中，數量是50單位，對應價格是超過邊際成本的1.50。雖然廠商A不是純粹獨占廠商，其仍然擁有獨占力，即能訂定比邊際成本高的價格而獲利。當然，廠商A的獨占力仍是小於純粹獨占下之獨占力，不過其獨占力也可能仍然相當可觀。

二、獨占力的衡量指標

完全競爭廠商與擁有獨占力廠商的主要區別在於，對完全競爭廠商而言，價格等於邊際成本；但對有獨占力的廠商而言，價格超過邊際成本。因此，一個自然衡量獨占力的方法，

即是評估最大利潤下之價格超過邊際成本的程度。特別是我們將利用本章前述訂價法則中的價格減掉邊際成本，再除以價格的加成比例。這種由經濟學家Lerner（1934）所提出，衡量獨占力的指數，被稱為獨占力的**Lerner指數**（Lerner index），如（**4-4**）式：

$$L=（P-MC）/P \tag{4-4}$$

Lerner指數是介於0與1之間，對完全競爭廠商而言，P=MC，故可得L=0；而當L數值愈大時，則表示其獨占程度愈大。

這個獨占力指數也能以廠商所面臨的需求彈性型態來表示，如（**4-5**）式：

$$L=（P-MC）/P = -l/E_d \tag{4-5}$$

注意，式中E_d是廠商所面對之需求曲線的彈性，而不是市場需求曲線的彈性。在上述討論的例子中，廠商A的需求彈性是-6.0，故獨占力程度是1/6=0.167。注意，擁有愈大的獨占力指數，並不代表一定有愈大的利潤。利潤端視平均成本相對於價格之差異來決定，廠商A比廠商B更具有獨占力，但可能因為有較高之平均成本，而獲取較低的利潤水準。

三、獨占力的訂價法則

在前面章節中，我們用（**4-2**）式，即P=MC/（1+1/E_d）去計算價格超過邊際成本的部分。其中，E_d是對廠商的需求彈性，而非市場需求的彈性，此關係式提供一個訂價法則給任何擁有獨占力的廠商。

因為當廠商在訂價時，必須考慮其他廠商的反應，所以在決定對廠商之需求彈性，會比決定對市場需求彈性要困難。基

本上,業者必須估計1%的價格變動會引起百分之多少的銷售量
變動,這項估算必須基於某項正式模型或業者自己的認知及經
驗。

　根據估算的廠商需求彈性,業者可計算適當的加成價格,
如廠商的需求彈性大,則價差(P-MC)將較小,同時我們可說
廠商擁有很小的獨占力。如廠商所面對之需求彈性較小,這部
分價差將較大,此時廠商可被視為有可觀的獨占力。〔圖4-11〕
(a)與〔圖4-11〕(b)正可說明此兩種極端情況,如(a)圖說

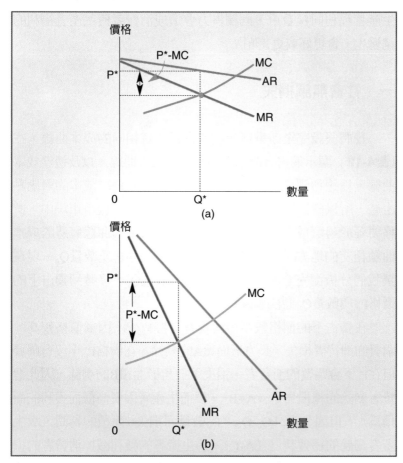

圖4-11　需求彈性與價差的關聯性

明需求彈性大，相對價差較小；而（b）圖代表當需求彈性小時，相對的價差則較大。

4.6 獨占力量的社會成本

在完全競爭市場裡，價格等於邊際成本，而獨占力隱含價格超過邊際成本。因為獨占力形成高價格、低產出，我們預期將對消費者較不好，而對廠商較好。如果我們對消費者福利與生產者福利同樣看重，則獨占力會造成消費者與生產者福利的總變化，會更好或更差呢？

一、社會無謂損失

我們假設完全競爭廠商與獨占廠商有相同的成本曲線，在〔圖4-12〕顯示獨占廠商的平均與邊際收入曲線，以及邊際成本曲線。為達利潤最大，廠商在邊際收入等於邊際成本的對應點生產，所以價格與數量分別為P_m與Q_m。在完全競爭市場中，價格要等於邊際成本，所以在平均收入（需求）曲線與邊際成本曲線相交的地方，決定了完全競爭下的價格P_c及數量Q_c。現在讓我們分析從完全競爭下的價格P_c與數量Q_c，移轉到獨占下的價格P_m與數量Q_m時的剩餘變化。

在獨占下的價格較高，消費者買得較少。因為價格較高，購買的消費者損失了長方形面積A的剩餘。在價格P_m下沒有購買但在P_c下會購買的消費者，損失了三角形面積B的剩餘，因此消費者剩餘的總損失是（A+B）。然而生產者因賣高價而獲利的面積為A，但因少賣（Q_c-Q_m）的數量而損失C面積的利潤，故生產者剩餘的總獲利為（A-C）。將生產者的獲利減掉消費者的損失，可得到淨剩餘的損失（B+C），此即為所謂獨占力的**社會無**

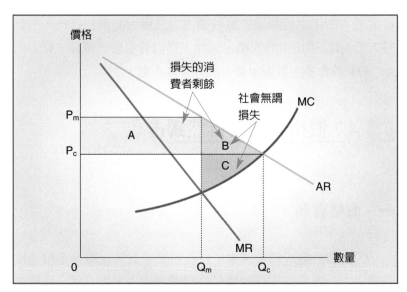

圖4-12　獨占力的社會無謂損失

謂損失（social deadweight loss）。即使獨占廠商利潤被課稅然後重分配給消費者，但因為產出低於完全競爭下的產出水準，使技術無效率仍然存在，社會無謂損失即為技術無效率的社會成本。

二、追求經濟租

在實務運作上，獨占力的社會成本可能超過〔**圖4-12**〕中B與C面積的無謂損失。其理由是廠商可能會**追求經濟租**（rent seeking），即以不具生產力的方式，花大量金錢去獲取、確保或者執行其獨占力。追求經濟租可能包括遊說行動（如選舉捐款），以取得政府管制讓潛在競爭者更難進入特定產業。追求經濟租也可能涉及廣告與法律行動，以避免反托拉斯的緝查。或者也可能意味著設置足夠的產能，而不充分利用進行生產，以使要進入該產業之潛在競爭者，有一種無法獲利的假象。這些

追求經濟租
rent seeking

廠商可能會追求經濟租，即以不具生產力的方式，花大量金錢去獲取、確保或者執行其獨占力。

社會成本的產生可歸諸於擁有獨占力之廠商的獲利行為，例如
長方形A減三角形C的面積。因此，從消費者移到廠商（長方形
A）的剩餘愈多，就表示獨占的社會成本愈大。

4.7 價格管制與自然獨占

一、價格管制

因為獨占造成社會成本，反托拉斯法案防止廠商累積過度
的獨占力。本章節先行討論另一種限制獨占力的方式，即價格
管制的作用。在完全競爭市場下，價格管制會造成社會無謂損
失；但當廠商有獨占力時，情況並非如此。相反的，價格管制
可消除獨占力所帶來的社會無謂損失。

〔圖4-13〕說明價格管制的情況，其中，P_m與Q_m是沒有管

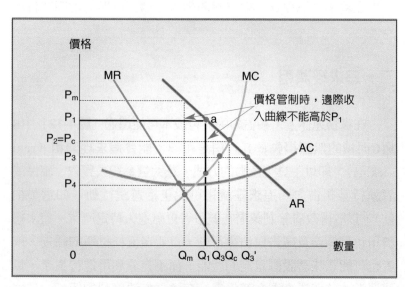

圖4-13　價格管制下的量價均衡

制下的價格與數量，現在假設價格被管制不可超過P_1，因為在產出水準為Q_1以下的廠商不可訂價超過P_1，故其新平均收入曲線為在P_1的水平線。因為在產出水準大於Q_1時，廠商會訂定低於P_1的價格，所以產出超過Q_1時，新平均收入曲線即為原先之平均收入曲線，故此部分不受管制的影響。

相對於廠商新的平均收入曲線，其邊際收入曲線是以圖中的$\overline{P_1aQ_1}$線表示之；直到產出Q_1為止，邊際收入都等於平均收入。在產出大於Q_1時，新的邊際收入曲線與原先的相同。在邊際收入曲線與邊際成本曲線相交下，廠商將生產Q_1的數量。此時，可以發現在價格P_1與數量Q_1下，獨占力所形成的社會無謂損失減少了。

當價格再進一步降低，生產數量持續增加，社會無謂損失也會減少。在價格P_c時，平均收入與邊際成本相交，產出水準會增加至完全競爭下的水準，獨占力所帶來之社會無謂損失被完全消除。若更進一步降價至P_3，產出反而減少，這就如同在完全競爭產業下限制最高價的情形一樣，會產生（$Q'_3 - Q_3$）數量的短缺及管制下的社會無謂損失。當價格繼續降低，數量持續降低，短缺增加。最後。如果降價低於P_4，即最低平均成本的地方，廠商會虧損並退出該產業。

二、自然獨占

價格管制常被用於**自然獨占**（natural monopoly）的情況下，如電力公司。自然獨占是指當一家廠商生產全部產量的成本，會低於由好幾家廠商共同生產的成本。如果有一家廠商是自然獨占，則全部市場皆由其提供服務是最有效率的，而不是讓好幾家廠商互相競爭。

當有強大的規模經濟時，自然獨占就會發生，如〔**圖4-14**〕所示。若圖中的獨占廠商分開為兩家競爭廠商，每家占有一半

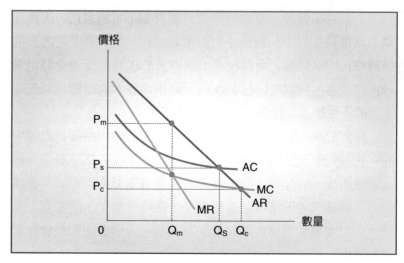

圖4-14　自然獨占下的價格管制

的市場，則每家的平均成本都高於原先獨占時的成本。

　　在〔**圖4-14**〕中，注意平均成本在每一處皆持續下降，因此邊際成本均低於平均成本。未管制前，廠商會在P_m下生產Q_m。理想的情況下，管理當局希望壓低價格至完全競爭價格水準P_c，但此時會不符平均成本，廠商會退出產業。最好的替代方案是訂價在平均成本與平均收入相交下的價格P_s，如此廠商將無獨占利潤，此時的產出是在不會迫使廠商退出經營下的最大產量。

重點摘錄

- 獨占是市場上只有一個賣方但有許多買者，因為獨占者是某一商品的唯一生產者，故市場需求曲線可說明獨占者所收到的價格與其所提供財貨數量的關係。

- 獨占市場形成的原因：自然獨占；擁有關鍵生產要素；具備特殊生產技能或獨特配方；法令保障；特殊的時空環境。

- 現有的一家獨占廠商在達到長期平均成本最低點的產量，即足以滿足全部市場的需求，新廠商的加入，將會使所有廠商的產量減少，成本上升，造成虧損，因而無法容納第二家以上廠商的存在，稱之為自然獨占。

- 由於獨占廠商短期的供給價格與需求數量不一定是一對一的函數，因而獨占廠商的短期供給曲線不存在。

- 獨占廠商的長期行為與其短期行為差異不大，所差別者只是獨占廠商在長期沒有固定成本的存在。

- 獨占廠商在長期一樣會有經濟利潤、正常利潤或經濟損失的情形出現。由於私有的獨占廠商不可能長期忍受經濟損失，如果沒有政府補貼，虧損的私有獨占廠商終將因破產而退出市場。

- 決定廠商需求彈性的因素：市場需求彈性；廠商的數目；廠商間的互動關係。

- 追求經濟租可能包括遊說行動（如選舉捐款），以取得政府管制讓潛在競爭者更難進入特定產業。追求經濟租也可能涉及廣告與法律行動，以避免反托拉斯的緝查。

- 因為獨占造成社會成本，反托拉斯法案防止廠商累積過度的獨占力。在完全競爭市場下，價格管制會造成社會無謂損失。但當廠商有獨占力時，情況並非如此。相反的，價格管制可消除獨占力所帶來的社會無謂損失。

重要名詞

獨占（monopoly）

設立成本（start-up cost）

規模經濟（economies of scale）

自然獨占（natural monopoly）

編碼（coding）

專利權（patents）

智慧財產權（intellectual property right）

邊際收入（marginal revenue）

補貼（subsidy）

獨占力（monopoly power）

進入障礙（barrier to entry）

Lerner指數（Lerner index）

社會無謂損失（social deadweight loss）

追求經濟租（rent seeking）

問題討論

1.下圖說明在一個孤立社區唯一的一家咖啡館所面臨的產銷情況。

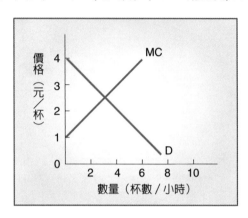

(1)最大利潤的產量與價格為何？

(2)請在圖形上標示咖啡館的利潤。

(3)消費者剩餘與社會淨損失為何？

(4)有效的產量為何？請說明。

(5)請問咖啡館可能嘗試差別訂價嗎？請說明為何可能或為何不可能的理由。

2.假設自來水公司的需求與成本如下：

需求：$P=50-0.1Q$

成本：$C=100+Q$

(1)如果政府管制自來水公司，使其沒有無謂損失，請求出價格、數量與消費者剩餘。

(2)如果政府希望自來水公司不要虧損，請求出價格、數量、消費者剩餘與利潤。

Notes

第 5 章
獨買廠商決策與均衡

- 5.1 獨買市場的形成
- 5.2 獨買市場的短期均衡
- 5.3 獨買市場的訂價決策
- 5.4 獨買力量的來源
- 5.5 獨買力量的衡量
- 5.6 獨買力量的社會成本
- 5.7 雙邊獨占

本章節探討**獨買**（monopsony）廠商的決策與均衡，討論的議題有：獨買市場的形成、獨買市場的短期均衡、獨買市場的訂價決策、獨買力量的來源、獨買力量的衡量、獨買力量的社會成本，以及雙邊獨占。

5.1 獨買市場的形成

> **獨買**
> **monopsony**
>
> 獨買是一個市場有許多賣方，但只有一個買主。

　　獨買是一個市場有許多賣方，但只有一個買主。比純粹獨買更為普遍的是，市場上只有少數身為買者的廠商彼此競爭，如此使得每一個廠商具有一些獨買力。例如，美國的主要汽車製造廠亦為輪胎的買主，彼此互相競爭。因為每一個汽車製造廠在輪胎市場上都有很大的占有率，所以每一方在輪胎市場上都有一些獨買力。最大的通用汽車公司，在簽約承購輪胎或其他汽車零件時，也能使用相當的獨買力。

　　在一個完全競爭的市場，價格與**邊際價值**（marginal value，簡稱MV）是相等的，但是一個具有獨買力的買者可以低於邊際價值購得產品。該顯著低於邊際價值的價格範圍，取決於買者所面臨的供給彈性。假若供給很有彈性（E_s很大），則減價空間會很小，且買主只有少許的獨買力。假若供給不具彈性，則減價空間會增加，而且買主具有相當的獨買力。〔**圖5-1**〕（a）及〔**圖5-1**〕（b）即說明此種現象。

5.2 獨買市場的短期均衡

　　假設你要決定購買某一財貨多少數量，你可以應用基本的邊際原則來繼續購買財貨，直到購買最後一單位所獲得的額外價值或效用，恰等於最後一單位的成本為止。換句話說，從邊

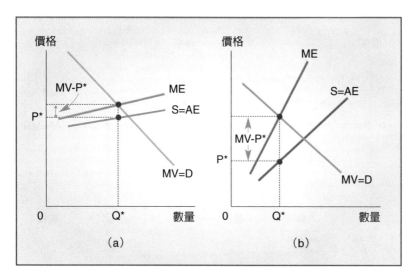

圖5-1 有彈性與無彈性的供給及獨買力

際觀點來看，額外的利益應該剛好被額外的成本所抵銷。

我們使用**邊際價值**（marginal value）來代表多購買一單位所獲得的額外利益。一個人的需求線衡量的是邊際價值或邊際效用，為其購買數量的函數。因此，你的邊際價值即是對此財貨的需求曲線。個人需求曲線的斜率向下傾斜，因為隨著購買數量的增加，每多買一單位財貨所獲得的邊際價值是遞減的。

多買一單位財貨的額外成本稱為**邊際支出**（marginal expenditure，簡稱ME），而邊際支出決定於你是完全競爭市場下的買者或擁有獨買力的買者。假設你是完全競爭市場下的買者，那表示你沒有能力影響財貨的市場價格。因此，無論你購買多少單位，你所購買的每一單位成本是一樣的，亦即為該財貨的市場價格。〔**圖5-2**〕（a）說明這情況，在圖中你所支付每單位的價格是你每單位的**平均支出**（average expenditure，簡稱AE），且對所有單位都一樣。但是，什麼是你的邊際支出呢？當你是完全競爭下的買者，你的邊際支出會等於你的平均支出，亦即財貨的市場價格。

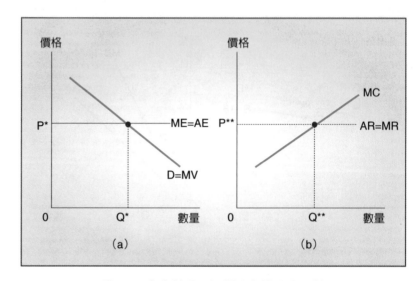

圖5-2 完全競爭下的買方與賣方之比較

〔圖5-2〕（a）同時也顯示你的邊際價值情況，亦即你的需求曲線。你應該購買多少財貨？你應該購買至最後一單位的邊際價值，剛好等於該單位的邊際支出為止，故你應該購買在邊際支出與需求曲線交點所對應Q*的數量。

在考慮當買方有獨買力情況前，讓我們先看一個介於完全競爭市場下買方與賣方的類似情況。〔圖5-2〕（b）顯示一個完全競爭下的買方，如何決定要生產及銷售多少，因為賣方視市場價格為固定，平均及邊際收入均等於其市場價格，利潤最大化下的數量是決定於邊際收入與邊際成本曲線的交點Q**。現在假設你是此財貨的唯一買者，並面對一條在你支付不同價格下，生產者願意銷售的市場供給曲線。你不會購買邊際價值曲線與市場供給曲線相交下的數量。如果你要使得購買此財貨的淨利益最大，你應該以較低的價格購買較少的數量。

5.3 獨買市場的訂價決策

　　要決定購買多少，你應該令最後一單位的邊際價值等於這單位的邊際支出。但是要注意，市場供給曲線不是邊際支出曲線，市場供給曲線表示每單位你要支付的金額，是你要購買的總數量的函數。換言之，供給曲線是平均支出曲線。同時，因為這平均支出曲線斜率為正，邊際支出曲線必在它的上方，這是因為額外再購買一單位會使價格上升，亦即所有的購買單位均要支付此高價，而不是只有額外購買的最後單位必須支付此價格。

　　〔**圖5-3**〕顯示這種情況，對獨買者的最適數量是決定於需求與邊際支出曲線相交下之Q_m^*數量。獨買者支付的價格是沿供給曲線來找出，在Q_m^*下供給曲線上的價格為P_m^*。最後，注意Q_m^*的數量及P_m^*的價格是小於在完全競爭市場下的數量Q_c與價格P_c。

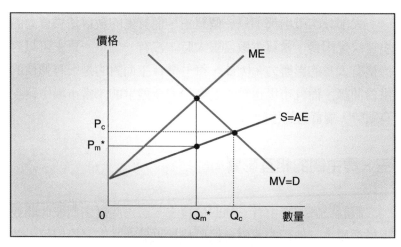

圖5-3　獨買者的訂價決策

5.4 獨買力量的來源

　　市場中獨買力決定於三個條件：即(1)市場供給的彈性；(2)買主的數目；以及(3)買主間的相互影響。

一、市場供給的彈性

　　獨買者會受益是由於其面對一個正斜率的供給曲線，使得邊際支出超過了平均支出。供給曲線的彈性愈小，則邊際支出與平均支出的差距愈大，買方的獨買力就愈大。假若市場上只有一個買主，其獨買力完全決定於市場供給的彈性。假若供給具有高度彈性，獨買力就小，就算身為獨一的買主，其獲利也不多。

二、買主的數目

　　大部分的市場都不只一個買主，而買主的數目是獨買力的重要決定因素。當買主數目很大時，沒有一個單一買主可以對價格有太多的影響力。因此，每一個買主面對的是很有彈性的供給曲線，而且市場也幾乎是屬於完全競爭的。當市場中買主有限時，獨買力的強度則升高。

三、買主間的相互影響

　　假設一個市場中有三到四位買主，若這些買主們彼此間競爭得很厲害，他們的競價會使價格接近於產品的邊際價值，並使得他們只具有少許的獨買力。另一方面，若是那些買主彼此

並不激烈競爭，反而是互相合作，則價格不會競爭得很屬害，而且買主的獨買力可能會如同只有一個買主般地高。

　　與獨占力相同的是，在市場上沒有一個簡單的方法來預測獨買力。我們可以算出買主的數目，並且通常可以估計出供給的彈性，但這樣還不夠。獨買力仍需決定於買主間的互動關係，而這一點亦是我們比較難去確認的。

5.5 獨買力量的衡量

　　以價格成本利潤比（P-MC）/P來衡量的獨占力，在美國各製造產業間有極大的不同。有些產業的價格成本利潤比值接近零，而有些產業比值高到0.4或0.5，此種差異部分是因獨占力決定因素間的差別所導致。某些產業的市場需求比其他產業更有彈性；有些產業比其他產業有較多的賣方；以及有些產業彼此的競爭比其他產業更為激烈。但某些其他的因素可用來解釋獨占力的不同，亦即廠商的顧客間獨買力的不同。

　　一項美國327個製造產業的獨買力角色之統計研究調查，這項研究嘗試去說明價格成本利潤比值的不同，能夠被其產業中買方獨買力大小所解釋的程度（Pindyck & Rubinfeld，2000）。雖然買方獨買力無法直接衡量，但一些決定獨買力變數的資料是存在的，例如，買方集中度（三或四家大廠商的銷售占總銷售的此例），以及平均每年買方的訂單量。

　　研究發現買方獨買力對價格成本利潤值有重要的影響，其可能顯著地減少賣方獨占力。以一項決定獨買力的重要因素，即買方集中度為例，在只有四或五家買方購買大部分的銷售額時，賣方的價格成本利潤比值將會比在一個有數以百計買者的產業裡平均要低10％（Pindyck & Rubinfeld，2000）。

　　在製造業一個很好的獨買力的例子，是汽車零組件市場，

如煞車器與散熱器。在美國只有三個主要汽車生產者，每一家
生產者基本上至少向三家或十幾家零件供應商購買零件。另
外，對如煞車器等標準零件，每一家汽車公司通常會自行生產
一部分，所以其並不需要完全倚賴外面的零件供應商。如此使
得通用汽車、福特汽車與克萊斯勒三家公司，與其零件商之間
具有相當有利的談判議價地位。每一零件供應商必須與五或十
家供應商競爭，而最多卻只能賣給三位買主。對某一特別零
件，一家汽車公司可能是唯一的買主，可見汽車公司有相當的
獨買力（Pindyck & Rubinfeld，2000）。

從供應商經營的必要條件，可證明獨買力的存在。為獲得
一銷售契約，供應商必須在產品品質與即時交貨方面，有值得
信賴的紀錄；供應商也常被要求在汽車銷售與生產水準變動
時，調整零件供應的數量。最後，訂價協商是眾所皆知的困
難；一個潛在的供應商可能因為對每一項目的報價，比其他供
應商高些而失去銷售契約。毫無疑問的，零組件供應商的獨占
力相當小或甚至沒有獨占力。

5.6 獨買力量的社會成本

由於獨買力會造成低價及低數量的購買，我們可預期最後
會對買方較佳，而對賣方則較差。但假若我們同等看重買方與
賣方的福利，則整體的福利會如何受到獨買力的影響呢？

我們可以比較由完全競爭市場中所產生的消費者及生產者
剩餘，與獨買者所產生的剩餘。〔圖5-4〕表示獨買者之平均與
邊際支出曲線，以及邊際價值曲線。獨買者以價格P_m採購數量
Q_m時，可使其淨利益達到最大，此時邊際價值等於邊際支出。
在完全競爭的市場中，價格等於邊際價值，所以完全競爭下的
訂價P_c及數量Q_c，即決定於平均支出曲線與邊際價值曲線的交

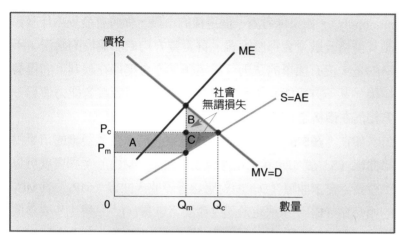

圖5-4　獨買力的社會無謂損失

點。現在讓我們看看若由完全競爭下的訂價P_c與數量Q_c，轉移至獨買者的訂價P_m與數量Q_m，其剩餘會有何改變？

　　在獨買下，價格較低，銷售也較少。因為價格較低，賣方損失長方形A的剩餘。除此之外，賣方因銷售減少亦損失了三角形C面積的剩餘，因此生產者剩餘的損失為（A+C）。買者以較低的價格購買，獲得A面積的剩餘，但是買方購買較少的數量Q_m，而非Q_c，減少了三角形B面積的剩餘，買方的總剩餘利益為（A-B）。總括來看，社會有一個（B+C）剩餘的淨損失，這就是獨買力的社會無謂損失。即使獨買者被課稅並將其利益重分配給生產者，因為產出低於競爭下的水準，技術無效率情況仍然存在，此社會無謂損失即為技術無效率的社會成本。

5.7 雙邊獨占

　　當獨占者碰到獨買者時，又將如何呢？那就很難說。當市場中只有一位賣方與一位買方時，稱之為**雙邊獨占**（bilateral

雙邊獨占
bilateral monopoly

當市場中只有一位賣方與一位買方時，稱之為雙邊獨占。

monopoly）。如果你考慮一個這樣的市場，你將會發覺為什麼預測其價格及數量會那麼困難。買賣雙方均處於協商的狀況，不幸的是，沒有簡單的法則可決定哪一方會獲得在談判下的優勢結果。某一方可能有較多的時間與耐心，或者較有能力使另一方相信在價格過高或過低時，他將放棄此一買賣。

如在〔圖5-5〕中，當買方家數很多時，生產要素的市場供給曲線（S）就如同其總和邊際成本曲線（MC_L）；獨賣就可以生產要素需求曲線（D）所對應之邊際收入曲線（MR_L）與MC_L的相交點（E^{**}）來決定最適生產要素數量（L^{**}）與生產要素價格（w^{**}）；結果$w^{**}>w_c$，但$L^{**}<L_c$。如果買方家數亦只有一家，市場結構就變成獨賣與獨買的雙邊獨占，生產要素的價格會介於w^*與w^{**}之間，其最後結果取決於買賣雙方的談判力量。若買方的談判力量較強，則生產要素價格就會比較靠近w^*；反之，若賣方談判力量較強，則生產要素價格就會比較靠w^{**}。

雙邊獨占情況極少，比較常見的市場為具有一些獨占力的少數生產者，賣給有一些獨買力的少數買者。雖然依然會涉及

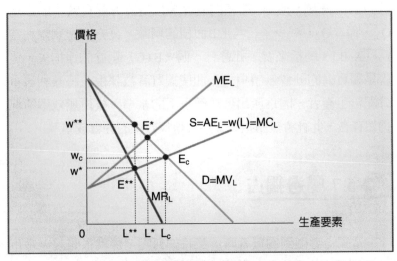

圖5-5　雙邊獨占的價格決策行為

到談判議價，在此可應用一個粗略的法則，即獨買力與獨占力傾向於相互抵銷。換言之，買方獨買力可抵銷賣方獨占力的效力，反之亦然。這並不意味著市場最後會有如同完全競爭市場的結果；如獨占力較大，獨買力較小，獨占力的影響仍會顯著。但是一般來說，獨買力使價格趨近於邊際成本，獨占力使價格趨近於邊際價值。

The Relation of Industry and Competition

重點摘錄

◢ 獨買是一個市場有許多賣方，但只有一個買主。

◢ 多買一單位財貨的額外成本稱為邊際支出，而邊際支出決定於你是完全競爭市場下的買者或擁有獨買力的買者。

◢ 市場中獨買力決定於三個條件，即：市場供給的彈性；買主的數目；買主間的相互影響。

◢ 當市場中只有一位賣方與一位買方時，稱之為雙邊獨占。買賣雙方均處於協商的狀況，沒有簡單的法則可決定哪一方會獲得在談判下的優勢結果。獨買力使價格趨近於邊際成本，獨占力使價格趨近於邊際價值。

重要名詞

獨買（monopsony）

邊際價值（marginal value）

邊際支出（marginal expenditure）

平均支出（average expenditure）

雙邊獨占（bilateral monopoly）

問題討論

1.獨買市場的短期均衡為何？試研析之。

2.獨買廠商的訂價決策為何？試研析之。

3.獨買力量的來源為何？試研析之。

4.雙邊獨占的價格決策行為為何？試研析之。

第 6 章
寡占廠商競爭與勾結

6.1 寡占廠商的競爭模型

6.2 寡占廠商的價格僵固性

6.3 卡特爾組織

6.4 價格領導模型

6.5 報復行為

本章節探討**寡占**（oligopoly）廠商的競爭與勾結，討論的議題有：寡占廠商的競爭模型、寡占廠商的價格僵固性、卡特爾組織、價格領導模型，以及報復行為。

6.1 寡占廠商的競爭模型

寡占市場中少數廠商生產供應整個市場所需的商品，雖然各廠商生產的產品可能同質也可能異質，但異質產品間有很高的替代性。個別廠商提高產出量，擴大自己的市場占有率的同時，將使得其他廠商的需求量降低，不得不謀求反制對策以為因應，此即為寡占廠商的「產量」競爭行為。相同的，個別廠商也可能以降低產品價格，來擴大自己的市場占有率，迫使其他廠商不得不跟進，這就是寡占廠商的「價格」競爭行為。

寡占廠商的競爭行為引起經濟學家的注意，過去經濟學家們提出許多模型試圖加以解釋，以下僅列舉三個模型來簡略說明之。

一、古諾產量競爭模型

古諾模型（Cournot model）假設在雙占市場中的兩個廠商生產同質產品，並且面臨同一條需求曲線，各個廠商在決定自己的產量時，均**天真的**（naive）認為其對手不會改變生產數量，而以各自追求利潤最大化為目標，同時做出自己的產量決策，但產品的市場價格，則依據該兩個廠商的聯合產量而決定。

寡占
oligopoly

寡占市場中少數廠商生產供應整個市場所需的商品，雖然各廠商生產的產品可能同質也可能異質，但異質產品間有很高的替代性。

古諾模型
Cournot model

古諾模型假設在雙占市場中的兩個廠商生產同質產品，並且面臨同一條需求曲線，各個廠商在決定自己的產量時，均天真的認為其對手不會改變生產數量，而以各自追求利潤最大化為目標。

二、貝德蘭價格競爭模型

貝德蘭模型（Bertrand model）同樣假設在雙占市場中的兩個廠商生產同質產品，並且面臨同一條需求曲線。與古諾模型不同的是，在貝德蘭模型中，先進入市場的第一個廠商根據其產能及利潤最大化的目標訂定價格，隨後進入市場的第二個廠商只要將價格P_2訂得略小於P_1，即$P_2<P_1$，就可以期待囊括整個市場。第一個廠商一旦發現市場被取代後，也採相同的低價策略，訂出更低的價格，即$P'_1<P_2$，企圖奪回原來市場。兩個廠商競相殺價的結果，市場價格不斷下降直到邊際成本為止，此時將會血本無歸，競爭雙方的利潤都等於零。

貝德蘭模型
Bertrand model

貝德蘭模型同樣假設在雙占市場中的兩個廠商生產同質產品，並且面臨同一條需求曲線。兩個廠商競相殺價的結果，市場價格不斷下降直到邊際成本為止，此時將會血本無歸，競爭雙方的利潤都等於零。

三、史塔貝克模型

史塔貝克模型（Stackelberg model）假設雙占市場中的兩個廠商，一個是**狡猾的**（sophisticated）廠商，另一個是天真的廠商。狡猾的廠商知道天真的廠商會依照古諾模型的假設從事生產，因而以天真廠商的產量為已知納入本身的產出決策中，再根據利潤最大化原則，決定自己的產量水準。

史塔貝克模型
Stackelberg model

史塔貝克模型假設雙占市場中的兩個廠商，一個是狡猾的廠商，另一個是天真的廠商。狡猾的廠商以天真廠商的產量為已知納入本身的產出決策中，再根據利潤最大化原則，決定自己的產量水準。

6.2 寡占廠商的價格僵固性

在寡占市場中，廠商的生產成本經常變動，但是產品的價格大多在一段時間內保持不變，例如國際原油價格幾乎每天都不一樣，可是國內汽油價格並未隨之頻頻調整，這個現象稱為**價格僵固性**（price stickiness）。經濟學家曾提出多種理論試圖來詮釋價格僵固性的現象，但都存有不同的缺陷，其中較被人接

受的是**拗折**（kinked）需求曲線模型。

拗折需求曲線模型（kinked demand curve model）假設消費者對產品的總需求量較為固定，受價格變化的影響較小，產業的需求曲線較缺乏彈性；相對的，個別寡占廠商如提高價格，則消費者會立即轉往他處購買，致使需求量大幅減少，故個別寡占廠商的需求曲線較富有彈性。如〔**圖6-1**〕所示，其中$\overline{DD}$線為產業的需求曲線，其價格彈性較小；$\overline{dd}$線為個別寡占廠商面臨的需求曲線，其價格彈性較大。因此，圖中$\overline{DD}$線較$\overline{dd}$線陡峭。

由於寡占市場中產業的需求曲線及個別廠商的需求曲線彈性不同，如果產業中的某特定廠商調漲商品價格，而其他廠商不跟隨漲價，則該特定廠商的市場需求大幅下降，需求曲線為圖中之$\overline{AB}$；反之，若某特定廠商調降商品價格，而其他廠商唯恐顧客流失，也會跟隨降價，則該特定廠商的市場需求增加幅度有限，需求曲線變為圖中之$\overline{BC}$。因此，在寡占市場中市場價格變動時，個別廠商的訂價策略將是：「降價跟隨但漲價不跟」，此時需求曲線形成一條拗折線$\overline{ABC}$。

拗折需求曲線模型
kinked demand
curve model

拗折需求曲線模型假設消費者對產品的總需求量較為固定，受價格變化的影響較小，產業的需求曲線較缺乏彈性；相對的，個別寡占廠商如提高價格，則消費者會立即轉往他處購買，致使需求量大幅減少，故個別寡占廠商的需求曲線較富有彈性。

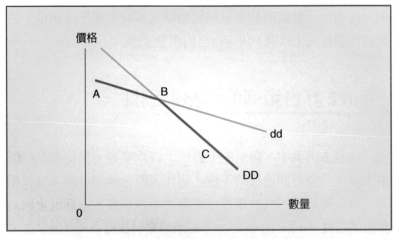

圖6-1　寡占市場中產業及個別廠商的需求曲線

由寡占廠商「降價跟隨但漲價不跟」訂價策略所形成的拗折需求曲線，使邊際收益線中斷為如〔圖6-2〕中之$\overline{mr}$及$\overline{MR}$兩部分。如邊際成本線通過間斷的區間FG，即使邊際成本由SMC_1增加為SMC_2，市場價格仍將維持不變，此現象解釋了何謂價格的僵固性。

 ## 6.3 卡特爾組織

　　寡占廠商為避免同業間的競爭影響收益，常會相互**勾結**（collusion），謀求共同的利益。常見的勾結行為有公開形成**卡特爾**（Cartel）組織。當市場只有幾家廠商時，為了避免惡性競爭並確保利潤，該幾家廠商會聯合起來共同決定產品的價格與生產數量。**聯合行為**（collusion）或稱為勾結，是廠商間彼此達成協議，來固定價格與限制產量。卡特爾就是廠商互相勾結，形

聯合行為
collusion

聯合行為或稱為勾結，是廠商間彼此達成協議，來固定價格與限制產量。

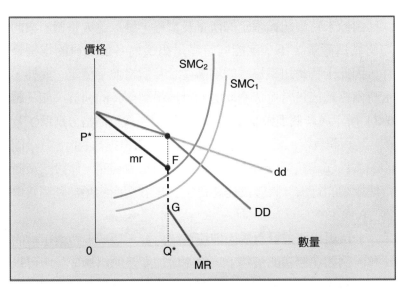

圖6-2　寡占市場下廠商的價格僵固性

成一個獨占組織，並賺取獨占利潤。卡特爾組織是指在同一產業中，幾個生產同質產品的廠商為降低競爭而公開形成的組織，其目的在於協調組織內各個成員的產量及產品價格，以謀求最大的共同利益。

卡特爾組織一旦形成後，其產生的經濟效果，如同由單一廠商獨占一般，產量少、價格高、效率低與增加社會無謂損失。因此，大多數先進國家均訂有禁止廠商公開勾結串謀利益的法令。例如，美國的**反托拉斯法**（Anti-Trust Law）、台灣的公平交易法等。卡特爾組織僅在國際性組織中較常看到，最著名的卡特爾組織是石油輸出國家組織（OPEC）。在石油輸出國家組織中，幾個重要產油國經常協商各會員國每日的石油生產配額，用來操控國際原油價格。

經濟學家利用**錢柏林模型**（Chamberline model）來解釋雙占市場中，兩個生產同質產品的卡特爾組織廠商，如何分配生產配額、統一產品價格，使得兩個廠商的聯合利潤達到最大化的行為。

由於卡特爾組織議定的產量及價格，是以達成整體產業的均衡做為考量，不一定能同時滿足組織內各個成員的均衡條件，因此卡特爾組織協議的均衡產量及價格並不穩定。此外，卡特爾組織成員常可透過欺騙的行為得到額外的利益，如〔**圖6-3**〕所示。若個別廠商長期競爭的均衡產量及價格分別為Q^*及P^*，其利潤為零。當卡特爾組織形成後，價格提高到P_c，其分配的配額為Q_c，該廠商可得到□P_cABC的超額利潤。假設該廠商行使欺騙的行為，將產量提高到Q_c'，則該廠商的超額利潤暴增為□P_cDEF。

卡特爾組織成員有誘因破壞協議內容，造成卡特爾組織的瓦解。例如在協議的價格下，偷偷增加產量的組織成員，可以獲得巨額的收益，但如果每一個成員都增加產量，生產配額的協議變成是多餘的，卡特爾組織的存在與否便沒有差別。

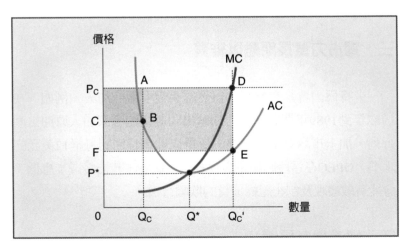

圖6-3　卡特爾組織成員的欺騙行為可得到額外利益

　　卡特爾的組織極其脆弱，即使OPEC也無法長期維持高油價，而卡特爾組織成立後，能否穩固的持續運作，受到以下因素的影響很大：

一、組織成員人數

　　組織成員人數愈少，成員間關係愈密切，愈能遵守協定，卡特爾組織亦就愈穩固。反之，若廠商數目愈多，則卡特爾愈難形成共識，因而愈有瓦解的危機存在。

二、無法形成最適產量分配

　　如果想要平均分配利潤，則成本高的廠商要比成本低的廠商分配到較多產量，這麼做會違反利潤極大化原則；如果要追求利潤最大，成本高的廠商勢必分配到較少的產量。如此一來，成本高的廠商獲得利潤較少，容易心生不滿而退出卡特爾。

三、獨占力量長期難以維繫

卡特爾因會享有暴利，自然容易吸引廠商加入。例如，在1982年到1989年期間，非石油輸出國組織的國家加入原油生產行列，加上市場需求的調整，使得原油價格回到每桶12美元的水準，OPEC在這段時期是名存實亡。此外，若監督成本愈低，愈能有效發現及制止組織成員的欺騙行為。

四、經濟景氣好壞

經濟景氣好時，各個組織成員均有利可圖，沒有動機破壞協定。當景氣變差時，部分遭受虧損的組織成員，將不惜破壞協定，藉祕密降價來增加銷售量，提高本身利潤以求自保，而出現**作弊**（cheating）的情形發生。若每個組織成員都如此，卡特爾自然就會面臨瓦解。

五、產品需求彈性

產品的需求曲線彈性愈低，愈缺乏替代品，卡特爾組織存在的利益愈大，卡特爾組織亦就愈能穩固地運作。

六、進入障礙高低

卡特爾組織成功運作所帶來的超額利潤，將會吸引新廠商的加入。如進入障礙太低，新加入廠商增加的供給量，將會使較高的協議價格不易維持。

 6.4 價格領導模型

　　由於卡特爾組織的公開勾結行為是大多數國家法令所不容許，寡占廠商常常由一家**領導廠商**（dominate firm）決定產品的市場價格後，其他追隨廠商暗默地接受此一價格。此一訂價過程雖無公開勾結之名，但卻有聯合訂價之實，這種**暗中勾結**（tacit collusion）的行為在我們現實生活中不乏實例。例如，各縣市有線電視收視費、汽柴油價格、主要報紙的訂價、各縣市計程車費率之訂定等。

　　如果經常出現一家廠商進行價格調整，其他廠商接受既定的價格，這個廠商是為**價格領導者**（price leader），通常價格領導者是產業中最主要的廠商。領導廠商通常由成本最低或市場占有率最高的廠商擔任，其餘的廠商則為追隨廠商。在價格領導的機制下，一般的情形是價格由領導廠商決定，而追隨廠商先行出售產品，剩餘的市場需求才由領導廠商供應。為了避免削價競爭，大廠商在制定價格前，會先將其他廠商的產量列入考量。換句話說，大廠在追求利潤極大化下的產量，加上其他廠商的產量，恰好滿足市場需求量，如此利潤極大化下的價格，才會是一個穩定的價格。

　　在〔**圖6-4**〕中，D代表市場的需求曲線，S_f代表所有追隨廠商的總供給量，$D_\ell = D - S_\ell$代表領導廠商面對的需求曲線。當領導廠商所訂的價格高於P_1，領導廠商的市場需求量等於零，所有產品由追隨廠商供給；當領導廠商所訂的價格低於P_2，追隨廠商的市場需求量等於零，所有產品均由領導廠商提供。因此，領導廠商為維持價格領導機制，會將價格訂在P_1與P_2之間。領導廠商根據自身利潤最大化的原則，依$MR_\ell = MC_\ell$條件決定其產出水準Q_ℓ，再依D_ℓ決定市場價格P。追隨廠商為價格的接受

**領導廠商
dominate firm**

寡占廠商常常由一家領導廠商決定產品的市場價格後，其他追隨廠商暗默地接受此一價格。

**價格領導者
price leader**

如果經常出現一家廠商進行價格調整，其他廠商接受既定的價格，這個廠商是為價格領導者，通常價格領導者是產業中最主要的廠商。

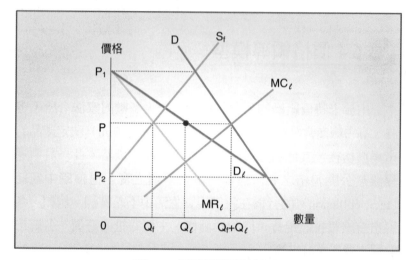

圖6-4　價格領導產出決定

者，根據S_f及領導廠商所訂的價格P，決定其產出水準Q_f，此時，市場的總產出水準為（Q_f+Q_ℓ）。

　　然而，要能成為穩定的市場價格，必須要有一些條件配合：第一，是其他廠商願意成為價格接受者。每一個廠商的生產成本不見得完全相同，為了爭取更高的利潤，他們不會接受在價格等於邊際成本處生產。此外，廠商有作弊的誘因，因為只要稍微降低價格，就會有比較高的市場占有率。

　　第二，大廠商要有足夠能力來決定市場價格。這裡指的能力是廠商是否有絕對優勢，來主導價格與產量，抵擋新廠商的競爭，以及是否有成本的優勢，來阻止其他廠商跟進。

報復
tit-for-tat

報復即是使用競爭對手在前一階段，用來對付自己的相同手段回敬對方，使得競爭對手在下一階段不再採用同一策略，而達到勾結之目的。

6.5 報復行為

　　暗中勾結的另一種形式為報復。所謂**報復**（tit-for-tat）即是使用競爭對手在前一階段，用來對付自己的相同手段回敬對

方,使得競爭對手在下一階段不再採用同一策略,而達到勾結之目的。例如,在以往國內油價割喉戰的實例中,全國加油站在台中地區降低每公升汽油價格2元後,中油及台塑亦分別選擇部分位於中部全國加油站周邊之加盟站,跟進調降每公升汽油2.2元及2.5元做為報復手段。接著,台灣埃索石油宣布其旗下全省50家的加油站每公升汽油調降2.2元,部分加油站甚至降價3元。一直到全國加油站取消降價後,所有加油站的汽油價格又再恢復一致。

重點摘錄

✎ 寡占市場中少數廠商生產供應整個市場所需的商品，雖然各廠商生產的產品可能同質也可能異質，但異質產品間有很高的替代性。

✎ 個別廠商提高產出量，擴大自己的市場占有率的同時，將使得其他廠商的需求量降低，不得不謀求反制對策以為因應，此即為寡占廠商的「產量」競爭行為。

✎ 個別廠商也可能以降低產品價格，來擴大自己的市場占有率，迫使其他廠商不得不跟進，這就是寡占廠商的「價格」競爭行為。

✎ 古諾模型（Cournot model）假設在雙占市場中的兩個廠商生產同質產品，並且面臨同一條需求曲線，各個廠商在決定自己的產量時，均天真的認為其對手不會改變生產數量，而以各自追求利潤最大化為目標，同時做出自己的產量決策，但產品的市場價格，則依據該兩個廠商的聯合產量而決定。

✎ 貝德蘭模型（Bertrand model）同樣假設在雙占市場中的兩個廠商生產同質產品，並且面臨同一條需求曲線。模型中兩個廠商競相殺價的結果，市場價格不斷下降直到邊際成本為止，此時將會血本無歸，競爭雙方的利潤都等於零。

✎ 史塔貝克模型（Stackelberg model）假設雙占市場中的兩個廠商，一個是狡猾的廠商，另一個是天真的廠商。狡猾的廠商知道天真的廠商會依照古諾模型的假設從事生產，因而以天真廠商的產量為已知納入本身的產出決策中，再根據利潤最大化原則，決定自己的產量水準。

✎ 拗折需求曲線模型假設消費者對產品的總需求量較為固定，受價格變化的影響較小，產業的需求曲線較缺乏彈性；相對的，個別寡占廠商如提高價格，則消費者會立即轉往他處購買，致使需求量大幅減少，故個別寡占廠商的需求曲線較富有彈性。

✎ 寡占廠商為避免同業間的競爭影響收益，常會相互勾結，謀求共同的利益。常見的勾結行為有公開形成卡特爾（Cartel）組織。當市場只有幾家廠商時，為了避免惡性競爭並確保利潤，該幾家廠商會聯合起來共同決定產品的價格與生產數量。

✎ 聯合行為或稱為勾結，是廠商間彼此達成協議，來固定價格與限制產量。卡特爾就是廠商互相勾結，形成一個獨占組織，並賺取獨占利潤。卡特爾組織是指在同一產業中，幾個生產同質產品的廠商為降低競爭而公開形成的組織，其目的在於協調組織內各個成員的產量及產品價格，以謀求最大的共同利益。

✎ 卡特爾組織能否穩固的持續運作，受到以下因素的影響很大：組織成員人數；無法形成最適產量分配；獨占力量長期難以維繫；經濟景氣好壞；產品需求彈性；進入

障礙高低。

✎ 由於卡特爾組織的公開勾結行為是大多數國家法令所不容許，寡占廠商常常由一家領導廠商決定產品的市場價格後，其他追隨廠商暗默地接受此一價格。此一訂價過程雖無公開勾結之名，但卻有聯合訂價之實，這種暗中勾結的行為在我們現實生活中不乏實例。

✎ 如果經常出現一家廠商進行價格調整，其他廠商接受既定的價格，這個廠商是為價格領導者，通常價格領導者是產業中最主要的廠商。

✎ 要能成為穩定的市場價格，必須要有一些條件配合：第一，是其他廠商願意成為價格接受者。第二，大廠商要有足夠能力來決定市場價格。

✎ 所謂報復即是使用競爭對手在前一階段，用來對付自己的相同手段回敬對方，使得競爭對手在下一階段不再採用同一策略，而達到勾結之目的。

重要名詞

寡占（oligopoly）

古諾模型（Cournot model）

天真的（naive）

貝德蘭模型（Bertrand model）

史塔貝克模型（Stackelberg model）

狡猾的（sophisticated）

價格僵固性（price stickiness）

拗折（kinked）

拗折需求曲線模型（kinked demand curve model）

勾結（collusion）

卡特爾（Cartel）

聯合行為（collusion）

反托拉斯法（Anti-Trust Law）

錢柏林模型（Chamberline model）

作弊（cheating）

領導廠商（dominate firm）

暗中勾結（tacit collusion）

價格領導者（price leader）

報復（tit-for-tat）

問題討論

1. 竹東鎮中興路上有兩家牙科診所，彼此距離不到50公尺，而且兩家牙科診所都由一位醫生獨資經營，請問兩家沒有合併的可能原因為何？

2. 廠商在考慮是否勾結以提高價格時，需要考慮哪些因素？若想要勾結成功，需要哪些輔助性的措施？為何我們常說：勾結的成功，往往是造成勾結毀滅的主要原因？

3. 在偶占（duopoly）市場中，兩家廠商較常見的行為有：

   (1) quantity-leadership (Stackelberg model)

   (2) price-leadership

   (3) simultaneous quantity setting (Cournot model)

   (4) simultaneous price setting (Bertrand model)

   (5) collusion

   試以簡例說明上述五種均衡模型之市場特性，再比較其定價與產量。

4. 假定寡占者A、B之市場需求函數分別為：

   $P=100-0.5 (X_A+X_B)$

   $C_A=5X_A$

   $C_B=0.5X_B^2$

   (1)試導出這兩家寡占者之反應函數？

   (2)試求古諾（Cournot）均衡解？

第 7 章

獨占性競爭廠商競爭與均衡

- 7.1 廠商短期均衡
- 7.2 廠商長期均衡
- 7.3 廠商非價格競爭策略
- 7.4 廠商廣告策略

本章節探討**獨占性競爭**（monopolistic competition）廠商的
競爭與均衡，討論的議題有：廠商短期均衡、廠商長期均
衡、廠商非價格競爭策略、廠商廣告策略。

7.1 廠商短期均衡

獨占性競爭
monopolistic
competition

所謂獨占性競爭，又
稱壟斷性競爭，是指
市場有許多廠商銷售
異質產品，在長期廠
商可以毫無限制地自
由進出市場。

　　所謂獨占性競爭，又稱壟斷性競爭，是指市場有許多廠商
銷售異質產品，在長期廠商可以毫無限制地自由進出市場。

　　獨占性競爭市場同時包括獨占市場與完全競爭市場的特
性。由於每一個個別廠商生產異質產品，短期在新舊廠商無法
自由進入的情況下，個別廠商享有局部的獨占力。如同獨占廠
商一般，獨占性競爭廠商面對一條負斜率的需求曲線，以
MR=MC做為產量的決策標準，依市場的需求狀況及廠商的成本
高低，短期內可能會得到經濟利潤（$\pi > 0$）、正常利潤（$\pi = 0$）
或經濟損失（$\pi < 0$），分別如〔圖7-1〕、〔圖7-2〕及〔圖7-3〕
所示。

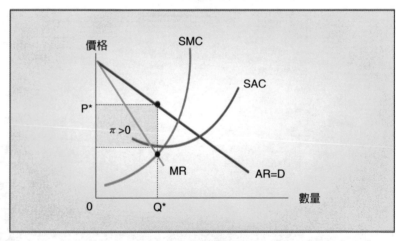

圖7-1　獨占性競爭廠商短期賺取經濟利潤

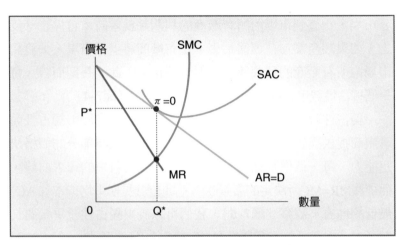

圖7-2　獨占性競爭廠商短期賺取正常利潤

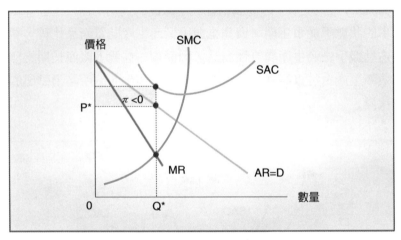

圖7-3　獨占性競爭廠商短期遭受經濟損失

 ## 7.2 廠商長期均衡

　　長期來說，獨占性競爭廠商與完全競爭廠商相同，可以自由進出市場。如果該產業存在經濟利潤，將吸引新廠商加入瓜

分市場，一直到市場內所有廠商的利潤都爲零時才會停止。反之，如果該產業存在經濟損失，現有廠商將退出市場，一直到市場內所有廠商的利潤回復到零時爲止。因此，長期而言，每一個獨占性競爭廠商只能得到正常利潤，如〔圖7-4〕所示。

　　獨占性競爭廠商與完全競爭廠商不同之處在於，獨占性競爭廠商提供異質性商品，每一個個別廠商均擁有部分的價格決定能力，每一個個別廠商所面對的是一條負斜率的需求曲線，而依據MR=MC所決定的產量Q*，並非位於長期平均成本（LAC）最低的地方，觀察〔圖7-5〕，我們可以發現獨占性競爭廠商長期平均成本最低的產量應該是Q**，這就表示在長期，獨占性競爭廠商未充分利用產能，而有（Q**-Q*）的**產能過剩**（excess capacity）的現象，因而獨占性競爭廠商的長期均衡，是在無效率的狀態下從事生產。與完全競爭廠商生產同質商品比較，獨占性競爭廠商生產異質性商品，因而獨占性競爭廠商長期的無效率生產，可以視爲是消費者爲享受多樣化商品所必須付出的代價。

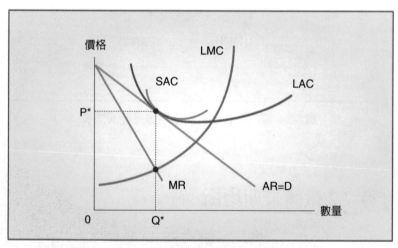

圖7-4　獨占性競爭廠商長期只能賺取正常利潤

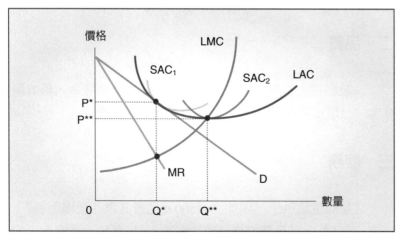

圖7-5　獨占性競爭廠商長期在無效率狀態下生產

 # 7.3 廠商非價格競爭策略

　　廠商為了凸顯產品差異性，會使用一些非價格競爭手段來進行品牌競爭，廣告是壟斷性競爭廠商常用的一種方式。獨占性競爭廠商慣常使用降低價格以外的手法，達到維繫舊消費者持續購買，並吸引新消費者光顧之目的。一般常見的**非價格競爭**（nonprice competition）策略，有以下四種：

一、廣告

　　透過影音及文字等媒體告知商品資訊，並影響消費者的偏好，試圖改變消費者的行為，進而採行實際購買的決策，甚至提高顧客的忠誠度。

非價格競爭
nonprice
competition
一般常見的非價格競爭策略，有以下四種：廣告；品質；服務；額外利益。

141

二、品質

　　一般而言，常見如增加商品功能、延長產品壽命、低故障率等，以增加消費者對該商品品質的信心。

三、服務

　　常見的生活例子，如加油滿500元免費洗車（現場服務）、汽車三年5萬公里免費維修（售後服務），以滿足消費者多元的需求，並增強對該品牌的忠誠度。

四、額外利益

　　常見的生活實例，如加油送面紙、喝咖啡免費續杯、飲料加量不加價等，以爭取更多消費者再度消費的機會。有些學者將品質、服務及額外利益等非價格競爭，視為變相的降價行為，因而認為只有廣告才是真正的非價格競爭。

　　嚴格來說，獨占性競爭廠商所提供的任何非價格競爭之行為，均會對消費者帶來額外的效用，進而轉換為金錢支出的減少。例如，廣告可以減輕消費者購買商品的搜尋成本；高品質而耐用的商品可以減少消費者的重購成本；售後服務可以降低消費者的維修成本；額外贈品可以使消費者省去再購買該項商品的支出。若依此標準，獨占性競爭廠商似乎將不存在非價格競爭（王鳳生，2004）。

　　在此我們採較寬鬆的觀點，只要獨占性競爭廠商在消費者購買商品時，未直接提供價格折扣，但卻能使消費者在消費前後，得以享有額外效用的競爭活動，均稱為非價格競爭行為。

7.4 廠商廣告策略

　　當你打開電視，上午時段有很多藥品廣告（如斯斯、普拿疼），晚間時段有許多酒類廣告（如約翰走路、三多力威士忌）。如果播映的是運動節目，就有一連串球鞋廣告。翻開報紙、打開信箱、走在路上，甚至在網際網路上，日常生活無處不充滿廣告，獨占性競爭廠商尤其特別注重廣告。市場中的廠商因其銷售替代性高的異質產品，故廣告能夠提高產品知名度，凸顯自己與別家產品不同處，以提高市場占有率來增加廠商利潤。

　　從廠商的角度觀察，廣告可以區隔市場，建立顧客忠誠度，進而削弱對手競爭力，造成進入障礙。當消費者對商品的需求增加時，售價自然容易調高，而廠商獲利就可增加。至於，若由消費者角度來看，廣告又是扮演何種角色？贊成廣告者認為廣告提供消費者產品資訊，包括商品價格、商品內容、出售地點，以及是否有新產品等。例如小君想買一部筆記型電腦，她可以上雅虎奇摩網站、拍賣王網站、光華商場網站或各家筆記型電腦廠商網站，蒐集價格、重量、配備、速度、售後服務等資料。不但可省卻往返店家的時間成本，還可提供小君許多選擇與正確資訊。想像如果沒有廣告，小君會花多少時間與金錢，才能買到稱心如意的筆記型電腦。

　　其次，廣告使資訊公開，廠商彼此間容易產生競爭，消費者也能以較低的價錢，買到想要的商品，因此消費者剩餘可以提高。最後，贊成者認為廣告可釋放產品的品質訊息。假設你走進運動用品專賣店，看到Nike籃球鞋與一些不知名品牌的籃球鞋放在一起，即使沒有品牌知名度的球鞋便宜許多，還是有較大的機會你會選擇Nike。因為Nike花大筆鈔票聘請喬丹、艾

佛森、加拿大空中飛人卡特等知名球員做廣告，為球鞋品質提供一定保證。況且消費者如果因為Nike球鞋而產生運動傷害，對Nike商譽的殺傷力難以估計，故Nike這個品牌名稱代表某種品質的象徵。

另一方面，批評者認為廣告雖然提供部分資訊，但多數廣告企圖造成消費者主觀印象，操縱消費者心理。例如，日本三多力威士忌廣告強調父子親情，從未涉及酒本身的實質內容。中華汽車廣告也集中描繪兩代間的情感，對於汽車的安全性操控、省油效率、性能均未提及。其次，廣告可能妨礙市場的競爭。當廣告訴求產品差異，建立起消費者品牌忠誠度後，消費者會較不在意價格。例如，Nike的廣告深植年輕人的心，即使籃球短褲稍貴於其他品牌，顧客也較不在乎。

有時候，消費者無法分辨廣告內容的真實性。菲夢絲國際美容股份有限公司曾於報紙上刊登「女人的理想，男人不知道」廣告，容易讓消費者誤以為廣告中所述之18,000元「HC自然式導引課程」等五項「窈窕假期」課程，可以達到「提高肌肉機能」及「促進體脂肪燃燒」的功效。根據衛生署專業鑑定意見，菲夢絲的「窈窕假期」課程及科學理論依據，並無系統敘述，也無臨床上報告依據。根據專家意見及醫學證據顯示，最有效之減肥塑身方法，應該是從事規律且適當的運動。（謝振環、陳正亮，2003）

總之，廣告是否浪費社會資源，存有正反兩派意見：有人認為廣告操縱消費者偏好，建立消費者盲目忠誠度，而不實廣告會誤導消費者；也有人認為廣告提供資訊、提供品質訊息及促進競爭。政府是否應當管制獨占性競爭市場，從行政負擔、管理與產品多樣性來看，獨占性競爭造成的社會無謂損失顯得微不足道。

重點摘錄

⋌ 所謂獨占性競爭，又稱壟斷性競爭，是指市場有許多廠商銷售異質產品，在長期廠商可以毫無限制地自由進出市場。

⋌ 長期而言，每一個獨占性競爭廠商只能得到正常利潤。

⋌ 獨占性競爭廠商生產異質性商品，因而獨占性競爭廠商長期的無效率生產，可以視為是消費者為享受多樣化商品所必須付出的代價。

⋌ 一般常見的非價格競爭策略，有以下四種：廣告；品質；服務；額外利益。

⋌ 從廠商的角度觀察，廣告可以區隔市場，建立顧客忠誠度，進而削弱對手競爭力，造成進入障礙。

⋌ 廣告使資訊公開，廠商彼此間容易產生競爭，消費者也能以較低的價錢，買到想要的商品，因此消費者剩餘可以提高。同時，贊成者認為廣告可釋放產品的品質訊息。

⋌ 批評者認為廣告雖然提供部分資訊，但多數廣告企圖造成消費者主觀印象，操縱消費者心理。其次，廣告可能妨礙市場的競爭。當廣告訴求產品差異，建立起消費者品牌忠誠度後，消費者會較不在意價格。有時候，消費者無法分辨廣告內容的真實性。

⋌ 廣告是否浪費社會資源，存有正反兩派意見：有人認為廣告操縱消費者偏好，建立消費者盲目忠誠度，而不實廣告會誤導消費者；也有人認為廣告提供資訊、提供品質訊息及促進競爭。

重要名詞

獨占性競爭（monopolistic competition）

產能過剩（excess capacity）

非價格競爭（nonprice competition）

問題討論

1. 試比較廠商短期與長期均衡的差異性為何？
2. 廠商所採行的非價格競爭策略為何？試研析之。
3. 在台塑加入台灣的油品供應市場後，油價調整似乎更戲劇化，且各加油站以附贈品及發行聯名卡的方式不一而足，請就此現象加以解析。

Note

第 8 章
廠商訂價策略與管制

- 8.1 差別訂價

- 8.2 獨占廠商的價格管制

- 8.3 不同市場結構的比較

- 8.4 限制市場的力量

- 8.5 市場集中度指標

本章節探討廠商訂價策略與管制，討論的議題有：差別訂價、獨占廠商的價格管制、不同市場結構的比較、限制市場的力量，以及市場集中度指標。

8.1 差別訂價

差別訂價
price
discrimination

獨占廠商就相同的一種商品索取不同的價格，稱之為差別訂價。差別訂價可分為：依對象(消費者)的不同所採取的差別訂價，以及依購買數量的多少而採取的差別訂價兩種。

獨占廠商就相同的一種商品索取不同的價格，稱之為**差別訂價**（price discrimination）。差別訂價可分為：依對象（消費者）的不同所採取的差別訂價，以及依購買數量的多少而採取的差別訂價兩種。依對象的差別訂價，例如航空公司將飛機的座位區分為：經濟艙、商務艙與頭等艙；對不同等級的座位索取不同的機票價格；大學對不同學院的學生收取不同的學雜費、學分費；又如電影院將票價劃分為：學生票與成人票等。唯在探討是否為差別訂價行為時，不能只由價格的不同來判定，而必須同時考量成本是否相同，否則有些情形只能說是使用者付費的概念，而非真正差別訂價（楊政學，2005b）。

數量的差別訂價在日常生活中隨處可見，例如，章魚燒一盒40元，一次買三盒只要100元；又如可樂一罐15元，購買半打裝75元，平均一罐為12.5元；整箱（24罐裝）購買更便宜，只要235元，平均一罐不到10元。

一、差別訂價的施行條件

獨占廠商欲進行差別訂價，必須滿足下列四個條件：

1. 生產者面對的是負斜率的需求曲線，而且生產者必須是價格的決定者。
2. 生產者必須能區別出不同市場的消費者，以便訂定不同

價格。一般而言，市場的區隔是以消費者的需求彈性來劃分。

3. 生產者必須有能力防範消費者的**套利**（arbitrage）行為。例如，電影院內販賣的爆米花沒有兒童價，因為電影院不能防範兒童購買爆米花後，再轉售給成人賺取價差。

4. 生產者實施差別訂價後，有能力阻止商品在不同市場間流動。例如，航空公司在飛機升空後，不允許經濟艙的旅客移動到商務艙或頭等艙的座位去。

二、差別訂價的類別

差別訂價依獨占廠商將消費者細分的程度，分為：第一級差別訂價、第二級差別訂價及第三級差別訂價。

（一）第一級差別訂價

第一級差別訂價（first-degreed price discrimination）意謂，獨占廠商完全知道每一位消費者的需求曲線，每一單位的商品均是依照需求曲線上消費者願意支付的價格售出，也稱為**完全差別訂價**（perfect price discrimination），獨占廠商將消費者剩餘△abP*全部剝削，如〔**圖8-1**〕所示。另由效率的觀點來看，完全差別訂價與完全競爭市場一樣有效率，只是消費者與獨占廠商利得重分配而已。實務上採第一級差別訂價例子不多見，通常專業服務者（如律師、醫生、會計師）期許其服務對象，較可依其支付能力來採差別訂價；或是遊樂園採一票到底的訂價策略等。

（二）第二級差別訂價

第二級差別訂價（second-degreed price discrimination）意謂，獨占廠商以少數幾種購買數量訂定不同價格水平，消費者一次購買的數量愈多，價格愈便宜。這種差別訂價方式，獨占

第一級差別訂價
first-degreed price discrimination

第一級差別訂價意謂，獨占廠商完全知道每一位消費者的需求曲線，每一單位的商品均是依照需求曲線上消費者願意支付的價格售出，也稱為完全差別訂價，獨占廠商將消費者剩餘全部剝削。

第二級差別訂價
second-degreed price discrimination

第二級差別訂價意謂，獨占廠商以少數幾種購買數量訂定不同價格水平，消費者一次購買的數量愈多，價格愈便宜。這種差別訂價方式，獨占廠商可以剝削部分消費者剩餘。

廠商可以剝削部分消費者剩餘，如〔**圖8-2**〕中套色面積的部分。此外，獨占者不會只使用數量限制來篩選消費者，而會配合如使用時間（電影早晚場、機票可用時段），以誘使不同消費者做不同選擇，並間接顯示其偏好與所屬群體。常見的例子有：買二送一；買多折扣多；折價券等。

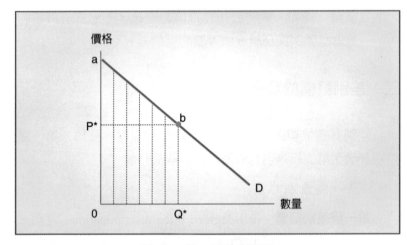

圖8-1　第一級差別訂價

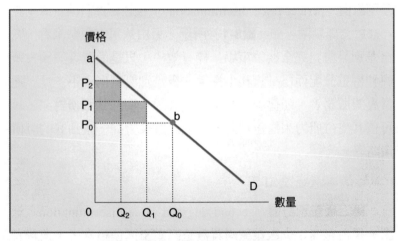

圖8-2　第二級差別訂價

（三）第三級差別訂價

　　獨占廠商在不同需求彈性的**市場區隔**（market segmentation）中，將相同商品以不同的價格售出，是進行**第三級差別訂價**（third-degreed price discrimination）。獨占廠商在需求彈性大的市場中採取低價策略，在需求彈性小的市場中則採取高價策略，以賺取更高的利潤，如〔**圖8-3**〕所示。常見的例子有：電影票價分學生票及全票。

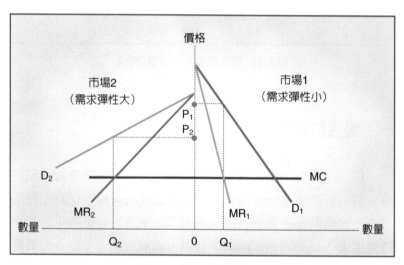

圖8-3　第三級差別訂價

 ## 8.2 獨占廠商的價格管制

　　獨占廠商的存在會扭曲社會資源分配效率，但是現代社會中還是有少數公用事業必須依賴獨占的方式提供，為求社會公平，政府常會介入管制獨占廠商的訂價。在政府的管制下，獨占廠商的訂價方法有三種，其結果如〔**圖8-4**〕所示：

151

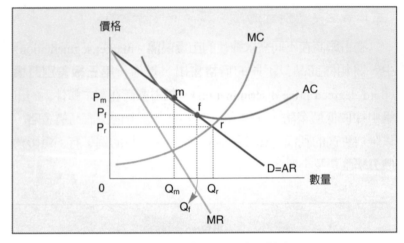

圖8-4　獨占廠商不同的訂價法

一、獨占訂價法

　　獨占訂價法以MR=MC決定供給量，再依據需求曲線決定價格。獨占訂價法是一般私有獨占廠商追求利潤極大化時的訂價方法，其缺點是產量少（Q_m）價格高（P_m），社會產生大量的**無謂損失**（deadweight loss），且獨占廠商剝削了大部分的**消費者剩餘**（consumer surplus），政府通常不會允許這種訂價方法。

二、邊際成本訂價法

　　邊際成本訂價法以P=AR=MC決定供給量（Q_r）及價格（P_r），此種訂價方法使消費者每消費一單位商品所付出的價格，等於獨占廠商生產該單位商品的邊際成本，此時社會資源得到最有效率的利用，不存在社會無謂損失，社會福利達到最大。但是這種訂價方法可能造成獨占廠商的經濟損失（如P_r<AC），獨占廠商如果採取邊際成本訂價法，除非得到政府補貼，長期

而言將使獨占廠商的資本逐漸耗盡而破產。

三、平均成本訂價法

平均成本訂價法以P＝AR＝AC決定供給量（Q_f）及價格（P_f），此種訂價方法會使消費者每消費一單位商品所付出的價格，等於獨占廠商生產該單位商品的平均成本。這種訂價方法保證獨占廠商可以賺到正常利潤又不會有虧損之虞，是最受政府接受的訂價方法。

 ## 8.3 不同市場結構的比較

一、完全競爭與獨占之比較

在完全競爭市場中，不論其資源如何重新配置使用，都沒有辦法使某些個別廠商獲致更高的利益，同時又不損及其他個別廠商。因此，完全競爭市場的經濟效率，可達到**柏拉圖最佳境界**（Pareto optimality）。但是，獨占市場則不然，由於其經濟效率未達最佳狀態，對於經濟市場將產生以下的影響：

（一）生產資源無最有效率運用，且產出亦非最適生產量

完全競爭廠商長期均衡點在P＝MR＝AR＝LMC＝LAC＝SAC＝SMC之處，亦即長期平均成本（LAC）最低點處生產，並且其價格（P）等於長期邊際成本（LMC）使資源呈最佳配置。反觀獨占廠商，其長期均衡點在MR＝MC處，而不是LAC之最低點處生產。因此，如〔**圖8-5**〕所示，相同的產品在獨占市場將會有較高的價格與較低的產量。

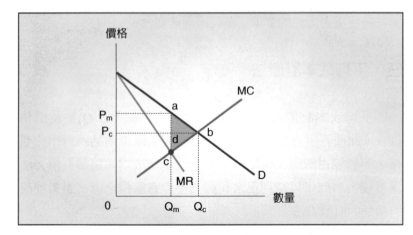

圖8-5　獨占與完全競爭市場生產與配置效率之比較

（二）獨占市場的社會福利未達最大

由於獨占廠商的P>MC，不像完全競爭廠商P=MC，整個社會的資源配置到此一產業部門的數量過低（$Q_m<Q_c$），低於社會福利最大時的產量水準，此一過低產量所造成的損失，即為〔**圖8-5**〕中△abc的面積，稱為獨占的**社會無謂損失**（social deadweight lose）。

（三）缺乏創新誘因

由於獨占廠商在長期可享有超額利潤，在進入障礙的保護下，獨占廠商將有可能只著眼於現有利益的確保，而犧牲研究發展創新的投資。

（四）競租行為

原本社會的最適生產量為Q_c，但獨占廠商可能透過遊說民意代表修正原來的法律，或另立新法來保障自身利益、賄誘行政官員緊縮管制等方法，使產量減少至Q_m，以謀得□$P_mP_c$da的獨占利益。藉由以上的行為，獨占廠商得以謀取額外利益，同時也造成社會福利的損失，稱之為**競租行為**（rent seeking）。

　　雖然，有些經濟學者強力反對獨占，無疑地，獨占也有對社會有益的一面。一個論點是獲得超額利潤的獨占廠商，將有較大追求研究發展的能力；另一說法是由於獨占力的吸引，提供了發明與創新的動機。此外，即使是獨占廠商也會面臨潛在競爭的威脅。

二、獨買與獨占的比較

　　當你將獨買與獨占作比較，如〔**圖8-6**〕（a）與（b）兩者

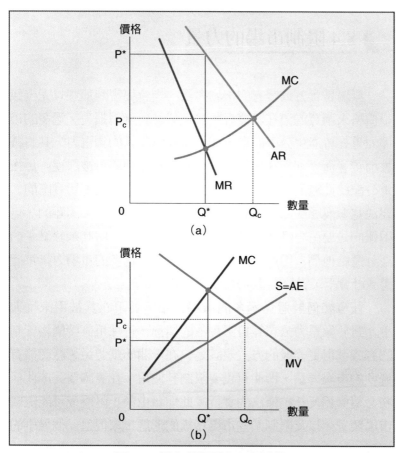

圖8-6　獨占與獨買的訂價決策

做一比較。一獨占者能訂定高於邊際成本的價格，因為它面對一負斜率的需求或平均收入曲線，因此邊際收入是低於平均收入。令邊際成本與邊際收入相等，可得到一個少於完全競爭市場下的產量Q^*，以及高於完全競爭下P_c的價格P^*。

獨買的情況是完全類似，如〔圖8-6〕（b）所顯示的，獨買者可以用低於邊際價值的價格來購買財貨，因為所面對的供給（或者說平均支出曲線）是正斜率，所以邊際支出大於平均支出。令邊際價值等於邊際支出，會導致一個低於完全競爭市場下的數量Q^*，以及低於完全競爭價格P_c下的價格P^*。

 ## 8.4 限制市場的力量

無論是賣方或買方的市場力量，均會傷害到那些以完全競爭價格來購買的潛在購買者，並造成社會無謂損失。過多的市場力量亦會產生公平問題，如果廠商有相當的獨占力，其將犧牲消費者而獲利。在理論上，廠商的超額利潤可被課稅，然後重分配給此產品的購買者，但此種重分配通常是不切實際的。要決定廠商哪一部分的利潤是由於獨占力而來是很困難的，更困難的是要區分哪些人購買、購買多少，以及將其剩餘減少的部分還給他們。因此，除了無謂損失外，過多的市場力量可能導致社會上，對於某些金錢的移轉存有異議。

社會如何能避免過多的市場力量，並阻止其被用來反競爭？對於像電力公司等自然獨占的情況，可採用直接價格管制的方式。但更一般的方式應該是，在一開始就避免讓廠商擁有過多的市場力量，即使有也要限制其使用。在美國要完成此任務必須倚賴反托拉斯法的實行：此即藉由禁止阻礙或可能阻礙市場競爭，以及限制某些市場結構的形態，來促進一個競爭的經濟。

獨占廠商可能有多種形態產生，每一種均被包括在反托拉斯法內。在1890年通過之Sherman法案第一款，明令禁止阻礙貿易的契約、結合或同謀。諸如生產者間達成限制產出，以及將訂價「固定」在競爭水準之上的明確協定，即是一個非法結合的明確例子。其他還有很多非法結合的例子，如：

1. 在1983年，有六家公司的六位主管被控在六年間共謀固定銅管價格。

2. 在1996年，ADM公司與兩家主要生產細胞溶解素（一種動物食品添加物）的廠商，因為固定價格被控有罪。1999年，三位ADM公司的主管因在固定價格事件中的角色，被判二至三年有期徒刑。

3. 在1999年，四家世界最大藥廠與化學公司，被美國司法部控告參與全球性共謀訂定銷美維他命的價格。這些公司因被控固定價格而被判有罪，並且同意支付罰款10億美金。

　　廠商A與廠商B不需要面對面商談或以電話商談，也可能會違反Sherman法案，而以「平行訂價」方式的暗中勾結也會被解釋為違反法律。例如，若廠商B一直跟隨廠商A訂價（平行訂價），而此廠商的行為卻與沒有勾結的情況下人們所期望的相反，如在面臨需求減少而供給過多時，仍然提高價格，則暗中的默契應該是存在的。

8.5 市場集中度指標

　　一般我們在探究**市場結構**（market structure）問題時，常用**集中度指標**（concentration index）來衡量若干廠商從事於相同經濟活動公司的規模分布情況。市場集中度主要在描述市場內各事業的規模分布及不均程度，藉以顯示市場結構、區隔及其

特性，其本意爲藉由觀察一個產業或產品市場，是否由若干家廠商的市場占有率加總（也就是所謂CR_k, k=3, 4, 5, 8...），就占了相當大的比重，以致這些高市場占有率廠商，對該產業或產品市場具有一定程度的影響力。

一、集中度指標

通常計算集中度的方式，是將該市場內的每一家廠商市場占有率（S_i）計算出來後，由大到小排序後，取其前四大（CR_4）、前八大（CR_8）、前三大（CR_3）或前五大（CR_5）廠商市場占有率之和（CR_3與CR_5爲我國公平交易委員會所採行判斷是否爲高獨占性產業的標準），CR_k之計算公式爲：

$$CR_k = \sum_{i=1}^{k} S_i$$

其中，S_i爲第i家廠商之市場占有率。

CR_k這個指標最早在1935年時由George J. Stigler提出，之後於1947年由美國聯邦貿易委員會（U.S. Federal Trade Commission）開始廣泛始用。"k"值的決定視需要而定：若計算**總和集中度**（aggregate concentration）時，通常可選用k=50或k=l00，視該產業規模而定。若是計算廠商的**市場集中度**（market concentration）時，通常選用k=4或k=8。

除CR_k外，其次常見的就是Herfindahl-Hirschman Index（HHI）指標，其計算公式爲：

$$HHI = \sum_{i=1}^{k} S_i^2$$

S_i爲第i家廠商之市場占有率。

美國司法部反托拉斯局（the Antitrust Division of the Justice Department）於1968年頒訂「企業結合指導原則」（Merger Guideline），並於1982年6月宣告自此以後的反托拉斯（Anti-

Trust）判例，在使用市場集中度的測度上是以HHI指標來判斷，而不再以CR₄或CR₈來判斷。其判斷準則為：

1. 結合後HHI指數低於1,000者，屬於低集中度市場，司法部不會對此類事業合併加以管制。
2. 結合後之HHI指數介於1,000~1,800者，屬於中集中度市場。
3. 結合後之HHI指數超過1,800者，屬於高集中度市場。

　　美國司法部對於結合後之HHI指數增加低於50點之合併，不會加以管制。若結合後HHI指數增加超過100點者會加以規範。若考量廠商財務狀況、市場進入障礙、市場效率等因素後，認定此結合不會削弱市場競爭，則不會管制。若結合後HHI指數增加介於50~100者，則考慮廠商財務狀況、市場進入障礙、市場效率、產品特性、廠商過去行為、垂危廠商抗辯及影響市場占有率之因素後，再決定是否加以管制（王鳳生，2004）。

二、中度指標使用之限制

（一）產業定義與產品分類

　　在1969年，美國司法部對IBM提出反托拉斯的控訴，只因IBM主控了電腦主機市場，美國政府聲稱IBM占有電子數位計算機產業的72%，而IBM主張政府所估計的產業，應該要包含程式計算器與其他資訊處理產品，最後經判決美國司法部敗訴（王鳳生，2004）。

　　產業調查資料有時會高估或低估少數廠商操控市場的程度，其中一個問題是，納入統計資料中的廠商有時範圍太過廣泛或太過狹隘，以致於無法取得具有意義的市場集中度資訊。例如，如果我們只看集中度，則飲料業似乎顯示出高度的競爭

性。但就個別產品市場來看,如沙士(黑松)、可樂(可口可樂、百事可樂),則是被少數廠商所操控。

(二)國家、區域及區域市場

統計資料所使用的占有率是全國市場占有率,以致區域性操控能力的傾向,不會顯現在此資料中。例如,根據水泥業市場的資料,水泥產業似乎表現出高度競爭性,但究竟全台灣地區應視爲一個一個水泥市場,抑或是有所謂「北泥不南運,南泥不北運」的狀況,而應將水泥市場一分爲二?如果分成兩個地理市場,則北泥市場就有可能符合獨占事業的門檻條件。

(三)全球市場

調查資料也可能高估實際的集中程度。例如,國內雖只有一家生產廠商,但卻有大量進口的情形;舉例來說,如以產值、產量來看,國內菸(長壽香菸)酒(台灣啤酒)業似乎存有頗高的占有率,但事實上,由於進口競爭激烈、不同菸酒間的替代性高,此時如果考量的不是純粹生產的數量,而是銷售數量,或許市場占有率與結構會有相當大的改變。

在美國的汽車產業被通用汽車、福特及克萊斯勒等三家大廠商牢牢操控著,但這三家汽車廠不能代表美國全部汽車的銷售量,外國車廠已經攻占大部分的美國國內市場,若將那些外國競爭汽車廠包括在內,此產業的集中度要比調查資料所顯示的少多了。

(四)台灣產業市場集中度

行政院公平交易委員會(公平會)所指的市場結構,旨在描述某特定市場內各事業銷售值占該市場總值之比例關係;其工作之重點在於定期將市場結構、市場總值、市場集中度等指標彙整公布,並做長期追蹤。市場集中度主要在描述市場內各事業的規模分布及不均程度,藉以顯示市場結構、區隔及其特

性。爲配合公平交易法之規範，公平會採用離散指數（discrete index），分別計算各產品市場中前三家、前五家累積市場占有率（CR_3、CR_5），做爲市場集中度之測定指標。

重點摘錄

∅ 獨占廠商就相同的一種商品索取不同的價格,稱之為差別訂價。差別訂價可分為: 依消費者的不同,以及依購買數量的多少而採取的兩種差別訂價。

∅ 獨占廠商欲進行差別訂價,必須滿足下列四個條件:生產者面對的是負斜率的需求 曲線,而且生產者必須是價格的決定者;生產者必須能區別出不同市場的消費者, 以便訂定不同價格;生產者必須有能力防範消費者的套利行為;生產者實施差別訂 價後,有能力阻止商品在不同市場間流動。

∅ 差別訂價依獨占廠商將消費者細分的程度,分為:第一級差別訂價、第二級差別訂 價及第三級差別訂價。

∅ 第一級差別訂價意謂,獨占廠商完全知道每一位消費者的需求曲線,每一單位的商 品均是依照需求曲線上消費者願意支付的價格售出,也稱為完全差別訂價,獨占廠 商將消費者剩餘全部剝削。

∅ 第二級差別訂價意謂,獨占廠商以少數幾種購買數量訂定不同價格水平,消費者一 次購買的數量愈多,價格愈便宜。這種差別訂價方式,獨占廠商可以剝削部分消費 者剩餘。

∅ 獨占廠商在不同需求彈性的市場區隔中,將相同商品以不同的價格售出,是進行第 三級差別訂價。獨占廠商在需求彈性大的市場中採取低價策略,在需求彈性小的市 場中則採取高價策略,以賺取更高的利潤。

∅ 獨占廠商的存在會扭曲社會資源分配效率,但是現代社會中還是有少數公用事業必 須依賴獨占的方式提供,為求社會公平,政府常會介入管制獨占廠商的訂價。

∅ 在政府的管制下,獨占廠商的訂價方法有三種:獨占訂價法;邊際成本訂價法;平 均成本訂價法。

∅ 完全競爭市場的經濟效率,可達到柏拉圖最佳境界。但獨占市場則不然,由於其經 濟效率未達最佳狀態,對於經濟市場將產生以下的影響:生產資源無最有效率運 用,且產出亦非最適生產量;獨占市場的社會福利未達最大;缺乏創新誘因;競租 行為。

∅ 一般我們在探究市場結構問題時,常用集中度指標來衡量若干廠商從事於相同經濟 活動公司的規模分布情況。市場集中度主要在描述市場內各事業的規模分布及不均 程度,藉以顯示市場結構、區隔及其特性。

∅ 通常計算集中度的方式,是將該市場內的每一家廠商市場占有率計算出來後,由大 到小排序後,取其前四大(CR_4)、前八大(CR_8)、前三大(CR_3)或前五大(CR_5)

廠商市場占有率之和。

✎ 為配合公平交易法之規範，公平會採用離散指數，分別計算各產品市場中前三家、前五家累積市場占有率（CR_3、CR_5），做為市場集中度之測定指標。

重要名詞

差別訂價（price discrimination）

套利（arbitrage）

第一級差別訂價（first-degreed price discrimination）

完全差別訂價（perfect price discrimination）

第二級差別訂價（second-degreed price discrimination）

市場區隔（market segmentation）

第三級差別訂價（third-degreed price discrimination）

無謂損失（deadweight loss）

消費者剩餘（consumer surplus）

柏拉圖最佳境界（Pareto optimality）

社會無謂損失（social deadweight lose）

競租行為（rent seeking）

市場結構（market structure）

集中度指標（concentration index）

總和集中度（aggregate concentration）

市場集中度（market concentration）

問題討論

1. 竹東鎮某一火鍋店午餐每人份為149元，晚餐每人份為199元。你認為火鍋業的市場結構為何？請說明理由。該火鍋店為何有此差別訂價？試繪圖說明之。

2. 請用你生活周遭的實例，來說明第一級、第二級與第三級差別訂價的實際運作為何？三者間彼此的差異性為何？試研析之。

3. 假設小鎮只有一家廠商供應礦泉水，其需求與成本資料如下：

   需求：P=100-0.01Q

   成本：C=30,000+50Q

   (1)請求出利潤最大的價格、產量與利潤。

   (2)政府如果針對每單位產量課徵10元的稅，新的價格、產量與利潤為何？

4. 廠商在乾洗產業的銷售量如下表：

廠商	銷售額（千萬元）
A乾洗公司	15
B乾洗公司	25
C乾洗公司	30
D乾洗公司	40
其他15間廠商	300

   (1)請計算四家廠商的集中度比率？

   (2)乾洗產業的市場結構為何？

5. 在過去十多年裡，隨著多角化風潮漸漸的興起，許多上市公司亦積極進行轉投資，其中，有部分公司因而改善其經營績效；但亦有少數公司因轉投資失敗而下市。當上市公司向主管機關申請轉投資時，若由您來負責審查，您會依據哪些標準來審查？

第 9 章
產業競爭與政府管制

- 9.1 產業競爭與經濟效率
- 9.2 管制的經濟理論
- 9.3 經濟管制的討論
- 9.4 自然獨占與政府管制

本章節探討產業競爭與政府管制，討論的議題有：產業競爭與經濟效率、管制的經濟理論、經濟管制的討論，以及自然獨占與政府管制。

9.1 產業競爭與經濟效率

在產業高度集中下，競爭程度低落導致經濟效率下降之原因有四項：(1)產出限制；(2)管理鬆散；(3)研發不足；(4)競租行為（王鳳生，2004）。茲分別說明如下：

一、產出限制

不論市場的競爭完全與否，廠商追求利潤之產量決定是比較邊際收益與邊際成本而定，如邊際收益大於邊際成本時會增產，反之，則會減產。但廠商處於完全競爭與不完全競爭之區別，是在於邊際收益與價格間的關係。就完全競爭的廠商來說，邊際收益正好等於價格；但在不完全競爭下，廠商瞭解要賣更多產量的唯一方式是降價，也就是說在面臨負斜率的需求曲線時，邊際收益並不等於目前的市場價格，而且是低於市場價格。

完全競爭的廠商在價格大於邊際成本時，有誘因去增加生產，但不完全競爭下的廠商有其市場獨占力量，雖明白降價可賣得更多，但由所生產賣掉的產品中得到的收益也會下降時，其就會選擇「高價格、低產量」策略，如〔圖9-1〕中，$P_m>P_c$ 與 $Q_m<Q_c$，而其結果就是經濟效率的**社會無謂損失**（social deadweight loss），即圖中 $\triangle ABC$ 的面積大小。

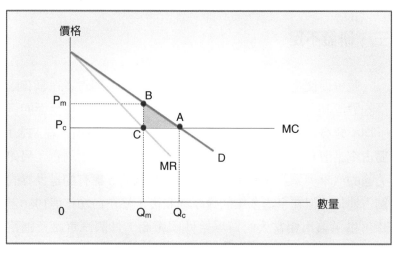

圖9-1　不完全競爭市場的無效率

二、管理鬆散

　　企業為了增加利潤，理論上應以儘量降低生產成本來達成；但實際上，在市場競爭並不激烈時，賺錢的企業並無強烈的誘因去壓低生產成本。因為市場競爭之壓力不大，以致企業之管理效能不彰與經濟效率損失，此即為所謂的**管理鬆散**（managerial slack）情況。

　　在中華電信獨占長途電話服務時，公司雖表示經由成本換算後它的價格並不太高，記得在數年前使用手機服務的門號月租費曾經是2,400元，當時即使是專家或許也很難判斷成本數據的真實性。但隨著電信自由化的市場開放，台灣大哥大、遠傳及泛亞等公司加入競爭行列，透過相關數據的比較，且在股東的監督下，每一家公司均會有誘因去提升**效能**（effectiveness）與**效率**（efficiency）。

> **管理鬆散**
> managerial slack
> 因為市場競爭之壓力不大，以致企業之管理效能不彰與經濟效率損失，此即為所謂的管理鬆散情況。

三、研發不足

　　競爭促使企業去發展新產品與新製程，但獨占者在享有既得的豐厚利潤下，研發的積極性可能不足。當然，正反面的例子均不難發現：如美國AT&T的研究部門貝爾實驗室，在AT&T獨占電話服務時，就完成了雷射與電晶體兩項重大創新；另如美國的汽車與鋼鐵產業，在二次世界大戰前，擁有的是世界的獨占地位，但在享盡多年的豐厚利潤後，終在1970年與1980年時，拱手讓出相當大的市場給外國廠商。外國汽車廠及鋼鐵廠，在1980年時能比美國廠的產品賣得便宜，不僅是因為有低工資的成本優勢，更因為技術的領先而使得生產製程變得更有效率。

　　我們要擔心的是，除了因為市場的獨占力量會使企業本身不願積極從事創新活動外，甚至會積極的去壓制可能降低其獨占力量之競爭對手的創新努力。

四、競租行為

　　經濟效率之損失可能來自於獨占廠商為維持其市場獨占地位，而將生產性資源使用於經濟上屬於非生產性的行為上，譬如用來阻嚇潛在的市場競爭者，這種為獲得或維持獨占地位而進行財富移轉，進而取得**獨占財富**（monopoly rents）之行為，稱為**競租行為**（rent seeking）。

　　如〔**圖9-1**〕所示，獨占除造成△ABC面積的效率無謂損失外，更有甚者的是□P_cP_mBC面積中，消費者剩餘的減少並沒有完全移轉成為生產者剩餘的增加，並將其用於從事研發等生產性活動，而是將其中的部分用來行賄官員或喝花酒，以繼續維持其市場獨占地位。

9.2 管制的經濟理論

　　管制的經濟理論是公共選擇理論的一都分；從公共選擇理論的角度，我們需要瞭解對政府活動的需求，政府所提供的管制活動，以及在需求與供給互動下可能出現的政治均衡形式。在1985年以前的台灣，政府直接介入干預或管制私人的痕跡到處可見，其涵蓋範圍包括電力、電信、石油、天然瓦斯、自來水、公路運輸、鐵路運輸、航空運輸、商業銀行、證券、保險、菸、酒、教育等。但受到一九七〇年代末期以來，歐美解除管制風潮的影響，近年來自由化一直是台灣政府官員、學者、專家、輿論所認同的基本政策，使得政府直接管制的範圍與程度因而逐漸縮小與降低。

一、管制的需求

　　管制的需求者包括廠商與消費者，透過選舉、遊說及選舉等政治活動，來表示他們對政府活動的需求。那到底要進行到什麼程度的政治活動？從成本效益計算，進行的政治活動所產生的效益必須要超過所付出的成本。

　　影響管制需求的四項主要因素為（王鳳生，2004）：

1.個別需求者的消費者剩餘；
2.消費者的人數；
3.個別廠商的生產者剩餘；
4.廠商的家數。

　　當個別消費者的剩餘愈是來自於管制，他們對管制的需求就會愈增加；此外，消費者的人數增加時，對管制的需求也會

增加,可是消費者人數本身並不足以轉化成為有效的政治力量。由於人數的增加,人多口雜的結果反而會增加組織的成本,以致對管制的需求並不見得是與消費者的人數成等比例的增加。

廠商的生產者剩餘如會因某一特定管制而增大,廠商對此特定管制的需求自然會增加。此外,當由管制中得到利益的廠商家數增加時,對這些管制的需求也會隨之增加。同樣的,廠商人數的增加也會增加組織的成本。就固定不變的消費者剩餘與生產者剩餘而言,分享剩餘的消費者或企業人數愈少時,對創造剩餘的管制需求就會增加。

二、管制的供給

依據公共選擇理論,政客們所選擇與支持的是:能得到大多數選票,讓他們當選或連任的政策,而官僚們則是支持擴增部門預算的政策。在政客與官僚形成的共生結構下,管制供給的決定因素包括有(王鳳生,2004):

1.個別需求者的消費者剩餘;
2.個別廠商的生產者剩餘;
3.得到利益的選民人數。

當透過特定管制活動所造成的每一位需求者的消費者剩餘,或每一家廠商的生產者剩餘增大,以及受到管制影響的人數增加時,因為選票的考量,政客就會愈傾向於供給特定的管制活動。當然,政客們也會衡量因為支持某些管制活動而必須付出的成本,也就是因此可能流失的選票。即便某些管制會給大多數的人帶來好處,但因為均分下來後每個人可得到的好處微不足道,甚至於根本感覺不到這類管制的影響,經政客們評估後大多也不會去支持。

三、政治均衡

管制的均衡存在於，沒有利益團體認為值得去使用額外的資源，給予壓力以造成改變，且也沒有政客團體發現其是值得他們去提供不同的管制方案。即便政治均衡是存在的，也不表示所有人均同意它的存在是不容改變的。遊說團體如積聚了足夠的能量，就可能試著要去改變已經存在的管制活動，但其他人也同時可能會投入資源去維持管制活動不變。

政黨的立場不同，有些政黨會支持目前的管制，而其他政黨則試著提出其他的管制方案。處於政治均衡時的管制活動，所反映的只是制定此一方案者中，並沒有人希望去改變其狀態。要明白政治均衡的存在與其改變的方向，就必須要能認清楚管制的目的，是在於追求公共利益還是僅在保障生產者的利益而已。

依據公共選擇學說，說明政府管制干預的兩種經濟理論是：**公共利益理論**（the public interest theory）與**壓力俘掠理論**（the capture theory）（王鳳生，2004）。

（一）公共利益理論

公共利益理論主張：管制的目的在追求資源的有效率使用，認為政治的過程造成資源的無謂浪費，而管制是在消除浪費。例如，針對市場的獨占，政治過程將會導入價格管制或其他手段，來確保生產增加及價格降低至完全競爭市場的水準。

（二）壓力俘掠理論

壓力俘掠理論認為：管制有利於生產者追求經濟利潤，認為在管制的成本相當高時，唯有那些能增加被確認的少數團體之剩餘的管制，才會透過政治過程被供給出來。生產者透過提供政治捐款給政客形成壓力，俘虜政府官員來保障生產者之利

公共利益理論
the public interest theory

公共利益理論主張：管制的目的在追求資源的有效率使用，認為政治的過程造成資源的無謂浪費，而管制是在消除浪費。

壓力俘掠理論
the capture theory

壓力俘掠理論認為：管制有利於生產者追求經濟利潤，認為在管制的成本相當高時，唯有那些能增加被確認的少數團體之剩餘的管制，才會透過政治過程被供給出來。

益。政客也瞭解因為存在選民**理性冷漠**（rational ignorance）態度，即便他支持的管制活動會增加其他人的成本，但因成本是在眾人間分攤，他並不會因支持某項管制活動而減少政客本身的選票。

四、社會管制與經濟管制

一般而言，所謂的**管制**（regulation）可大致分為：(1)**經濟管制**（economic regulation）；(2)**社會管制**（social regulation）。

經濟管制是指國家藉著各種公權力行為，對公民營事業所從事的經濟活動予以干預，其目的在促使整體國民經濟體系的完善；而社會管制係指國家為保護全體國民個人的健康與安全，所做干預事業的活動，以提升服務品質與商品的品質。事實上，經濟與社會管制的範圍領域仍有交集的部分，如為保護消費者的權益，在各商品或服務業中均有其專法，明令禁止刊登不實廣告之規定（此基於社會管制），以及為避免不公平的競爭，如公平交易法規定（此基於經濟管制）禁止業者從事虛偽不實或誤導扭曲的廣告，以維護競爭者的利益（王鳳生，2004）。

社會管制有別於經濟管制之處在於，社會管制有如下幾點特性：

1. 觸角範圍較廣，是針對整個產業，會影響到更多的個人；
2. 對商品製造程序是否合乎標準的要求較嚴謹；
3. 具有迅速擴張的特質。

社會管制的成本有：

1. **行政成本**（administrative costs）：是指由管制結構中所必須支付的行政管理費用，如公務人員的薪資、辦公用品及

經濟管制
economic
regulation

經濟管制是指國家藉著各種公權力行為，對公民營事業所從事的經濟活動予以干預，其目的在促使整體國民經濟體系的完善。

社會管制
social regulation

社會管制係指國家為保護全體國民個人的健康與安全，所做干預事業的活動，以提升服務品質與商品的品質。

　　其他管理費用。

　　2.**服從成本**（compliance costs）：是指因需要遵守管制單位
　　　的規定，被管制者所必須支付的設備及環境改善等費用。

　　如果經濟體系中存在過度及僵化的管制，會導致管制的邊
際成本超過其所產生的邊際利益，其理由如下（王鳳生，
2004）：

（一）目標不經濟

　　由於社會管制的法律不符合時空環境，造成社會所追求的
目標水準，將遠超過局限於法律、政治或技術條件時，邊際利
益等於邊際成本的水準。例如，政府部門要求企業部門將污染
防治水準略為提高5％，如此企業防治成本的負擔等於是在進行
95％污染防治水準之工程。但污染防治工程並非是頭痛醫頭腳
痛醫腳，而是要醫治全身的系統毛病，污染管制對廠商來說是
一項龐大的負擔，容易形成社會管制的不經濟。

（二）資訊不充分

　　由於許多政策的決定操控於某些少數主導者，或由持有不
充分資訊的代言人所左右，對公共利益容易帶來負面的影響。

（三）非意欲的效果

　　管制因過度吹噓其龐大的管制成本，而產生許多**非意欲的
效果**（unintended side effect）；例如，環保單位宣稱某產業之工
廠廢水污染已大為降低，且把它歸功於政府提高防治安全水準
之規定所致。但事實上，則是因有些工廠本身已改變其生產原
料之使用，或由於製造程序改變所致。

（四）矯枉過正管制者

　　在利益團體關注壓力下，環保議題的管制單位可能出現**矯
枉過正**（overzealous personnel）的管制理念，強烈譴責製造污

染者，尤其在僵硬且無正式的標準規定下，容易形成無效率的過度管制。

此外，過度的社會管制會帶來負面的影響，還包括：(1)物價水準的上升；(2)阻礙創新；(3)降低競爭的互動等。儘管如此，仍有許多理由支持「社會管制」的必要，諸如：基於社會大眾生命財產之安全，而對工作場所的安全措施、不良設計產品等加以管制；以及無論從成本與時間之代價而言，對社會管制所帶來的利益認同大於其成本，例如環境淨化（如空氣、水質及噪音量）等。

 ## 9.3 經濟管制的討論

一、經濟管制的定義與分類

Mitnik（1980）認為，經濟管制乃是政府部門想控制個人、家庭、廠商與政府下屬單位決策行為的企圖。換句話說，經濟管制只不過是政府部門為限制社會上，每個經濟個體戶決策行為的一種努力。儘管上述定義相當簡潔，但現實社會裡存在的經濟管制政策或措施卻非常地多，其主要種類可分為（王國樑，2004）：

（一）進入市場或營業許可管制

營業許可（entry regulation）指的是，政府主管單位透過**特許權**（franchise）或**執照**（license）的發行，來允許或否定某一經濟個體戶在特定職業或產業裡的經營權。如即使到現在，在電力配送、自來水、天然瓦斯等業務上，在每一地區，根據相關法律，政府只准許一家經營；若欲經營大哥大、固網電信、

銀行、保險、證券等業務,則需要特許權;若欲經營旅遊業務,則需要旅行社執照;若欲經營計程車業務,則需要計程車牌照。

(二)價格或費率管制

不管由理論或實務觀點而言,只要政府在某一產業實施營業許可管制,那就相當於授予既有廠商壟斷力或獨占力;故為了防範既有廠商濫用壟斷力,來哄抬價格、剝削消費者,政府就會配合實施**價格管制**(price regulation)或**法定報酬率**(rate of return regulation)管制。例如,依照現行公用事業管理辦法,每家公用事業的年報酬率,不能超過11.25%;依照現行有線電視法,有線電視業對於它的收視戶每月收取的收視費,不能超過600元。

(三)標準管制

標準管制(regulation of standards)指的是,政府管制當局對某種產品或某產業的生產程序設定一套標準。當衛生署規定某一藥品含阿斯匹靈的成分不能超過某一固定百分比時,此規定乃屬於產品標準管制;當環保署規定某工廠煙囪所冒出的黑煙,或所排放的污水不能超過某一最高水準時,此規定乃屬於生產程序標準管制;當財政部證管會規定每一家綜合證券商的最低資本額為新台幣10億元時,此規定亦屬於生產程序標準管制。

標準管制
regulation of
standards

標準管制指的是,政府管制當局對某種產品或某產業的生產程序設定一套標準。

(四)配額管制

配額管制(quota regulation)指的是,基於特殊目的考量,政府直接參與資源的分配工作。例如,在面對能源或水源危機時,為了有效使用有限的能源或水源,政府可能直接分配石油原料或水給不同優先順序的產業;為了保護國內汽車廠商,政府對韓國與日本小客車實施進口配額管制。

（五）補貼或租稅

　　爲了某種特定目標的達成，政府可能針對經濟個體戶提供補貼或課以租稅。例如，爲了鼓勵投資，政府可能採取金融或租稅獎勵；爲了鼓勵國內廠商自行研究發展以提升生產技術，政府提供租稅減免或**配合款補貼**（matching grants）；爲了防止環境污染，政府可能課徵污染稅；爲了預防股票市場的周轉率提高，政府反對降低證券交易稅。

（六）公平交易法

　　公平交易法的主要目的乃是爲了規範廠商的結合（合併）、聯合（勾結）、不公平競爭與不實廣告行爲，以維持市場秩序，促進市場公平競爭。

　　由上述六類經濟管制措施的介紹中，可發現並不是所有的經濟管制措施皆具有強制性；事實上，有些經濟管制是透過政府或管制當局所提供之誘因而進行的。無論如何，它們的目標是一致的，那就是企圖去改變、引導或控制社會上個人、家庭、廠商與下屬政府機構的決策行爲。

二、經濟管制的形成原因

　　一直到一九六○年代初期，有關經濟管制的既有文獻，大部分把焦點集中於探討：在面對各種不同經濟管制措施時，遭受管制之廠商與其他社會成員如何採取因應行爲。意即管制政策往往被當成外生變數或外在因素，管制經濟學主要在探討各種經濟管制措施，對經濟個體決策行爲、廠商經營績效與市場運作績效的影響。但在一九六○年代中期以後，經濟學家對經濟管制之形成原因，以及決定哪種管制措施應被採用之政治程序的研究興趣逐漸增長，此一轉變增進了人們對管制立法程序的瞭解。

迄至目前為止，關於為何經濟管制會存在這個問題，尚且沒有一致的見解。一般而言，有關經濟管制起源之學說可分為三個主要派別（王國樑，2004）：

1. **市場失靈學說**（the market failure theory）或謂**公共利益學說**（the public interest theory），這派學說認為，經濟管制乃是競爭市場的基本架構出現**缺陷**（drawbacks）所造成之不可避免的結果。

2. **掠奪學說**（the capture theory）或謂**私人利益學說**（the private interest theory），這派學說認為，經濟管制通常會圖利於某些特定利益團體，而加害於其他利益團體。

3. **利益團體學說**（the theory of interest groups），這派學說認為，經濟管制決策的擬定與經濟管制措施的選擇，是利益團體透過在政治市場上的遊說與運作而決定的。

有關上述三派學說的主要內涵，我們將其整理歸納如下（王國樑，2004）：

（一）市場失靈學說

直到一九六○年代初期，關於經濟管制之起源，最普遍被接受的觀點乃是市場失靈學說。根據這派學說，傳統經濟學家們認為，經濟管制存在的主要原因，乃是某種型態的市場失靈所造成。由於市場失靈，市場上或產業裡可能會存在著**無效率**（inefficiency）或**不公平**（inequitability）等現象。為了糾正上述扭曲，社會大眾乃要求政府採取經濟管制措施。此時，市場失靈乃是政府干預私人部門的必要條件。

在經濟學的探討中，市場失靈的可能原因通常包括：

1. **不完全競爭行為**（non-competitive behavior）。例如，獨賣廠商濫用壟斷力哄抬價格行為、寡賣廠商的勾結行為與不公平競爭行為等。

177

2.外部性。例如，鋼鐵工廠冒黑煙、石化工廠排放廢氣與污水、鄰家女孩彈奏鋼琴的樂音等。

3.公共財。例如，國防安全、社會治安、公共道路等。

4.訊息不對稱。例如，旅行社對於市場訊息的掌握比消費者多、中古車市場中賣方比買方更瞭解車況等。

5.規模經濟與多樣化經濟。這兩種成本特色的存在，可能使某一產業變成自然獨賣。

總而言之，經濟管制形成之主要目的乃是保護社會大眾之權益。

（二）掠奪學說

在現實社會裡，當政府採取某一新的政策或某一政策變動時，通常有些人會得利，有些人會受害。於是，就像諾貝爾獎得主經濟學家Stigler（1971）的經典著作《經濟管制學說》（*The Theory of Economic Regulation*）所發現的，市場失靈學說並不能用來有效地解釋管制當局的決策行為。事實上，在管制當局做決策時，利益團體與被管制之產業擁有相當大的影響力。

許多經濟學家與政治學家發現，經濟管制乃是政府部門因應某些追求自利的利益團體之要求所設立的，而在設立經濟管制措施的同時，其他利益團體的利益卻可能會被犧牲。也就是說，某些利益團體為了其自身的私利，而操縱了裁定經濟管制之政治程序。更甚的是，某些產業為了保護自己的利益而要求採行經濟管制。

由於經濟管制的政治舞台，一直為被保護的產業、管制當局與國會相關委員會所組成的鐵三角所把持著，所以，直到一九七○年代中期，上述「官商勾結」的現象仍然持續著。依Stigler的觀點，被保護的廠商可透過四種途徑，來利用經濟管制以增加它們的利潤（王國樑，2004）：

1.尋求直接補貼。隨著廠商數目的成長，此類型的直接補貼對政府而言，是個填不飽的無底洞。除非在廠商數目上或補貼金額上有所限制，因此對既有廠商而言，此種措施未必是一種很有效的保護工具。

2.尋求營業許可管制。相對於政府的直接補貼，廠商可能偏好營業許可管制。美國貨運卡車業就是一個很好的例子，雖然此一產業並不存在著規模經濟的特性，但在州際商業委員會的管制下，一直到1980年，穩定成長的貨運量仍被少數幾家廠商所壟斷著。

3.要求政府對他們產品的替代品進行管制。例如，天然奶油製造商要求政府抑制人工奶油的發展。

4.要求政府制定保證報酬率與實施價格管制。當廠商要求營業許可管制的同時，也會要求價格管制，其主要之目的當然是防止競爭的壓力。

總而言之，此派學說的經濟學家們認為，經濟管制演變的結果往往是，原來為保障社會大眾權益而設立的管制當局，最後反被廠商牽著鼻子走。

（三）利益團體學說

一般而言，掠奪學說對在一九七○年代中期以前所發生的經濟管制事件，尚能提出合理的解釋。但由於掠奪學說過分強調廠商在經濟管制政策擬定過程中的影響力，忽略消費者在上述決策過程中，可能扮演的角色與力量，以致於對一九七○年代中期以來，世界性解除管制風潮無法提出合理解釋，於是利益團體學說乃應運而生。

為了闡明經濟管制產生之原因與管制當局的決策行為，這派學說把研究重點放在**政治聯盟的組成**（the formation of political coalitions）。根據這派學說，每一管制政策皆決定於政治市場。在這個市場裡，交易的商品為經濟管制；經濟管制的供給

來自於政治人物，可能是管制當局之官員或立法機構之民意代表，而這些政治人物們追求的，乃是獲得最大的政治支持，以贏得選舉或獲選連任；經濟管制的需求，則來自利益團體（包括生產者與消費者），其所追求的目標當然是增進自己的福利；最後，經濟管制政策實施與否及其內涵，則取決於某一利益團體或某些利益團體所組成的**勝利聯盟**（winning collation）是否支持某一政治人物贏得選舉。

雖然利益團體學說對於經濟管制政策的擬定，已可提供相當完整的理論基礎，但其在應用上，仍留下一個黑盒子，即如何客觀地對政治支持加以衡量？由有關經濟管制起源學說的介紹中，我們可以發現，經濟管制的原始動機，多多少少與保護社會大眾的福利有關。在經濟學的學理上，談到社會大眾福利，最普遍被接受之衡量指標乃是社會福利。如果我們假設，政治支持可以社會福利來代表，則每一個利益團體或每一聯盟之政治力量或影響力，就可逐一求得。最後，經過談判與妥協，我們可發現哪個利益團體或哪個聯盟，可控制經濟管制政策之擬定。

三、經濟管制衍生的問題

（一）經濟管制衍生的一般性問題

根據國內外實施經濟管制的經驗，我們可以發現，雖然經濟管制的確產生某些成效，但同時也衍生一些問題。根據美國實施經濟管制的經驗，經濟管制所衍生的一般性問題可歸納為（王國樑，2004）：

🔸機構與業務的持續增加導致政府預算經費大幅成長

以美國為例，在一九六〇年代以前，經濟管制只是聯邦政府微不足道的一個小部門；但在一九六〇年代中葉以後，經濟

管制就像吹汽球似地膨脹。根據美國商業研究中心（The Center for the Study of American Business）的統計資料，從1960至1980的二十年中，經濟管制已變成美國成長最快速的產業之一。

聯邦經濟管制機構的數目已從1960年的28家，成長到1980年的56家。不僅是管制機構日益增多，而管制的性質也大不相同，唯每一管制問題的主要機構，僅著眼於其所管制的問題與目的，而忽略了個別產業的整體發展與需要。

私人部門為配合管制而產生的交易成本逐漸遞增

由於政府管制法令與要求的日漸繁瑣，私人部門為了提供資料接受管制所產生的直接與間接交易成本也跟著日漸成長。這些費用亦是生產成本的一種，當然要轉嫁到消費者身上，無形間變成一種隱藏性的租稅。尤其值得顧慮的是，經濟管制所滋生的政府與社會壓力，可能會使私人企業因對管制方向無所適從，而造成投資意願遲疑不前。

根據弗利得曼（M. Friedman）的估計，在1945年至1966年的美國私人企業裡，每九小時的勞力產出，每年皆以超過3％的成長率成長；但在接著的十年裡，每年成長不到1.5％；更嚴重的是，1976年以後，反而有轉為負成長的趨勢。美國生產力的降低，當然不能完全歸咎於經濟管制，但其影響層面甚鉅，卻也是不爭的事實。

已實施的管制會不斷擴張且很難被遏止

誠如麻省理工學院經濟學教授Thurow（1981）在《零和社會》（*The Zero-Sum Society*）書中所言，管制就像一個會蔓延的細胞，一旦滋生就很難遏止。例如，美國州際商業委員會原是因鐵路聯營與費率訂定需要而成立，但後來卻擴大到對貨運卡車的管制。最後，該經濟管制演變成對產業的保護，犧牲了托運者（農民）與一般消費者的利益，這就是管制由小到大，甚至由點到面的管制波及效果。

往往會忽略或阻礙積極性創新

許多研究皆指出，美國對消費品安全與衛生方面的維護，對產業創新有很大的負面影響；此外，它們對生產與銷售的負面影響，有時也比正面影響大得多。以藥品爲例，目前美國新藥品上市的許可，要花相當長時間才能獲得，而且在面對許多不確定因素的情況下，還需防範訴訟的後果，這些因素皆會增加生產成本，使廠商對新藥的研究無法預估利潤，因而減低研究發展的誘因。

(二) 經濟管制導致的產業別問題

至於經濟管制所導致的**產業別**（industry-specific）問題，則有（王國樑，2004）：

長期實施營業許可管制可能導致X-無效率

台灣的公營事業因長期受到營業許可管制的保護，在沒有競爭壓力情況下，許多公營事業的內部管理會缺乏效率，也就是說，會存在**X-無效率**（X-inefficiency）。

營業許可管制與價格管制併行可能導致交叉補貼

在同時存在營業許可管制與價格（或費率）管制的產業裡，其所服務的市場通常會有**可獲利市場**（profitable market）與**不可獲利市場**（nonprofitable market）之分，而價格管制只會出現在後者。於是，爲了確保營業許可管制能持續存在，廠商可能需要配合政府政策，繼續經營不可獲利市場，亦即以可獲利市場賺的利潤，來彌補不可獲利市場的損失，形成所謂**交叉補貼**（cross subsidization）的現象。例如，在一九八〇年代末期以前，公路局以高速公路長途客運路線（俗稱黃金路線）賺的利潤，來補貼政策性或偏遠地區路線的乘客；在電信自由化政策實施前，電信總局以長途及國際電話市場賺的利潤，來補貼市內電話市場的使用者。

X-無效率
X-inefficiency

在沒有競爭壓力情況下，許多公營事業的內部管理會缺乏效率，也就是說，會存在X-無效率。

交叉補貼
cross subsidization

爲了確保營業許可管制能持續存在，廠商可能需要配合政府政策，繼續經營不可獲利市場，亦即以可獲利市場賺的利潤，來彌補不可獲利市場的損失，形成所謂交叉補貼的現象。

法定報酬率管制可能導致冗員與硬體設備過度投資

價格管制若採法定報酬管制方式，因法定報酬管制公式通常設定如（**9-1**）式：

$$\frac{TR-w \cdot L}{K} \leqq r \tag{9-1}$$

其中，TR代表總收入；w代表員工薪資率；L代表員工人數；K代表資本財的帳面金額；r代表設定的法定報酬率上限。

為了讓實際報酬率能低於法定報酬率上限，被管制廠商往往會增加員工人數或大量增加資本財投資。也就是說，為規避法定報酬率的管制，被管制廠商可能增聘不必要的員工，或**對資本財進行過度投資**（over-investment in capital），後者被稱之為**A-J效果**（Averch-Johnson effect）。

四、管制政策的興革

（一）解除管制帶來的負面效果

由於經濟管制所衍生之一般性與產業別問題，代表**政府失能**（government failure），管制政策應否持續的檢討聲浪乃應運而生。於是，隨著**被管制產業**（the regulated industries）供給面因素，如技術進步與原料價格下降，或需求面因素，如所得成長與消費者偏好改變的變動，一九七一年代中期以後，歐美解除管制風潮迅速地蔓延至全世界。台灣乃於1985年實施自由化政策，誠如預期地，解除管制或開放競爭，的確產生了一些正面效益，如價格下降與經濟效率提升；但其亦同時帶來了下列負面效果（王國樑，2004）：

產品品質惡化

在一些服務業裡，因為廠商所提供的商品為**無形的**（intangible），賣方比買方擁有更多市場訊息的不對稱現象自然存在。

對資本財進行過度投資
over-investment in capital

為規避法定報酬率的管制，被管制廠商可能增聘不必要的員工，或對資本財進行過度投資，後者被稱之為A-J效果。

開放市場競爭後，廠商家數大增；為求生存，部分廠商可能採取同時降低品質與價格的**道德危機**（moral hazard）行為。在消費者只能以價格高低為購買決策依據的情況下，其他廠商只有兩條路可選，其一為堅持潔身自愛而退出市場；其二為同流合污跟著降低品質。

不管它們選哪一條路，整個產業的平均服務品質會逐漸下降，「劣幣驅逐良幣」的**逆選擇**（adverse selection）問題，於是就會出現。

⚓法定報酬率可能使廠商缺乏改善經營效率的誘因

解除管制的動機本來是欲使廠商在面對遞增的競爭壓力下，提升其經營效率。但若價格管制採法定報酬率管制方式，且法定報酬率的訂定以缺乏效率的廠商為基準，則此管制方式可能變相形成廠商獲利或生存空間的保障，而使廠商喪失改善經營效率的誘因。

（二）管制政策的興革方向

針對上述解除管制的負面效果，未來管制政策的興革方向似乎可朝（王國樑，2004）：

⚓透過投入與產出管制來防範道德危機與逆選擇的出現

針對資訊不對稱現象於解除管制後可能導致道德危機行為與逆選擇問題，政府主管單位可要求廠商設立時，必須具有多少資本額、多少位合格或具有執照經理人等投入標準管制，以降低道德危機行為出現的機率；或者對廠商的產品品質進行審查或評鑑，並定期公布審查或評鑑結果，意即透過**投入管制**（input regulation）與**產出管制**（output regulation）來防範劣幣驅逐良幣的逆選擇問題。

⚓價格上限管制可提升廠商改善經營效率的誘因

解除管制以後，廠商家數會增加。法定報酬率管制如繼續實施，可能變相為廠商生存與獲利的保障，因而導致缺乏效率

的廠商喪失改善的壓力或誘因。現若以經營效率指標值等於平均值的廠商為基準，來訂定價格上限，則經營效率高於平均值的廠商，將可賺取超額利潤或經濟利潤，而經營效率低於平均值的廠商會遭受損失，於是廠商就會有誘因提升其經營效率。

 # 9.4 自然獨占與政府管制

　　自然獨占（natural monopoly）係因市場力量而自然形成的獨占；例如電力、天然氣、電話電報或鐵路等**公用事業**（public utilities）均屬之，單獨一家大企業來從事生產，已足以供應整個市場的需要，若由兩家或數家企業同時供應市場，其生產成本反而不如僅由一家企業供應來得低廉。大體言之，因為規模經濟造成的自然獨占，具有遞減的長期平均成本；或在某一產量範圍內，其平均成本呈現遞減。政府針對自然獨占之產業及企業，可採取之政策包括有：(1)進行管制；(2)公有公營；(3)採自由化以促進競爭。

一、自然獨占管制

　　基於自然獨占所具有的規模經濟利益，政府不去打破市場的獨占型態，但又不願見到消費者利益受損，政府可利用以下三種方法規範自然獨占產品價格的訂定：

1.**邊際成本訂價法**（marginal cost pricing）；
2.**利潤極大訂價法**（profit maximization pricing）；
3.**平均成本訂價法**（average cost pricing）。

（一）邊際成本訂價法

　　假設某一公用事業面對的需求曲線為D，其平均成本（AC）

呈遞減型，而邊際成本（MC）固定不受產量影響，如〔**圖9-2**〕
所示。若採邊際成本訂價法，則此公用事業所訂出的價格為
P_c，產量為Q_c，此時，消費者總剩餘為△P_hP_ce的面積，沒有資
源配置的扭曲，**社會無謂損失**（social deadweight loss）為0。但
此公用事業在邊際成本訂價法下之均衡點e時，每單位產量之損
失為fe，總損失為□P_1P_cef的面積。

（二）利潤極大訂價法

若政府不對價格採取管制，公用事業將以利潤極大化目標
訂價，則邊際成本（MC）等於邊際利益（MR）決定之價格為
P_m，產量為Q_m，如〔**圖9-2**〕所示。與邊際成本訂價法相較下，
其價格P_m高於P_c，所享有之獨占利潤為□P_mgij之面積。由於價
格提高且產量減少，消費者剩餘減少為△P_hP_mj的面積，以致社
會福利損失或無謂損失，由0增加為△jke面積部分。

政府採利潤極大化之訂價原則，是傾向於對自然獨占廠商

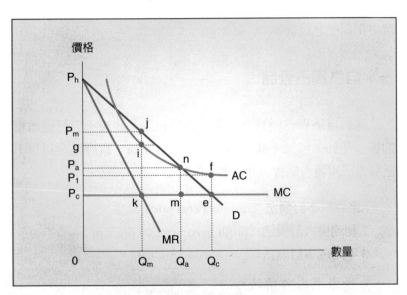

圖9-2　政府對自然獨占廠商的價格管制

利益的維持，而邊際成本之訂價原則，是符合公共利益的價格管制；我們比較〔**圖9-2**〕可看出，採後者之價格管制，所形成之消費者剩餘要較前者為大，$\triangle P_hP_ce$面積要大於$\triangle P_hP_{mj}$。

（三）平均成本訂價法

若政府為減少福利損失（如利潤極大訂價法的結果），則可要求公用事業採取平均成本訂價法，所訂出之價格為P_a，產量為Q_a，如〔**圖9-2**〕所示。此法與利潤極大訂價法相較，除獨占利潤為0外，且採此法下消費者剩餘$\triangle P_hP_an$要較$\triangle P_hP_{mj}$為多，以致社會福利損失或無謂損失降低為$\triangle nme$面積。

從以上的討論來看，政府對公用事業進行價格管制似乎頗為簡單，但其實不然，政府的管制單位在決定價格或費率時有其複雜性。例如，在決定一家公用事業之正常報酬率時，需要估算廠房或固定資產之價值，那它是應採投資時之原始成本，還是目前之重置成本？此外，因為公用事業所提供服務的對象有許多個群體，且每一群體均有異於其他群體之價格需求彈性，因此，公用事業要營運不虧損，其實可設計出一組不同的費率，而非僅是採單一費率而已。另因所生產的產品是聯合產品，要找出一個合理的方式來分攤成本，亦非一件容易的事。

管制常導致無效率，其主要原因是一旦有了保證的正常報酬率時，公用事業缺乏誘因去控制成本，常可見到的是：人事費用膨脹、奢侈辦公設備購置、公關費用浮濫使用。因此，管制單位必須嚴審監控成本，避免資源浪費使用。此外，因為設定的報酬率太高，為了避免超出正常報酬之呈現，甚至會出現固定資產的過度投資，以及扭曲的資本密集生產方式；反之，如訂的報酬率太低，會出現低度投資現象。因管制單位訂定之投資報酬率過高或過低，所出現的過度投資或投資不足，導致巨額無效率現象，即為所謂之A-J效果。

二、公有公營

世界上有很多的政府均曾、或至今仍對電力、瓦斯及自來水等公用事業，採**公有公營**（public ownership）形式，由政府來生產及經營。但公有公營的問題是，政府身為生產者，因受制於政府運作的政治壓力，以及官僚對市場的反應遲鈍，而相較缺乏效率。公營事業因年度預算需由立法部門審查通過，在利益糾葛及利益掠取下，兼之審查專業不足，且經營的損失又可從政府部門輕易得到補貼，董事會的公股代表，也只是流為橡皮圖章，使得公用事業的經營者常缺乏足夠的誘因去降低成本，並進行企業流程再造及e化採購等現代化活動。

公營事業常在壓力下，不得不將某些產品或服務之價格，壓低甚至低於邊際成本，但卻藉由所提供的其他產品或服務之高價來彌補損失。這類不同產品**交叉補貼**（cross subsidization）之作法，不同於第三級差別訂價，將同一產品以不同的價格，賣給不同的顧客群，如在長途電話與市內電話、平信與限時信間之價差補貼現象。

再者，公營事業也常進行第三級差別訂價，如企業用戶相對於家庭用戶就常付出較高的價格，其實這就如同企業被課稅來補貼給家庭用戶一樣，只不過是隱性課稅與隱性補貼而已。

公營事業民營化的產業競爭政策，除可提升公營事業的經營效率外，更重要的是可以使國家資源的配置更為合理、更有效率。台灣在推動民營化政策時，始終擺脫不掉的陰影，就是公營事業所有權移轉後的分配情形與結構，以及移轉時的價格。前者最常被質疑與批判的就是財團化，後者則常有圖利他人與賤賣國產的指責。

採股權移轉方式民營化，公司因經營權落入民間財團手中而被財團化，如此政府單位不再能有效監督財團。另因財團本

身可採交叉持股方式，不需付出太多代價就可鞏固經營權，市場的監督機制也為之降低，無法有效制衡財團的經營團隊。隨著民營化而發生的賤賣國家資產，以及經營績效不佳的情況，不僅發生在台灣，其實也已出現在前蘇聯及東歐等轉型國家。

針對公營事業相較於民營企業之效率不彰，要做出精確的效率損失估算並不容易，但公營事業之低效率卻是常被拿來做為支持公營事業民營化的訴求。在民營化的趨勢下，歐洲的英國及法國將電信及銀行事業，亞洲的日本也將電信及鐵路等事業，從政府移轉到民間手中。

我國公平交易法自1992年2月4日正式施行，在第46條規定公營事業、公用事業及交通運輸業等，依據行政院核可的經營行為，於該法公布施行後五年內，不適用公平法的規定，此即俗稱的「公營事業豁免條款」。該條款設置的原旨，在於藉由五年的緩衝期，暫時維護公營事業原有的經營地位，同時以循序漸進的方式，將部分公營事業轉換為民營企業，透過資本的社會化、管理的效率化，來適應新的市場競爭環境。隨著「豁免條款」的終止，加上其他相關法令的修訂配合，開放原有的管制事業，有利於吸引國際資金，推動台灣經濟邁入國際化。

三、自由化促進競爭

不論是從公共利益或壓力俘掠理論，來說明或合理化政府的管制措施，管制受到批評的理由，在於其給社會所帶來的巨大成本負擔。在行政成本與服從成本兩項，社會管制相對於經濟管制，服從成本可能要來得較大，但要去實際估算它並不容易；尤有甚者，要去完整的估算管制帶來的私人與社會利益可能也不容易，因此在實務上，要採用嚴謹的成本效益基礎去合理化管制措施，其實有相當的困難性。

產業自由化的目的是在增加受到影響產業的競爭程度與經

濟效率，且在不犧牲服務品質下促使價格下降。從對產業的觀察，不容否認的事實是自由化的確增加了市場競爭，也造成價格的下降，就以國內的電信產業自由化為例，電信服務的品質改善與價格降低都是有目共睹的。但也不是沒有走回頭路的，美國的民眾就要求國會對航空產業，以及美國聯邦政府對各地方的有線電視系統，進行再管制。

民營化並非是增進效率的不二法門，重點是在要能促使市場的競爭；在面對市場的競爭壓力，讓公營事業企業化經營以迎接市場的挑戰，要比單純的進行公營事業股權移轉的民營化操作，更為符合公共利益。由於政府推動產業自由化，將對產業的管制加以**鬆綁**（deregulation），我們看到了國內在油品及電信市場的競爭態勢下，中油及中華電信公司的轉變，公司在民營化之前進行企業化經營提升管理效能及經濟效率，公司才能有其市場價值。

重點摘錄

- 在產業高度集中下，競爭程度低落導致經濟效率下降之原因有：產出限制；管理鬆散；研發不足；競租行為。

- 因為市場競爭之壓力不大，以致企業之管理效能不彰與經濟效率損失，此即為所謂的管理鬆散情況。

- 經濟效率之損失可能來自於獨占廠商為維持其市場獨占地位，而將生產性資源使用於經濟上屬於非生產性的行為上，譬如用來阻嚇潛在的市場競爭者，這種為獲得或維持獨占地位而進行財富移轉，進而取得獨占財富之行為，稱為競租行為。

- 影響管制需求的四項主要因素為：個別需求者的消費者剩餘；消費者的人數；個別廠商的生產者剩餘；廠商的家數。

- 管制供給的決定因素包括有：個別需求者的消費者剩餘；個別廠商的生產者剩餘；得到利益的選民人數。

- 依據公共選擇學說，說明政府管制干預的兩種經濟理論是：公共利益理論與壓力俘掠理論。

- 公共利益理論主張：管制的目的在追求資源的有效率使用，認為政治的過程造成資源的無謂浪費，而管制是在消除浪費。

- 壓力俘掠理論認為：管制有利於生產者追求經濟利潤，認為在管制的成本相當高時，唯有那些能增加被確認的少數團體之剩餘的管制，才會透過政治過程被供給出來。

- 一般而言，所謂的管制可大致分為：經濟管制；社會管制。

- 過度的社會管制會帶來負面的影響，還包括：物價水準的上升；阻礙創新；降低競爭的互動等。

- 經濟管制的種類可分為：進入市場或營業許可管制；價格或費率管制；標準管制；配額管制；補貼或租稅；公平交易法。

- 經濟管制起源之學說可分為三個主要派別：市場失靈學說或謂公共利益學說；掠奪學說或謂私人利益學說；利益團體學說。

- 經濟管制所衍生的一般性問題可歸納為：機構與業務的持續增加導致政府預算經費大幅成長；私人部門為配合管制而產生的交易成本逐漸遞增；已實施的管制會不斷擴張且很難被遏止；往往會忽略或阻礙積極性創新。

- 經濟管制所導致的產業別問題，則有：長期實施營業許可管制可能導致X-無效率；營業許可管制與價格管制併行可能導致交叉補貼；法定報酬率管制可能導致冗員與

硬體設備過度投資。

∢ 為規避法定報酬率的管制,被管制廠商可能增聘不必要的員工,或對資本財進行過度投資,後者被稱之為A-J效果。

∢ 解除管制或開放競爭亦同時帶來了下列負面效果:產品品質惡化;法定報酬率可能使廠商缺乏改善經營效率的誘因。

∢ 針對上述解除管制的負面效果,未來管制政策的興革方向似乎可朝:透過投入與產出管制來防範道德危機與逆選擇的出現;價格上限管制可提升廠商改善經營效率的誘因。

∢ 自然獨占係因市場力量而自然形成的獨占;例如電力、天然氣、電話電報或鐵路等公用事業均屬之,單獨一家大企業來從事生產,已足以供應整個市場的需要,若由兩家或數家企業同時供應市場,其生產成本反而不如僅由一家企業供應來得低廉。

∢ 因為規模經濟造成的自然獨占,具有遞減的長期平均成本;或在某一產量範圍內,其平均成本呈現遞減。政府針對自然獨占之產業及企業,可採取之政策包括有:進行管制;公有公營;採自由化以促進競爭。

∢ 基於自然獨占所具有的規模經濟利益,政府不去打破市場的獨占型態,但又不願見到消費者利益受損,政府可利用以下三種方法規範自然獨占產品價格的訂定:邊際成本訂價法;利潤極大訂價法;平均成本訂價法。

重要名詞

社會無謂損失（social deadweight loss）

管理鬆散（managerial slack）

效能（effectiveness）

效率（efficiency）

獨占財富（monopoly rents）

競租行為（rent seeking）

公共利益理論（the public interest theory）

壓力俘掠理論（the capture theory）

理性冷漠（rational ignorance）

管制（regulation）

經濟管制（economic regulation）

社會管制（social regulation）

行政成本（administrative costs）

服從成本（compliance costs）

非意欲的效果（unintended side effect）

矯枉過正（overzealous personnel）

營業許可（entry regulation）

特許權（franchise）

執照（license）

價格管制（price regulation）

法定報酬率（rate of return regulation）

標準管制（regulation of standards）

配額管制（quota regulation）

配合款補貼（matching grants）

市場失靈學說（the market failure theory）

公共利益學說（the public interest theory）

缺陷（drawbacks）

掠奪學說（the capture theory）

私人利益學說（the private interest theory）

利益團體學說（the theory of interest groups）

無效率（inefficiency）

不公平（inequitability）

不完全競爭行為（non-competitive behavior）

政治聯盟的組成（the formation of political coalitions）

勝利聯盟（winning collation）

產業別（industry-specific）

X-無效率（X-inefficiency）

可獲利市場（profitable market）

不可獲利市場（nonprofitable market）

交叉補貼（cross subsidization）

對資本財進行過度投資（over-investment in capital）

A-J效果（Averch-Johnson effect）

政府失能（government failure）

被管制產業（the regulated industries）

無形的（intangible）

道德危機（moral hazard）

逆選擇（adverse selection）

投入管制（input regulation）

產出管制（output regulation）

自然獨占（natural monopoly）

公用事業（public utilities）

邊際成本訂價法（marginal cost pricing）

利潤極大訂價法（profit maximization pricing）

平均成本訂價法（average cost pricing）

公有公營（public ownership）

鬆綁（deregulation）

産業 與 競爭關係

問題討論

1.經濟管制所衍生的問題為何？試研析之。

2.管制解除後可能有的負面效果為何？試研析之。

3.管制政策的興革方向為何？試研析之。

4.台灣的樂透彩券市場目前是由台北富邦銀行單獨發行，為什麼不讓多家銀行來競爭？或由民間的彩券公司來經營？理由為何？

5.針對2003年3月至5月發生在亞洲的SARS問題，政府是否應介入干預？若是，政府所應採取的管制措施有哪些？理由為何？

6.台灣鐵路局長年虧損，長程快速火車如自強號目前是單純以里程數計算票價，如果採交叉補貼讓台北－高雄旅客的票價低於台北－台南，或新竹－嘉義的中短程以里程計算的票價，你認為合理嗎？理由為何？

7.假設某家公用事業廠商的成本函數具有規模經濟的特性，若政府對其實施價格管制，硬性規定它必須採取邊際成本訂價，則其收支能否平衡？若不能，為使該廠商有意願生產，政府應採何種因應對策？理由為何？

第二篇 實務篇

⑩ 產業環境與廠商競爭概論

⑪ 科學工業園區產業特質分析

⑫ 產業環境與競爭機制剖析

⑬ 廠商對保稅通關制度之滿意度調

查分析

⑭ 廠商投資營運行為與營運績效

⑮ 公平交易法如何規範高科技產業

及有關案例分析

⑯ 產業環境與廠商競爭結論

發生什麼事眞得不重要，
重要的是你如何想？怎麼做？
記得現在你有選擇的權利。

第 10 章
產業環境與廠商競爭概論

- 10.1 問題緣起
- 10.2 探究範疇
- 10.3 探究方法
- 10.4 預期成果及其應用
- 10.5 探究架構

本章節探討科學園區高科技產業環境及廠商營運競爭關係，說明的議題有：問題緣起、探究範疇、探究方法、預期成果及其應用，以及探究架構。

10.1 問題緣起

觀諸美國、日本等先進國家之經濟結構變遷與產業發展趨勢，低污染高附加價值之高科技產業，已經成為帶動經濟成長之重要產業。近年來台灣高科技產業發展亦逐步與國際潮流形成緊密的互動體系，根據民國93年資料統計，我國高技術人力密集產業之總產值已達製造業50%以上；而新竹科學工業園區歷經20餘年的營運發展，已成功培植半導體、電腦、通訊、光電等產業發展，其中多項產品在國際市場之占有率位居世界第一，從而帶動高科技產業聚集，形成完整的生產體系。目前新竹科學園區高科技產品進出口值約占全國貿易總額10%；前三大上市公司台積電、聯電、宏碁電腦公司（分割成立緯創資通公司），即占全國股市總市值之20%；而科學園區營業額約占全國資訊電子產業總產值30%。對內由於電子零配件產業之向前向後產業總關聯程度高達2.59，造就科學園區成為我國高科技產業重鎮，更是帶動經濟發展的火車頭產業，未來高科技**群聚效應**（cluster effect）之進一步擴散，將可望實現**綠色矽島**（Green Silicon Island）之願景；對外由於園區廠商之全球運籌營運策略，展開跨國性合縱連橫之購併與聯盟，加速產品範疇及營運規模之擴張，已充分展現台灣高科技產業實力。

有鑑於高科技產品研發日新月異，為配合政府推動高科技產業政策，除應秉持以往推動科學工業園區發展的成功經驗外，允宜掌握高科技產業之發展脈動，剖析當前產業投資營運所面臨之重要課題，俾能確實瞭解問題本質並因勢利導，健全

產業發展環境、即時提供完善服務，滿足廠商營運需求。因此，本書產業與競爭關係實務篇，擬探討科學工業園區之產業環境及廠商投資營運與競爭行為，因涉及問題及其相互關係頗為複雜，爰參酌產業經濟學有關結構學派之分析模式，系統化剖析科學園區產業環境、廠商行為、制度規範及營運績效之關聯性；除歸納我國**科學工業園區**（Science Park）所提供之優異產業環境外，並深入探究現行高科技廠商營運所面臨之重要課題，舉凡廠商轉投資行為、全球運籌營運、策略聯盟、購併行為及有關營運需求與競爭行為等攸關產業發展因素，俾利瞭解產業與競爭關係之本質及關鍵因素。

10.2 探究範疇

本書實務篇除擬回顧我國科學工業園區所提供優異之產業環境外，期能深入探究現行高科技廠商營運所面臨之重要課題，舉凡廠商轉投資行為、全球運籌營運、策略聯盟、購併行為，及有關營運需求等攸關產業發展因素，俾供參考。具體而言，本書以下探究範疇有四：

1. 分別從高科技產業之投入面與產出面，深入探討現行科學工業園區之產業環境，並以新竹科學園區為例，藉以闡述一個成功園區典範之基本條件。
2. 探討當前科學工業園區之廠商投資營運行為，並從相關政策與制度規範分析廠商所面臨問題，以掌握產業營運動態，並因應廠商需要研議相關配合措施，提供產業良好競爭環境。
3. 剖析科學工業園區高科技產業之營運績效，探討科學園區對台灣整體經濟發展之貢獻，及未來展望。

4.探討科學園區高科技產業涉及公平交易法之實際案例，包括反托拉斯法有關獨占、結合、聯合行為之規範等競爭行為。

 ## 10.3 探究方法

第一，為期本書的分析結果能切合實際，相關課題之探索角度，擬從**規範經濟學**（normative economics）之研究方法，試就法律制度面釐清相關規範，配合實務尋求較臻合宜之因應措施。

第二，針對不同課題之實際情況，擬視需要蒐集有關初級或次級資料，俾利用比較分析方法，凸顯科學工業園區產業環境之優異性。

第三，為瞭解相關問題之本質與實際需求，擬從相關會議或廠商反映意見，廣泛蒐集彙整相關問題，進一步探討問題癥結並謀求解答或解決之道。

 ## 10.4 預期成果及其應用

第一，藉由廠商投資營運有關行為之探究，深入瞭解問題並檢視相關法規與制度，冀能確實掌握產業脈動及廠商行為，以利配合產業發展迎合營運需求，作為政府提升服務品質之參考。

第二，彙整分析園區產業環境之優異性，觀察產業與競爭關係，提供科學園區業務推廣及投資引進之參考。

 ## 10.5 探究架構

　　本書擬探討之科學工業園區產業環境及廠商投資營運行為，所涉及問題及其相互關係頗爲複雜，茲參酌產業經濟學有關結構學派之分析模式，研擬分析架構如〔**圖10-1**〕，藉以觀察科學園區產業環境、廠商行爲、制度規範、**營運績效**（operation performance）與競爭行爲之關聯性，有關內容臚列如下：

一、產業環境

　　包括投入面與產出面，其中投入面如土地面積、廠房建設、基礎設施、支援服務、水電供應、污水處理、人力資源及資金來源等等；另產出面如產品運輸、通關行政、委託加工、學術研究、廠商結構與產業成長。

二、廠商行為

　　包括投資營運、產銷行爲、策略聯盟、國際合作、技術創新、產品研發、競爭行爲、產業分工、垂直整合，及多角化經營等營運策略。

三、制度規範

　　包括政府政策、投資引進、租稅優惠、技術作股、投資完成、開工檢查、轉投資行爲及區外設立分公司規範，以及撤銷出區辦法、專利法、反傾銷法、公平交易法、研發獎助辦法等法令與制度規範。

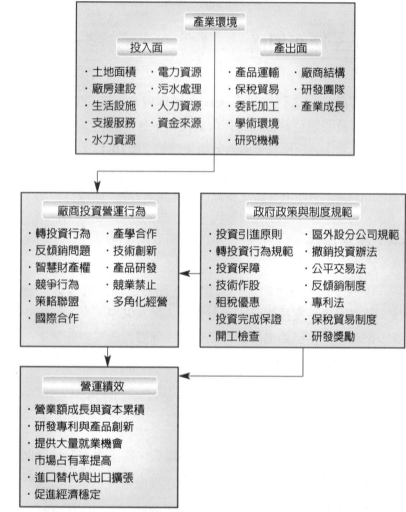

產業環境

投入面   產出面

·土地面積 ·電力資源   ·產品運輸 ·廠商結構
·廠房建設 ·污水處理   ·保稅貿易 ·研發團隊
·生活設施 ·人力資源   ·委託加工 ·產業成長
·支援服務 ·資金來源   ·學術環境
·水力資源   ·研究機構

廠商投資營運行為   政府政策與制度規範

·轉投資行為 ·產學合作   ·投資引進原則 ·區外設分公司規範
·反傾銷問題 ·技術創新   ·轉投資行為規範 ·撤銷投資辦法
·智慧財產權 ·產品研發   ·投資保障   ·公平交易法
·競爭行為   ·競業禁止   ·技術作股   ·反傾銷制度
·策略聯盟   ·多角化經營   ·租稅優惠   ·專利法
·國際合作   ·投資完成保證 ·保稅貿易制度
                          ·開工檢查   ·研發獎勵

營運績效

·營業額成長與資本累積
·研發專利與產品創新
·提供大量就業機會
·市場占有率提高
·進口替代與出口擴張
·促進經濟穩定

圖10-1　科學工業園區產業環境及廠商投資營運行為分析架構

四、營運績效

　　包括營業額成長、資本累積、研發專利、技術升級、產品創新、提供就業機會、市場占有率提高、高科技產品之進口替代與出口擴張、促進整體經濟之穩定成長。

重點摘錄

▱ 觀諸美國、日本等先進國家之經濟結構變遷與產業發展趨勢,低污染高附加價值之高科技產業,已經成為帶動經濟成長之重要產業。

▱ 新竹科學工業園區歷經二十餘年的營運發展,已成功培植半導體、電腦、通訊、光電等產業發展,其中多項產品在國際市場之占有率位居世界第一,從而帶動高科技產業聚集,形成完整的生產體系。

▱ 本書實務篇除擬回顧我國科學工業園區所提供優異之產業環境外,期能深入探究現行高科技廠商營運所面臨之重要課題,舉凡廠商轉投資行為、全球運籌營運、策略聯盟、購併行為,及有關營運需求等攸關產業發展因素。

▱ 產業環境:包括投入面與產出面,其中投入面如土地面積、廠房建設、基礎設施、支援服務、水電供應、污水處理、人力資源及資金來源等等;另產出面如產品運輸、通關行政、委託加工、學術研究、廠商結構與產業成長。

▱ 制度規範:包括政府政策、投資引進、租稅優惠、技術作股、投資完成、開工檢查、轉投資行為及區外設立分公司規範,以及撤銷出區辦法、專利法、反傾銷法、公平交易法、研發獎助辦法等法令與制度規範。

重要名詞

群聚效應(cluster effect)

綠色矽島(Green Silicon Island)

科學工業園區(Science Park)

規範經濟學(normative economics)

營運績效(operation performance)

問題討論

1. 我國高科技產業與國際競爭關係為何?在全球高科技產業供應鍊中扮演何種角色?請試以電子產業為例說明之。

2. 新竹科學工業園區之產業環境與廠商競爭關係,可由哪些面向加以觀察分析?

3. 請簡要說明科學工業園區產業環境之優異性,及廠商投資行為與營運績效。

第 11 章

科學工業園區產業特質分析

- 11.1 前言
- 11.2 科學工業園區與相關工業區之產業比較分析
- 11.3 科學工業園區之產業發展特質分析

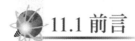

本章節探討科學工業園區產業特質分析，討論的議題有：科學工業園區與相關工業區之產業比較分析，以及科學工業園區之產業發展特質分析。

11.1 前言

　　我國「科學工業園區設置管理條例」第1條揭櫫其設立宗旨，為引進高級技術工業及科學技術人才，以激勵國內工業技術之研究創新，並促進高級技術工業之發展。該條例並授權行政院，得依法選定適當地點，設置科學工業園區。據此原則，政府為創建一個適合高科技發展之優質環境，以達成前揭科學園區之開發鵠的，新竹科學工業園區之土地規劃雛型於焉形成，大致分為工業區、住宅區及公園綠帶區三大部分，結合生產、生活及生態為三生一體之產業環境，縱觀新竹科學工業園區歷經20餘年分三階段之開發建設，已然成為我國高科技產業之發展重鎮，營運績效斐然聞名國際，成為世界各大媒體競相報導之成功典範。美國《商業週刊》曾於1996年5月報導新竹科學工業園區，並稱之為「台灣的矽谷」；而美國專業雜誌《**廠址選擇**》（*Site Selection*）亦遴選新竹科學工業園區，為1995年全球發展最快十大科學園區的第一名（王弓，1997）。國際知名媒體《*富比士*》（*Forbes*），亦曾於1998年6月1日以**科技島**（Silicon Island）為主題，深入報導台灣高科技產業之發展與特徵，並介紹園區多家公司之創新產品與成功實例（Tanzer, 1998）。

　　截至93年12月底止，新竹科學工業園區共計有384家高科技廠商，從業人員115,477人，由於高科技廠商投資持續熱絡，而高科技產業體系益趨完整，目前廠商實收資本額合計已達1兆751億元；回顧歷年來園區廠商家數、員工人數及實收資本額迭

創歷史新高紀錄。另新竹科學園區93年進出口貿易總額為8,886億元，較上年同期成長45％，其中竹科出口總額為4,958億元，約占竹科營業額46％。

由於新竹科學園區高科技廠商再創台灣經濟奇蹟，不啻為國際媒體關注焦點，更成為世界各國政要及賓客參訪之重要據點，來自全球各地之訪客絡繹不絕，據統計每年至園區訪問之國內外賓客約達1萬人次。揆諸新竹科學園區成功之原因，除了有關主管機關及園區所有廠商之戮力經營外，蓋與園區產業環境完善具有密切關係，包括投入面與產出面之軟硬體產業環境。

11.2 科學工業園區與相關工業區之產業比較分析

依據行政院國家科學委員會之科技白皮書，參酌我國以往推動科技發展的經驗、第五次全國科技會議結論，並配合國家整體經建計畫，勾繪出我國跨世紀科技發展的宏觀藍圖。為加速產業轉型升級、落實科技研發成果，將藉由廣設科學園區的策略，推動「科技島」建設計畫，並於適當區域設立核心科學園區，每園區以容納約200家高科技公司及年營業額達新台幣4,000億元為目標。核心科學園區附近，由政府或民間興建科技工業區、研究園區、軟體園區等智慧園區，以建立高科技產業之高科技產業群。並以各型科學園區為基礎，結合當地社區，規劃發展成科學文化城。同時配合國家資訊通信基本建設及重大交通建設，研發單位、產業及各類園區、科學城等均相連成網，而成為先進的資訊化社會。而其具體重要措施包括：

1.積極推動台南科學工業園區之開發建設：

2.加速推動新竹科學工業園區擴建計畫；

3.配合新竹及台南科學園區之發展，鼓勵民間興建智慧型工業園區，並推動科學文化城建設；

4.開放青山及龍園研究園區，並視需要規劃開發其他研究園區；

5.開發南港及其他地區軟體園區；

6.開發台南、雲林等科技工業區（行政院國家科學委員會，1997）。

另經濟部為配合「發展台灣為亞太營運中心計畫」，所擬訂之重要推動策略即包括：「以高附加價值、高科技產業為核心，加強推動投資與研發計畫、提升產業技術水準，以及提供優良之設施經營環境，來帶動產業整體發展」。因此未來十年，將針對高科技、高附加價值產業的特殊需要，配合既有工業園區，由民間與政府選擇適當地點，規劃興建20至30個智慧型工業園區，給予區內企業適度獎勵及協助，提供優良之服務與管理，並以充分之支援設施，結合相關周邊及上下游產業，共同配合推動高科技產業之投資與發展（林建元等，1999）。

所謂「智慧型工業園區」根據學者林建元之定義，係指一種以資訊為基礎，為吸引高科技、高附加價值產業之生產與研發活動的現代化知識導向型工業園區。依其所引進產業活動的特性，又可分為**研究園區**（research park）、科學園區、科技園區、創業園區、商務園區及倉儲與物流園區等。另據經濟部初步規劃的12個智慧型工業園區，又包括科技工業園區、軟體工業園區、航太工業園區、生物科技園區、創業園區及研究園區。由於各種**工業園區**（industrial park）之特性功能類似，名稱定位互異，非常容易引起混淆，茲為釐清科技白皮書所稱**核心科學園區**（core science park）與一般智慧園區之不同，擬從各類園區產業特質加以剖析，如〔**表11-1**〕所示。

表11-1　核心科學園區與其他智慧型工業園區之產業類別

園區種類	位置	面積規模	引進產業類別	發展概況	主管機關
新竹科學工業園區	新竹市新竹縣苗栗竹南銅鑼	新竹632公頃竹南141公頃銅鑼353公頃	積體電路產業、電腦及周邊、通訊產業、光電產業、精密機械、生物技術產業。	新竹93年12月有384家廠商115,477人，93年全年產值1兆859億元。竹南88年7月進行開發、90年1月廠商進駐。銅鑼基地89年12月取得土地並進行開發工程。	國科會科學工業園區管理局
台南科學工業園區	台南縣新市鄉善化鎮之間	638公頃	微電子精密機械、半導體專業區、農業生物技術專業區。	至94年7月止已核准166家廠商入區，其中如台積電等78家廠商已開始量產，另有13家正動工興建中。	國科會南部科學工業園區管理局
台南科技工業區	台南市安南區	709公頃	通訊、資訊、軟體、消費性電子、半導體、精密器械、自動化、航太、高級材料、特用化學、製藥、生物技術、醫療保健、污染防治、多媒體工業及工業局認定者。	自86年12月起開始租售，87年11月第一期32公頃銷售7成；87年7月第二期50公頃公告預售。廠商陸續進駐動土興建。使用分區包括製造區、研發區、相關產業區、住宅區。	經濟部工業局
雲林科技工業區	雲林縣	243公頃	十大新興產業、62項關鍵零組件、亞太製造中心推動產業及98項重點產品、民生科技、自動化、軟體工業、自動化工程、高附加價值產品、研發機構。	第一期分三區共113.45公頃，自86年7月公告租售，88年3月交地。第二期37.91公頃訂於88年10月公告，89年9月交地。每坪售價約25,000元。	經濟部工業局
南港軟體工業園區	台北市南港區	8.2公頃	以技術密集的電腦資訊、半導體軟體服務為主。專門發展軟體工業、資訊軟體及相關產業。推動無污	第一期4.33公頃，耗資278億元，建築樓地板面積5.81萬坪。國內相關電腦資訊產業已超過40家廠商進	經濟部工業局

（續）表11-1　核心科學園區與其他智慧型工業園區之產業類別

園區種類	位置	面積規模	引進產業類別	發展概況	主管機關
			染、高附加價值之知識密集的智慧型園區。	駐，包括茂達電子、東元、中興、中華開發及草莓軟體等。第二期正進行規劃開發中。	
加工出口區	台中潭子	26公頃	高科技、高附加價值產業為主。	54年公布「加工出口區設置管理條例」，55年設立高雄加工出口區，58年設立楠梓及台中加工出口區。 配合政府亞太營運中心計畫，加工出口區擴區轉型，增加倉儲轉運功能，中港加工出口區於86年12月設立。	經濟部加工出口區管理處
	台中港	182公頃	高科技、高附加價值產業及倉儲物流業為主。		
	楠梓	98公頃	高科技、高附加價值產業為主。		
	高雄	72公頃	高科技、高附加價值產業及陸海聯運之跨國營運中心為主。		
	成功專區 小港專區	80公頃 32公頃	高科技、高附加價值產業及倉儲物流業（海運）、及關聯性產業為主。	成功、小港專區係以陸海空聯運模式，吸引跨國企業來台設立區域營運中心。	
新竹工業區	新竹縣湖口鄉	483公頃	金屬機械、汽車機車、電機電器、紡織染整、化工樹脂、化妝品製藥、飼料食品飲料、紙器木器、陶器玻璃等。	第一期226公頃66年開發完成；第二期257公頃，兩期建廠用地356公頃，住宅45公頃。至86年7月廠商342家2.8萬人。	新竹工業區管理中心（原隸屬台灣省建設廳）
台塑工業園區	雲林縣麥寮鄉	2591公頃	矽晶圓廠、相關石化中間原料廠（包括聚氯乙烯、鹼氯、氯乙烯、線性低密度聚乙烯、高密度聚乙烯、乙二醇、環氧樹脂、可塑劑、異辛醇、聚丙烯、純對苯二甲酸、苯乙烯廠等等）、	總計六輕計畫投資金額（含工業港、發電廠）約新台幣4,000億元，已於87年中陸續完工、試車，年底投料，全部完工後每年可增加產值約3,600億元。 同時在單一工業區內	台塑關係企業

（續）表11-1　核心科學園區與其他智慧型工業園區之產業類別

園區種類	位置	面積規模	引進產業類別	發展概況	主管機關
			麥寮港、發電廠、煉油廠、輕油裂解廠、汽電共生廠、重機廠及鍋爐廠等。	興建煉油廠、輕油裂解廠、汽電廠、發電廠、重機廠、鍋爐廠、矽晶圓廠及石化相關工廠計41座，廠區內之配管長度約達3,000公里。	

資料來源：作者彙整。

　　由產業特質而言，核心科學園區與其他智慧型工業園區之產業類別似有所區隔，為進一步觀察，茲就新竹科學工業園區、加工出口區、新竹工業區、南港軟體園區、台南科技工業區、雲林科技工業區及台塑工業區之產業結構，加以深入分析，藉以洞察其明顯之技術區隔、上下游互補關係及產業聚落帶等形成盤根錯綜的緊密結合網；藉以凸顯核心科學園區之產業特質。

一、新竹科學工業園區之產業結構與技術領域分析

　　首先就新竹科學工業園區之產業結構分析，該園區六大產業88年上半年之營業額為2,836億元，其中積體電路產業營業額1,493億元，占園區總營業額53％，較上年同期成長39％，其中晶圓製品、電路設計及晶片製造等產值均有四成以上之成長。電腦及周邊設備產業營業額970億元，占園區總營業額34％，較上年同期成長29.5％，以網路設備、連接器及電子零組件表現較優，皆有五成以上之成長，軟體及微電腦系統亦有38％以上之成長。光電產業營業額191億元，占6.7％，較上年同期成長22.4％，以平面顯示器成長1.3倍、光學元件系統成長78％表現較

佳。通訊產業營業額158億元，占5.5％，較上年同期成長27.4％，以局用交換設備成長1.2倍最為突出。精密機械產業營業額21億元，占0.7％，較上年同期成長27％，以精密模具及精密元組件分別成長85％及78％較佳。生物技術產業營業額3億元，占0.1％，成長22％，以疫苗製藥、醫療器材分別成長74％及34％表現較佳。

進出口貿易方面，科學園區88年上半年進出口貿易總額為3,140億元，較上年同期成長11.5％，約占全國貿易總額35,488億元之8.8％。其中園區出口總額為1,667億元，進口總額為1,473億元，分別較上年成長31％及減少4.4％。較諸全國上半年之出口成長3.98％、進口減少5.2％，表現較佳。

至於投資引進方面，就88年上半年引進之18家新設公司分析，7家積體電路公司中，有5家從事IC設計、1家製程設備公司、1家從事晶圓級晶粒型構裝之研究。另電腦及周邊公司1家，以研發鋁電解電容器之關鍵性材料為主。通訊公司有4家，其中2家從事網際網路通訊伺服器及相關產品之研發產製，另外2家主要產製光發射／接收機及其模組。光電公司有6家，其中兩家從事二次鋰離子／二次鎳氫電池之研產，其餘包括數位多功能光碟機光學讀取頭、大尺寸非印刷式LCD用背光模組、有機光導體雷射列印感光鼓、光纖光源導線等。

新加入之18家廠商，均為國內所亟需之關鍵零組件或是下一代的新興關鍵技術。其中有13家在新竹科學園區設廠，其餘5家在台南園區設廠，合計赴台南園區設廠之核准資本額為23.3億元，約占總核准資本額24％。另就新設公司之投資來源分析，計有11家為本國團隊組成，另有3家係由海外學人申請設立、3家為國內外合資公司、1家為外商公司；顯示科學園區仍持續吸引海外先進技術及學人回國投資設廠。

為進一步瞭解新竹科學工業園區六大產業之技術領域及其具體內容，茲就新竹科學工業園區88年次產業結構及高科技公

司分布情形，分別臚列說明如后：

（一）積體電路產業

　　1.晶片製造：包括台積電、聯電、華邦等20家晶圓製造。

　　2.電路設計：包括矽統、鈺創、瑞昱等49家IC設計。

　　3.周邊產業：包括應材、聯測、科林等21家IC設備。

　　4.封裝製造：包括南茂、矽豐、頎邦等5家IC封裝業務。

　　5.晶圓製品：包括中德電子、信越半導體等4家矽晶圓。

　　6.光罩製作：包括台灣光罩、新台、翔準等3家光罩。

　　7.測試服務：包括立衛、科儀路德、科儀等3家IC測試。

（二）電腦及周邊產業

　　1.微電腦系統：宏碁、神達等9家個人電腦及微處理機。

　　2.輸入設備：包括鴻友、全友、力捷等7家影像掃瞄器。

　　3.網路設備：包括友訊、智邦等11家電腦區域網路系統。

　　4.輸出設備：包括美格、慧智等6家終端機、顯示器。

　　5.儲存設備：包括和喬、亞瑟等5家磁碟光碟資料系統。

　　6.連接器：包括安普、伊頓2家精密電子接頭連接器。

　　7.電子零組件：金士頓、太巨2家記憶體模組銅箔基板。

　　8.軟體：包括益華、星友等5家指紋監控、電腦軟體。

（三）通訊產業

　　1.用戶終端設備：東訊、合勤等13家通訊終端、數據機。

　　2.輸入設備：包括虹光公司影像掃瞄器、傳真機組件。

　　3.局端傳輸設備：南方、聯合光纖等8家終端設備光纖。

　　4.局用交換設備：包括美台電訊數位式電子交換機。

　　5.無線通訊設備：台揚、系通等17家無線視訊、通訊。

（四）光電產業

　　1.顯像管：包括飛利浦、廣象2家彩色顯示器映像管。

　　2.光電材料元件系統：光磊、國聯等15家發光二極體。

3.光學資訊：源興、偉大等4家光碟機、光電OA產品。

4.平面顯示器：中強、聯友6家薄膜電晶體液晶顯示器。

5.電池：湯淺台達、耐能等3家可充電式鎳氫、鋰電池。

6.光學元件系統：普麗、坤儀等5家紅外線攝影、元件。

7.太陽能電池：包括光華公司太陽電池產品。

（五）精密機械產業

1.精密工刀模具：巨擘、和立等4家精密齒輪刀、模具。

2.自動化系統：盟立、上尚等3家自動化設備管理監控。

3.精密儀器設備：包括泰鈉、福祿遠東、邁迪等4家公司，電腦數值控制及工作母機、水刀、血醣分析儀。

4.精密元組件：包括興建東、德星等7家高精密馬達、線性滑軌，及自動化設備零組件。

（六）生物技術產業

1.醫療器材：包括聯合骨科、五鼎、喬聯、耀寬4家骨科植入器材、血醣測試儀、生化檢驗儀、人工腎臟。

2.檢驗試劑：包括普生、永進2家肝炎診斷試劑、血清、疫苗、醫療診治用生化試劑。

3.農業應用種苗：包括新高生物公司組織培養種苗花卉。

4.疫苗製藥：包括凱得生、華健等8家幾丁聚醣產物、疫苗、製藥等。

5.生醫檢驗服務：包括中美生化公司醫療器材、醫藥化妝品之微生物化學及物理檢驗分析服務。

二、加工出口區之產業結構與經營型態調整趨勢

（一）加工出口區之設立背景與演變

回顧民國五〇年代，我國經濟面臨進口替代產業之資本設

備不足、部分原料供應短絀、貿易大幅逆差及54年美國經援停止等困境。爲期自立更生，政府決定吸引外資、引進新技術，並採取以勞力密集產業爲主之出口擴張政策，繼民國49年頒定「獎勵投資條例」，復於54年1月30日公布「加工出口區設置管理條例」，並於55年12月3日於高雄市中島新生地，創設我國第一個高雄加工出口區，由於業者投資踴躍，未及三年已見飽和；於是，楠梓及台中加工出口區亦相繼於58年1月及8月分別成立，經濟部加工出口區管理處即設於楠梓，並於高雄與台中分別設立分處。帶動國內產業由農業爲主的經濟體系，轉變爲工業主導的產業發展階段，包括電子器材業、塑膠製品業等等。

爲配合政府亞太營運中心計畫，近年來加工出口區已逐漸擴區轉型進入第二代倉儲轉運專區，爲增加倉儲轉運功能，於86年12月20日設立中港加工出口區，並成立中港分處。

（二）加工出口區之產業結構分析

截至88年6月底止，加工出口區開工廠商家數共計有210家，員工人數59,214人，累計投資金額達30.96億美元，88年1-5月進出口金額分別爲22.83億美元、31.87億美元（詳如〔**表11-2**〕有關加工出口區之統計資料）。

按87年加工出口區之總出口金額爲72.71億美元，就其出口

表11-2　加工出口區廠商及其投資額分布情形

單位：千美元

地區＼項目	累計投資額	開工家數	員工人數	進口金額	出口金額
楠梓加工區	1,879,787	85	32,237	1,567,520	2,108,653
高雄加工區	642,403	89	15,796	467,076	657,860
台中加工區	361,751	36	11,181	246,492	420,910
中港加工區	54,446	0	0	0	0
成功小港區	149,429	0	0	0	0
臨海工業區	8,043	0	0	1,784	0
合　　計	3,095,859	210	59,214	2,282,872	3,187,423

資料來源：經濟部加工出口區管理處（2000）。

產業別觀之，主要來自電力及電子機械器材製造業約占總出口金額82.98％，其次爲精密器械製造業約占6.85％（詳如〔**表11-3**〕）。

（三）加工出口區未來擬引進之產業機能

　　根據經濟部加工出口區管理處資料顯示，加工出口區之產業發展階段，自民國55年至77年爲第一階段係以製造業爲主，第二階段自77年至85年開始擴及貿易諮詢等服務業，現階段自86年以後，爲連結上下游產業，整合港埠擴充原有功能，將擴充相關產業之服務，包括倉儲轉運作業、製造業前後段事務及關聯產業服務。其中倉儲轉運作業涵蓋倉儲、運輸、陳列、拆裝、分類、驗證（表面、行政）、標籤、重整、包裝、發貨等；製造業及製造業前、後段事務，則包括製造業產品分配控制中心（工廠規劃、產品及規格研發、商務資訊電腦中心）、拆裝、測試、驗證、QA/QC、標籤（專利、廠牌）、裝配、包裝、發貨中心等；至關聯性產業包括金融、保險、國際貿易、電信、報關、資訊、資料處理、法務、會計、經營管理、人員訓練、技

表11-3　加工出口區各產業出口金額分布情形

產業別　　　　　　出口	出口金額（千美元）	百分比（％）
精密器械製造業	497,972	6.85
電力及電子機械器材製造業	6,033,054	82.98
金屬製品製造業	74,212	1.02
機械設備製造業	93,952	1.29
化學製品製造業	31	0.0004
食品製造業	2,065	0.03
運輸工具製造業	1,278	0.02
成衣及服飾品製造業	196,581	2.70
雜項工業製品製造業	353,745	4.87
國際貿易業	17,907	0.25
資訊服務業	8	0.0001
合計	7,270,805	100.00

資料來源：經濟部加工出口區管理處（1996）。

術支援、產品及製造設計、維修等等。具體而言,有關加工出口區倉儲轉運專區預定引進之產業機能,將包括倉儲業、運輸業、金融業、營運總部(國際貿易業)、精密機械製造業、電力及電子機械器材製造業、資訊服務業、通信業及其他關聯產業(經濟部加工出口區管理處,1996)。

三、新竹工業區之產業結構分析

新竹工業區所引進之廠商性質,分為金屬機械、汽車機車、電機電器、紡織染整、化工樹脂、化妝品製藥、飼料食品飲料、紙器木器、陶器玻璃等,截至86年計有廠商342家,創造28,000個就業機會,有關各產業結構分析詳如〔**表11-4**〕。

表11-4 新竹工業區之產業結構分析

產業別 比例	百分比(%)
金屬機械(metal & machinery)	23.10%
汽車機車(autos & motorcycle)	6.43%
電機電器(electrical & electronic)	19.30%
紡織染整(textile & dyeing)	4.68%
化工樹脂(chemical resin)	21.93%
化妝品製藥(cosmetic & pharmaceutical)	7.60%
飼料食品飲料(feed, food & beverage)	4.68%
紙器木器(paper & woodwork)	5.26%
陶器玻璃(ceramic & glass)	7.02%
合計	100%

資料來源:新竹工業區管理中心網站。

四、南港軟體工業園區之產業結構分析

根據南港園區統計,至88年10月底止南港軟體工業園區已

吸引50家軟體等業者登記承購進駐，其中軟體廠商約占66%、製造業研發廠商約占27%、支援服務廠商占7%，包括關貿網路、民生科技、仲琦科技、台擎科技等軟體廠商。工業局並投入6.3億元規劃設立2千坪之「資訊軟體國際合作研發中心」，並以出租方式吸引國際軟體廠商如IBM等大廠進駐；中小企業處另規劃設立「生技創新育成中心」，該中心已有16家廠商進駐。

87年我國軟體工業產值約803億元，約較85年成長44%，其中外銷值為69億元。隨著世界軟體工業市場的快速成長，根據經濟部工業局的預測，我國資訊工業產值於2005年將達到717億美元，其中軟體工業為140億美元，約占19.5%（詳如〔**表11-5**〕）。

五、台南科技工業區之產業型態及行業類別

經濟部工業局所開發之台南科技工業區東一A區，業依「工業區土地標準廠房或各種建築物租售辦法」第3條訂定租售要點，並已於86年12月起開始租售。有關台南科技工業區引進之產業型態及行業類別如次：

1. 通訊工業：包括用戶設備、局用設備、傳輸設備、重要通訊產品零組件及其他相關工業。
2. 資訊工業：包括電腦系統製造、周邊設備製造、重要精密零組件製造、微處理器、通訊關鍵零組件與產品、物件導向軟體與視訊通訊作業系統、大型通訊系統及其他相關工業。
3. 軟體工業：包括資訊軟體之規劃、設計、開發、研究、分析、建置、組合、測試、維護。電腦、電子、資訊、電信等製造業之研發單位、自動化規劃設計公司、IC設計公司及其他相關工業。

表11-5　我國十大新興工業之產值發展目標

單位：百萬美元

項目 ＼ 年度	1996	2000	2005	2006	年平均成長率（%）
1.通訊工業	3,299	6,139	13,345	15,602	16.8
2.資訊工業					
(1)硬體工業	16,414	28,708	57,742	66,199	15.0
(2)軟體工業	1,740	6,800	14,000	17,000	25.6
3.半導體工業	6,844	16,400	38,000	45,000	18.3
4.消費電子工業	1,780	2,466	3,709	4,024	8.5
5.精密機械與自動化工業	8,917	13,519	22,823	25,355	11.0
6.航太工業	1,230	1,320	4,854	5,110	15.3
7.特化製藥生技工業					
(1)特用化學品工業	5,359	7,600	11,500	12,700	9.0
(2)製藥工業	1,709	2,200	3,500	3,800	8.3
(3)生物技術工業	506	1,020	2,910	3,280	20.6
8.醫療保健工業	487	812	1,566	1,786	13.9
9.環境保護工業	2,700	3,673	5,397	5,828	8.0
10.高級材料工業					
(1)高性能複合材料業	230	380	619	700	11.8
(2)高性能塑橡膠材料	200	272	365	390	6.9
(3)高級纖維材料工業	900	1,270	1,385	1,510	5.3
(4)特殊合金材料工業	2,810	3,340	4,470	4,740	5.4
(5)精密結構陶瓷材料	62	114	255	304	17.2
6.電子材料工業	-	-	-	-	-
合計	56,703	96,033	186,441	213,328	11.2

資料來源：經濟部（1999）。

4.消費性電子工業：包括消費性電子成品、關鍵零組件及其
　他相關工業。

5.半導體工業：包括半導體材料、半導體裝置及其他相關工
　業。

6.精密器械工業：包括精密工具機、能源監控系統、空氣壓
　縮機、鍋爐、精密機械零組件、自動化零組件、精密動
　力、傳動、制動系統、發電設備、輸電設備、變電設備、
　配電設備、節約能源設備、同位素生產及民生應用設備、

半導體製造設備、錶蕊研製及其他相關工業。

7. 自動化工業：包括自動化生產系統、自動化產業機械、自動化物流及倉儲設備、電力調度和配電自動化系統及其周邊設備、自動化包裝機械及其他相關工業。

8. 航太工業：包括飛機機體結構及其零組件、發動機及其零組件、航空電子設備、航空液壓設備、航空電氣設備、專用維修及製造設備、地面導航通訊裝備、衛星本體及其相關設備、飛機內裝產品及設備、飛機維修與改裝及其他相關工業。

9. 高級材料工業：包括特殊合金鋼、電磁鋼片、非晶質磁性材料及鐵心、超合金、鋁合金、銅合金、鑄造品、工程塑膠、高級纖維材料、高性能複合材料、微薄玻璃板及其他相關工業。

10. 特用化學品：包括特用化學品及其他相關工業。

11. 製藥工業：包括製藥、新藥發展、科學化中藥及其他相關工業。

12. 生物技術：包括生物技術產品及其他相關工業。

13. 醫療保健工業：包括診療保健儀器、檢驗試劑、生醫材料與元件，及其他相關工業。

14. 污染防治工業：包括廢棄物處理設備、偵測檢驗設備、處理機器設備及零配件、材料及處理劑及其他相關工業。

15. 高畫質視訊（多媒體）工業：包括高畫質視訊產品、高解析度及大尺寸寬螢幕映像管、彩色液晶顯示器、多媒體產業相關產品及其他相關工業。

16. 其他經經濟部工業局認定有應用科技改善製程，提升產品競爭力或附加價值之科技產業。

17. 其他科技產業：62項關鍵零組件及產品、亞太製造中心5個推動小組所推動產業及98項重點產品、民生科技工

業、自動化工業、高附加價值工業、中衛體系（台南科技工業區，1999）。

六、雲林科技工業區之產業發展型態

雲林科技工業區擬引進之產業範疇，亦涵蓋十大新興產業、62項關鍵零組件、亞太製造中心推動產業及98項重點產品、民生科技、自動化、軟體工業、自動化工程、高附加價值產品、研發機構等等。其產業發展型態之角色定位，是希望結合地方資源與特色，建立地區性科技工業城，以帶動地方繁榮並成為區域發展據點之一。具體言之，其產業發展方針如次：

1.生產為主、研發為輔；
2.兼顧地方傳統產業及創新產業；
3.優先引進已具研發能力之廠商；
4.次優先引進具產業波及效力強之廠商；
5.低污染之產業優先引進；
6.建立機能體系自給自足；
7.工業區公園化；
8.融合工業生產、研究培育、居住休憩、行政管理、工商服務、教育文化、醫療環保及自然資源維護等活動，建立多機能之綜合工業區。

七、台塑工業區之產業發展型態

台塑工業區所規劃之產業，包括矽晶圓廠、相關石化中間原料廠（包括聚氯乙烯、鹼氯、氯乙烯、線性低密度聚乙烯、高密度聚乙烯、乙二醇、環氧樹脂、可塑劑、異辛醇、聚丙烯、純對苯二甲酸、苯乙烯廠等等）、麥寮港、發電廠、煉油

廠、輕油裂解廠、汽電共生廠、重機廠及鍋爐廠等。

關於矽晶圓廠係由台塑公司、亞太投資公司及日本小松電子金屬公司合資興建，總投資額為新台幣72億元，生產8吋矽晶圓，年產量240萬片，87年12月完工生產。至於石化中間原料，依據政府核准之環境影響說明書，其產能分別如〔**表11-6**〕。

11.3 科學工業園區之產業發展特質分析

經濟學家Simon Kuznets曾據研究指出，經濟成長的主要來源是技術進步，至於勞動與資本累積對平均每人產量成長率之貢獻尚不及十分之一，足見技術進步對產業生產及經濟利益之創造影響甚鉅。因此，政府為促進產業升級，健全經濟發展，爰於79年12月29日制定並實施「**促進產業升級條例**」（Statute for Upgrading Industries），該條例施行迄今，對改善台灣產業結構頗有助益。根據工業局統計資料顯示，在80年促產條例施行初期，我國製造業之產業結構，技術密集工業約占29.2%、重化工業占36.3%、傳統工業占34.6%；高科技產業之轉型發展，至87年技術密集產業已躍居40.7%、重化工業退居第二約占35.8%、傳統工業則大幅衰退至23.5%；88年上半年高科技產業之總產值已達1.7兆元，約占製造業產值47%，又較上年同期增加7%。有鑑於此，綜觀以上科學工業園區與相關工業園區之產業引進策略，無不以高科技產業及高附加價值產品為主要訴求。

隨著我國經濟結構之演變及經濟自由化與國際化潮流，已使我國高科技產業成為全球經貿體系與國際產業分工體系之重要一環，尤其我國半導體產業在全球市場之重要性，可由民國88年921震災後**晶圓代工**（IC foundry）與**動態隨機存取記憶體**（DRAM）產品對全球市場之波及效應，及受到各主要產國之關注程度略窺端倪。目前我國不僅為全球第十三大出口國，高科

表11-6　台塑工業區相關石化中間原料產能

單位：萬噸

廠別　　　產品	產品名稱	產能
台塑公司		
四碳廠	MTBE/B-1	15.3/1.7
環氧氯丙烷廠	ECH	2.4
甲基丙烯酸甲酯廠	MMA	2.5
高密度聚乙烯廠	HDPE	24.0
線性低密度聚乙烯廠	LLDPE	24.0
氯乙烯廠	VCM	36.0
鹼氯廠	CL_2/NAOH	19.5/21.5
聚氯乙烯廠	PVC	36.0
丙烯／氫酸廠	AA/AE	6/9
丙烯腈廠	AN	7.0
醋酸乙烯共聚合物廠	EVA	20.0
*碳纖	CF	0.4
南亞公司		
異辛醇廠	2-EH	15.0
夫酸干廠	PA	10.0
可塑劑廠	DOP	32.5
環氧樹脂廠	EPOXY	13.13
二異氰酸甲苯廠	TDI	3.0
丙二酚廠	BPA	6.0
乙二醇廠	EG	60.0
丁二醇廠	1.4BG	2.0
*雙氧水廠	H_2O_2	2.0
*環氧大豆油廠	ESO	2.0
*聚碳酸酯樹脂廠	PC	6.0
台化公司		
芳香脛廠	OX/PX/BENZENE	10/68/26.6
苯乙烯廠	SM	20
純對苯二甲酸廠	PTA	70.0
二甲基甲醯氨廠	DMF	2.0
聚丙烯廠	PP	30.0
合成酚廠	ACETONE/PHENOL	12.3/20

註：*符號表示計畫中之專案。

資料來源：台塑關係企業網站。

技產品出口總值占整體出口比重約達45.8％（經濟部，1998）。至於高科技產業之定義，根據產業技術白皮書彙整相關文獻及專家學者意見，大致可從定性面、產業投入面、產出面及綜合面等四個面向加以衡量，分別臚列如次：

1. 定性判斷的衡量指標，包括：(1)新技術；(2)前瞻性、國際競爭、技術發展與市場改良。
2. 產業投入面定義指標，包括：(1)研究發展費用占總產值比例；(2)員工職業比例；(3)研究發展支出及雇用員工技術層次。
3. 產業產出面衡量指標，包括：(1)專利取得數；(2)單位銷售額創新比率；(3)產品及創新之複雜度。
4. 綜合性定義之高科技產業衡量指標，包括：(1)高技術員工、高成長率研發支出與銷售額之比率、產品的世界市場；(2)就業量、生產總值、依賴性、市場、知識程度、生產力、關聯效果、研發支出、資金集約度問題、用地、用水能源浪費、污染情形等等。

事實上回顧我國近年來高科技產業之發展與政策，自一九七○年代即加強重化工業及機械、資訊、電子等策略性工業之發展；一九八○年代政府在前瞻性、兼顧世界技術發展與市場需求，及著眼國際競爭力等三項原則下，規劃我國二十一世紀之新興高科技產業。依據市場潛力大、產業關聯性大、技術層次高、附加價值高、污染程度低、能源依存度低等六大原則，提出十大新興工業與八大關鍵工業技術；迄今，發展高科技產業已成為我國朝野對經濟持續成長之共識，財政部「進出口商品結構別複分類之研究的認定標準」，並將屬於產品附加價值高、技術複雜、技術人力及研發經費投入比率高之產業，包括化學、機械、電子、運輸工具等製造業，歸類為高科技產業（經濟部，1998）。儘管高科技產業之發展由來已久，並已成為

科學工業園區、科技工業區、加工出口區、軟體工業園區等各
種工業區，引進產業投資之共同訴求，惟深究核心園區與其他
工業區之產業互動關係，仍可發現其科學園區產業特質及上下
游產業體系之密切關聯脈絡。茲略舉數端析陳如次：

一、科學工業園區產業均屬「科學工業」

按「**科學工業**」（science-based industry）係科學工業園區產
業之專屬用語，依據「科學工業園區設置管理條例」第3條所稱
「科學工業」，係指經核准在園區內創設製造及研究發展高級技
術工業產品之事業。且該科學工業應為依公司法組織之股份有
限公司或其分公司，或經認許相當於我國股份有限公司組織之
外國公司之分公司，其投資計畫須能配合我國工業之發展、使
用或能培養較多之本國科學技術人員，且具有相當之研究實驗
儀器設備，而不造致公害，並合於下列條件之一者為限：

1. 具有產製成品之各項設計能力及有產品之整體發展計畫
   者；
2. 產品已經初期研究發展正在成長中者；
3. 產品具有發展及創新之潛力者；
4. 具有規模之研究機構，從事高級創新研究及發展工作者；
5. 生產過程中可引進與培植高級科學技術人員，並需要較多
   研究發展費用者；
6. 對我國經濟建設或國防有重大助益者。

除了上述科學工業應具備之消極條件外，相關法律對「科
學工業」之有關特別規定尚有：

1. 科學工業使用本國各級科學技術人員之人數，視科學工業
   之性質與規模及逐年成長程度，由園區與科學工業分別以

契約定之。但自產品銷售或提供勞務之日起3年內，應遞增至不低於該事業科技人員總數50%。惟為配合我國爭取加入世界貿易組織，「科學工業園區設置管理條例」第3條修正草案已刪除前述規定，並經立法院三讀通過。

2. 科學工業應具備之消極條件中，所稱具有相當之研究實驗儀器設備，係指其儀器設備總金額達總投資額之10%以上者而言，但其產品為軟體者不在此限。另需要較多研究發展費用一節，則由國科會斟酌投資計畫及事業性質核定之。至於由園區與科學工業訂立契約約定使用本國科學技術人員人數一節，管理局得隨時派員抽查，嚴格執行。

3. 股份有限公司組織之營利事業，投資於科學工業，如經代表已發行股份總數三分之二以上股東出席，出席股東表決權過半數同意之股東會決議，得不受公司法第13條第1項有關轉投資百分比之限制。

4. 國科會得報經行政院核准，在科學技術發展基金或其他開發基金內指撥專款，對符合園區引進條件之科學工業，參加投資。前項投資額對其總額之比例，依工業類別由雙方以契約定之。但投資額以不超過該科學工業總投資額49%為限。隨著經濟自由化、民營化之政策取向，近年來幾乎已不再有該項政府投資行為，截至目前新竹科學工業園區實收資本額，來自政府投資部分所占比例約僅4%。

5. 投資人以技術作股，應以不超過其總投資額25%為限。至於區外有關技術作股之相關法令規定，業經主管機關經濟部工業局檢討廢止，該項規範一度成為科學工業之一項產業特質，嗣經修法刪除並解除管制。截至89年10月底止，新竹科學工業園區已申請技術作股之廠商共計有117家，金額約達83.28億元，占該等公司實收資本總額3,406.25億元之2.4%。

二、科學工業有嚴格的投資審查與監督管理機制

（一）審慎查核投資案，研發尖端技術

　　凡是申請至科學工業園區投資設廠者，均需依規定填具初步評估表，闡述其產品與技術之優越性，並說明經營團隊之研發潛力與專業背景等基本條件，送經相關專家學者如工研院、各大學研發中心及學術研究機構等初步評估通過，投資人始得提具完整之營運計畫書，包括用水、用電及相關之污染防治計畫書；經園區管理局形式要件審核後，再送請專業機構進行深入評估，有關評估重點包括產品技術、研發計畫、經營團隊、財務計畫及智慧財產權等等，其間營運計畫經審查如有任何待澄清事項，該投資團隊將參加由專家學者所組成之複審會，並於會中詳細報告該投資計畫，當面向相關專家學者澄清所有疑慮，倘經審查通過並獲得絕大多數專家推薦入園區，管理局則彙整提案提請園區指導委員會審議，該指導委員會係由有關部會副首長及專家組成，國科會主任委員為召集人，負園區監督、指導及決定政策之責，顯示科學工業投資案之審查程序非常審慎嚴謹。現行園區投資引進原則為，國內尚無產製或技術優於現有產品者，或國內急需之重要關鍵性零組件（產品）以研究發展為主。

（二）嚴格監督廠商營運，確實執行投資計畫

　　投資申請案經指導委員會審議通過准予入區後，投資人需依相關法令辦理公司登記，經過開工檢查始得正式營運，檢查項目包括營運項目、營運能力、科技人力、經營團隊、機器設備、水污染、空氣污染、廢棄物清理、消防設備、勞動條件、安全衛生等等。至營運期間管理局仍不定期前往查核廠商，是否確實依照原投資計畫執行，所產製之產品符合投資計畫者，

方可申請租稅優惠。

倘入區營運之科學工業廠商，因故未依原投資計畫執行，依據「科學工業園區設置管理條例」第10條及「科學工業園區園區事業投資案撤銷辦法」之規定，得命其限期提出改善營運計畫，如改善計畫經評估委員會審查仍不可行，或該廠商未於期限內研提改善計畫，或未依改善計畫確實執行，管理局經提報園區指導委員會審議通過後，得撤銷其投資案，除沒入其投資保證金外，並得勒令其遷出園區。

三、科學工業園區重視環保工安之產業特質

環保工安與污染防治問題，向為科學工業園區投資引進之重要考量因素，在投資案深入評估過程，均委請專業機構就其產品製造過程中，是否會造成廢氣、廢水、噪音或廢棄物等情形加以評估，對於可能產生之污染，並責成廠商提列足夠之污染防治設備，擬具妥適的防治方法報經環保主管機關審核。由於科學園區廠商非常重視環保問題，目前已有多家公司獲得**國際標準品質保證制度環境管理系統認證**（The International Organization for Standardization，ISO 14000系列），包括台積電、宏碁、聯華、華邦、旺宏、力晶、茂矽、世界先進、台灣應材及友訊科技等公司（詳如〔**表11-7**〕）。

工業安全衛生亦屬園區管理局及全體廠商重視之項目，為事先預防並降低災害發生率，科學園區管理局與同業公會陸續推動園區廠商簽署「園區工業安全衛生公約」、建立安全聯防體系、設置工安專業人員、加強消防訓練，及落實勞工安全教育。並針對積體電路晶圓廠的排氣系統、化學供應系統及建築防火設計，研訂安全基準，作為日後新廠或廠房擴建之規範。除此之外，對於災害發生善後處理，管理局並訂定處理程序及業者復健作業程序，同時委請工研院研訂防止二次污染及二次

表11-7　新竹科學園區廠商獲得國際標準品質認證調查表

項目　　廠商	獲得國際標準品質認證之廠商
ISO 9001	台積電、聯電、智原、旺宏、矽成、鈺創、瑞昱、聯誠、和喬、友旺、友訊、仲琦、晟晨、怡安、力宜、虹光、光磊、光華、眾智、光群、宜霖、聯友光電、億訊、台精科技，及聯合骨科公司。
ISO 9002	新台科技、旺宏、信越半導體、台灣應材、台灣高技、中德電子、茂德科技、中美矽晶、新台、遠東金士頓、德泰科技、和橋科技、南方資訊、眾智光電、中強光電、冠德光電，及邁迪科技公司。
ISO 14000	台積電、宏碁、聯華、華邦、旺宏、力晶、茂矽、世界先進、台灣應材，及友訊科技公司。

資料來源：科學工業園區管理局投資組調查（陳淑儀，1998.12.1）。

災害之作業規範，以提升災害處理時效及預防擴散（科學工業園區管理局，1999）。

四、科學工業園區具有顯著之產業聚落效應

　　隨著高科技產業之蓬勃發展，科學園區之投資環境與區域發展，逐漸成為有關經濟學者之研究對象。睽諸科學園區的發展過程，迨由初期自發性的聚集方式，逐漸凸顯技術創新與經濟成長之影響力，進而受到政府重視與投資人的青睞，行政部門甚至以計畫導向的科技政策，期能促進經濟加速成長。而高科技與創新廠商在空間上聚集形成一影響區域，不但可發揮資源共享，更能產生聚集經濟之效益。例如美國之史丹佛（Stanford）研究園區自1951年創立，逐漸發展成為舉世聞名之矽谷；及波士頓128號公路，經由高科技產業自發性聚集發展，而形成科學園區；還有如英國第一個科學園區，於1973年由劍橋大學設立，漸漸促進劍橋地區高科技產業之發展；日本最早於1963年所建立**筑波科學城**（Tsnkuba Science City），為其**科技**

園市計畫（technopolis program）之先驅，其發展經過亦屬雷同。

根據成長極理論（growth pole theory），科學園區設置之意義即在扮演高科技產業生產中心，藉由良好環境之提供、優惠之獎勵措施，引導高科技產業之發展。經由該中心的引導作用，注入發動型工業的運轉，並透過產業的連鎖效應，整合地區專業的人力資源及研究機構，從而促進區域經濟之繁榮與發展。由於科學園區係以科技產業的生產、研究與培育機能的提供為主，且結合生活、休憩、服務等多項機能於一體，例如新竹科學工業園區，即為提供科技產業量產研究、生活休閒等多元化機能服務的產業發展環境（林明漢，1998）。新竹科學工業園區自民國69年12月15日正式成立以後，即肩負起高科技工業在我國生根發展以加速經濟建設的使命，至88年上半年新竹科學園區進出口貿易總額，占全國貿易總額之比例已高達8.8%。歷經近20年的發展已經產生顯著之產業聚落效應，帶動新竹縣市周圍相關產業之連鎖發展，形成科技產業上中下游之完整體系，諸如近年來許多與園區產業有關之服務業紛紛設立於毗鄰園區之光復路上，另有許多半導體產業中下游封裝、測試等大廠，相繼設立於附近的新竹工業區，包括部分半導體設備零組件如生產石英管之崇越科技股份有限公司亦於該工業區設廠，就近生產供應園區晶圓廠之需要，儼然形成美國加州矽谷之高科技產業發展聚落，蓋為新竹科學工業園區有「台灣矽谷」之稱的主要原因。

五、新竹科學工業園區與加工出口區緊密形成上下游產業關聯體系

由於新竹科學工業園區成立之初，曾經參考已營運14年具有實務經驗之加工出口區，並研議一套更有助於高科技產業發展之投資環境與行政規章制度，因此科學工業園區與加工出口

區確有部分類似之處。歷經多年的發展，新竹科學工業園區與加工出口區已然緊密形成上下游產業關聯體系，根據徐小涵民國86年間之研究報告（徐小涵，1997），渠為瞭解園區與加工出口區間交易情形，曾蒐集85年間由科學園區輸往加工區之P2報單及由加工區輸入之E2報單共計約二萬份資料，經過彙整、分類、編碼，並會同資訊單位整理獲致調查結果，茲擇要摘述如次：

第一，科學園區與三處加工出口區間之輸出入金額，最高者皆為楠梓加工區，約占三區總額之88％。至該區產業係以電子業為發展主軸，舉凡如積體電路（IC）、液晶顯示器（LCD）、發光二極體（LED）等等，無論是上下游產品或平行產業均能相輔相成，與科學園區及區外衛星工廠，形成一個綿密的生產網路體系，加工區內之大廠包括日月光、楠梓電、華泰、飛利浦、建元及夏普等，均與科學園區廠商業務往來密切。

第二，科學園區IC製造業委託國內封裝比率約占90％以上，而委託加工區封裝之比率約占全國60％以上，其餘30％係委託台中加工區外之矽品、園區大眾、鑫成等公司進行封裝。就85年資料為例，園區委託加工案件共計有663件，其中委託加工出口區者計有65件，約占10％；而委託楠梓加工區加工者即有48件，約占三區總加工案件之70％。按科學園區委託加工出口區加工之產品有80％為晶圓封裝，其餘則為PC板或測試之加工服務。

第三，根據85年資料，科學園區輸往加工出口區之主要貨品為晶圓，金額為70億元，占總金額80％以上，其次為映像管7億元，占8％。另自加工出口區輸入之最主要貨品亦為IC，金額為67億元，占總金額70％，其次為LCD金額18億元，約占20％。至於科學園區輸往加工出口區之主要廠商為台積電、飛利浦；另自加工出口區輸入園區之主要廠商為日月光、華泰等

（徐小涵，1997）。

六、科學工業園區充分展現高生產力、高附加價值、高經濟貢獻度

綜觀本文彙整新竹科學工業園區、加工出口區、新竹工業區、南港軟體園區、台南科技工業區、雲林科技工業區及台塑工業區之產業結構分析，蓋可略窺科學工業園區之最重要產業特徵，在於深具國際競爭能力，並能展現高生產力、高附加價值、高經濟貢獻度，茲略舉數端說明如次：

（一）高度之研究發展投入比率

研發創新係高科技產業持續發展之原動力，新竹科學園區高科技廠商研發投入占營業額比例，87年平均為7.03％，遠高於全國平均1.2％。至於研發成果方面，科學園區廠商87年之發明專利數，國內專利核准數為910件、國外788件，合計年成長率為7％。按科學園區之產業引進原則，係以國內無產製、技術優異、或國內急需之重要關鍵性零組件研發為主；加上有效的研發獎勵辦法，應屬維繫園區產品不斷創新、廠商投資熱絡及營業額持續攀高的重要因素。

（二）展現高度生產力

截至88年12月底，科學園區所吸引海外學人共計有3,234人，參與創設113家公司，占園區廠商家數比例高達38.3％，顯示海外學人對新技術之引進及園區發展之貢獻不容忽視。園區是科技精英結合腦力密集的地方，88年創下每人每年生產力高達630萬元之佳績，為全國製造業的2.5倍。

（三）擁有高素質之從業員工

園區高科技人才聚集密度頗高，從事研究創新與工程技術發展之科技人力約占40％，生產製造與行政管銷人力占60％；

如就教育程度分析88年人力結構，總員工人數82,822人中，具有專科以上學歷者占63.3％（國內製造業爲18％），大學以上者占33％（國內製造業爲7％），具有碩士學位者高達11,647人，約占14.1％，另具有博士學位者1,078人（黃文雄，1999）。由於科學園區匯集眾多高科技人才，促使園區產業之生產力節節攀升不墜。

（四）創造高比率之附加價值

「附加價值」係衡量高科技產業之重要指標，根據調查統計，新竹科學工業園區產業之平均附加價值約爲45.85％，遠高於全國製造業之37.3％。就園區六大產業別分析，其中以生物科技及積體電路兩大產業附加價值最高，依序爲生物技術71.48％、積體電路67.82％、精密機械47.12％、光電產業39.53％、通訊產業39.51％、電腦及周邊產業24.37％。有關電腦及周邊產業較低之原因，蓋因其原材料成本高及大量OEM的生產型態所致（馬維揚，1998）。

（五）高度之獲利水準

一般經濟理論多假設廠商以追求最大利潤爲目標，因此獲利能力當屬衡量營運績效之重要指標。根據馬維揚研究資料顯示，85年科學園區六大產業之稅前淨利率，依序爲積體電路24％、通訊產業13.1％、光電產業11.1％、精密機械8.5％、電腦及周邊產業6.6％、生物技術產業-26.4％。除了生物科技產業外，普遍高於全國製造業80年~85年稅前淨利率約5％~7％左右。

（六）提供高薪之就業機會

根據85年調查資料顯示，當時科學園區總人口55,817人中，設籍新竹縣、市之人口爲33,347人，約占59.74％。顯示外來人口約占40％，至於居住新竹縣、市人口則高達40,115人，約占71.87％，其餘近30％爲外縣市通勤至園區工作之員工。在薪資

方面，82年至85年園區受雇員工平均薪資，約較全國製造業平均高出30%左右（馬維揚，1998）。

（七）國際化程度高

新竹科學工業園區，歷經20餘年之穩健成長，已有完備的高科技產業體系，廠商除了進行國際性策略聯盟，也開始展開跨國性合縱連橫之營運策略，加速產品範疇及營運規模之擴張。例如87年聯電集團收購日本新日鐵旗下NPNX半導體公司56％股權，並取得實際經營權，首創台灣廠商收購日本上市公司；另台積電除於美國華盛頓州與數家美國IC公司合資成立Wafertech晶圓廠，又於87年在新加坡與荷蘭飛利浦及新加坡投資公司，聯合投資興建晶圓廠。根據85年調查科學園區公司赴海外設子公司者有56家、辦事處4家、研發中心3家、轉投資公司43家，其中大部分位於美國矽谷。

（八）對整體經濟具有高度貢獻

根據貿易額統計資料顯示，新竹科學園區88年進出口貿易總額為6,952億元，較87年大幅成長26%，約占全國貿易總額76,956億元之9%。另科學園區產值約占全國資訊業及電子產業總產值之29.6%，足以顯示科學園區對我國整體經濟之貢獻程度。倘從證券交易市場觀察，科學園區前三大上市公司台積電、聯電、宏碁電腦公司，88年底市值合計約占全國總市值20%（詳如〔**表11-8**〕），對國內整體經濟之影響甚鉅。

（九）園區多項產品市場占有率排名世界第一位

民國87年我國資訊工業海內外總產值約達360億美元，有多項資訊硬體產品如掃瞄器、網路卡、筆記型電腦、桌上型電腦等產品，在全球市場之占有率均高居第一位。其中主要個人電腦生產廠商宏碁電腦公司，網路卡廠商智邦、友訊公司，掃瞄器廠商力捷、全友、明碁及鴻友公司等均為科學園區廠商，另

表11-8　市值前二十大的上市公司

公司名稱	88.12.28 之市值（億元）	87.12.31 之市值（億元）	增減幅度（％）	占88.12.28 總市值比重
台積電	12,810	4,293	+198	10.9%
聯電	7,434	2,208	+236	6.3%
華碩	3,794	2,448	+54	3.2%
國壽	3,639	4,359	-16	3.1%
南亞	3,177	1,720	+84	2.7%
宏電	2,915	922	+216	2.4%
廣達	2,852	-	-	2.4%
鴻海	2,574	1,307	+96	2.2%
開發	2,513	2,080	+22	2.1%
華邦電	2,255	928	+142	1.9%
日月光	2,217	961	+130	1.8%
台塑	2,209	1,324	+66	1.8%
遠紡	2,062	646	+219	1.7%
中鋼	1,985	1,579	+25	1.6%
大同	1,569	1,029	+52	1.3%
中環	1,389	437	+217	1.1%
威盛	1,298	-	-	1.1%
一銀	1,280	1,416	-9.0	1.0%
台化	1,265	833	+51	1.0%
華銀	1,251	1,471	-15	1.0%

資料來源：證交所（1999）。

我國亦為全球半導體第四大產國，主要集中於園區；87年半導
體總產值為88億美元；其中專業晶圓代工產值約占全球55％。
88年我國積體電路製造業共計21家，前十大廠商中科學園區就
占了7家，包括台積電、聯電、華邦、旺宏、世界先進、茂矽、
茂德等公司，占全國積體電路產值95.58％，而晶圓代工產值之
世界占有率則已高達64.6％。

　　新竹科學工業園區歷經20餘年之發展，上、中、下游產業
發展漸趨完整，積體電路產業除了晶圓製品、光罩製作、晶片
製造、封裝製造、測試服務、半導體設備及周邊產業外，積體
電路設計業的產業群聚效益方興未艾，目前全國前十大積體電

路設計廠商中有8家位於新竹科學園區，包括矽統、聯發、凌陽、揚智、矽成、瑞昱、聯詠及義隆公司等，88年科學園區58家積體電路專業設計廠商營業額達672.13億元，高居世界第二位，僅次於美國。換言之，我國積體電路產業已在全球市場具有舉足輕重的地位，除了晶圓代工、封裝與Mask ROM之產值為世界第一外，設計專業營收為世界第二位，晶圓製造產能居世界第三位，DRAM、SRAM及所有自有品牌IC的產值在世界市場排名第四位，除了展現我國高科技產業之競爭實力外，也是造就新竹科學工業園區在全球市場位居要津之主要原因（陳銘煌，2002a）。

重點摘錄

- 我國「科學工業園區設置管理條例」第1條揭櫫其設立宗旨,為引進高級技術工業及科學技術人才,以激勵國內工業技術之研究創新,並促進高級技術工業之發展。

- 政府為創建一個適合高科技發展之優質環境,以達成科學園區之開發鵠的,新竹科學工業園區之土地規劃雛型於焉形成,大致分為工業區、住宅區及公園綠帶區三大部分,結合生產、生活及生態為三生一體之產業環境。

- 揆諸新竹科學園區成功之原因,除了有關主管機關及園區所有廠商之戮力經營外,蓋與園區產業環境完善具有密切關係,包括投入面與產出面之軟硬體產業環境。

- 為加速產業轉型升級、落實科技研發成果,將藉由廣設科學園區的策略,推動「科技島」建設計畫,並於適當區域設立核心科學園區,每園區以容納約200家高科技公司及年營業額達新台幣4,000億元為目標。

- 經濟部為配合「發展台灣為亞太營運中心計畫」,所擬訂之重要推動策略即包括:「以高附加價值、高科技產業為核心,加強推動投資與研發計畫、提升產業技術水準,以及提供優良之設施經營環境,來帶動產業整體發展」。

- 經濟學家Simon Kuznets曾據研究指出,經濟成長的主要來源是技術進步,至於勞動與資本累積對平均每人產量成長率之貢獻尚不及十分之一,足見技術進步對產業生產及經濟利益之創造影響甚鉅。

- 隨著我國經濟結構之演變及經濟自由化與國際化潮流,已使我國高科技產業成為全球經貿體系與國際產業分工體系之重要一環,尤其我國半導體產業在全球市場之重要性,可由民國88年921震災後晶圓代工與動態隨機存取記憶體產品對全球市場之波及效應,及受到各主要產國之關注程度略窺端倪。

- 高科技產業衡量指標,包括:高技術員工、高成長率研發支出與銷售額之比率、產品的世界市場;就業量、生產總值、依賴性、市場、知識程度、生產力、關聯效果、研發支出、資金集約度問題、用地、用水能源浪費、污染情形等等。

- 一九八〇年代政府在前瞻性、兼顧世界技術發展與市場需求,及著眼國際競爭力等三項原則下,規劃我國二十一世紀之新興高科技產業。依據市場潛力大、產業關聯性大、技術層次高、附加價值高、污染程度低、能源依存度低等六大原則,提出十大新興工業與八大關鍵工業技術。

- 財政部「進出口商品結構別複分類之研究的認定標準」,將屬於產品附加價值高、技術複雜、技術人力及研發經費投入比率高之產業,包括化學、機械、電子、運輸工具等製造業,歸類為高科技產業。

產業與競爭關係

The Relation of Industry and compendian

↗按「科學工業」係科學工業園區產業之專屬用語,依據「科學工業園區設置管理條例」第3條所稱「科學工業」,係指經核准在園區內創設製造及研究發展高級技術工業產品之事業。

↗現行園區投資引進原則為,國內尚無產製或技術優於現有產品者,或國內急需之重要關鍵性零組件(產品)以研究發展為主。

↗工業安全衛生亦屬園區管理局及全體廠商重視之項目,為事先預防並降低災害發生率,科學園區管理局與同業公會陸續推動園區廠商簽署「園區工業安全衛生公約」、建立安全聯防體系、設置工安專業人員、加強消防訓練,及落實勞工安全教育。

↗根據成長極理論,科學園區設置之意義即在扮演高科技產業生產中心,藉由良好環境之提供、優惠之獎勵措施,引導高科技產業之發展。

↗新竹科學工業園區自民國69年12月15日正式成立以後,即肩負起高科技工業在我國生根發展以加速經濟建設的使命。

↗綜觀本文彙整新竹科學工業園區、加工出口區、新竹工業區、南港軟體園區、台南科技工業區、雲林科技工業區及台塑工業區之產業結構分析,蓋可略窺科學工業園區之最重要產業特徵,在於深具國際競爭能力,並能展現高生產力、高附加價值、高經濟貢獻度。

↗新竹科學工業園區,歷經二十餘年之穩健成長,已有完備的高科技產業體系,廠商除了進行國際性策略聯盟,也開始展開跨國性合縱連橫之營運策略,加速產品範疇及營運規模之擴張。

重要名詞

廠址選擇（site selection）

科技島（Silicon Island）

研究園區（research park）

工業園區（industrial park）

核心科學園區（core science park）

促進產業升級條例（Statute for Upgrading Industries）

晶圓代工（IC foundry）

動態隨機存取記憶體（DRAM）

科學工業（science-based industry）

國際標準品質保證制度環境管理系統認證

（The International Organization for

Standardization, ISO 14000系列）

筑波科學城（Tsnkuba Science City）

科技園市計畫（technopolis program）

成長極理論（growth pole theory）

問題討論

1.請簡述科學工業園區與相關工業區之異同與產業比較分析。

2.何謂「高科技產業」？衡量高科技產業有哪些具體指標？

3.請說明「科學工業」之定義及應具備之條件。

4.請略述科學工業園區引進高科技廠商之投資審查與監督管理機制。

5.科學工業園區之高科技產業具有哪些特質？

6.請說明科學工業園區之高科技產業聚落效應及其影響。

第 12 章

產業環境與競爭機制剖析

- 12.1 新竹科學工業園區之開發模式
- 12.2 新竹科學工業園區之產業環境
- 12.3 新竹科學工業園區廠商營運機制與規範

睽諸科學工業園區高科技產業之成功發展，及廠商營運績效蜚聲國際之原因，蓋以科學園區擁有完善之基礎設施，具備良好之投資環境，加上高效能之營運機制，促使園區高科技產業持續蓬勃發展，有效規避經濟景氣循環影響，營業額逐年攀高，已然擺脫傳統產業之成長模式，再創台灣經濟奇蹟。有鑑於此，本章擬以新竹科學園區為例，深入探討我國科學工業園區之開發模式、產業環境及有關制度規範等競爭機制，期能探索新竹科學園區之成功因素。

12.1 新竹科學工業園區之開發模式

首先擬從全球科學園區之觀點，探討新竹科學工業園區之特殊發展模式，並溯源自20餘年前科學園區規劃設置之高瞻遠矚，析述新竹科學工業園區之產業環境。

一、新竹科學工業園區之特殊發展模式

目前世界科學園區有兩個主要的國際性組織，一個是**國際科學園區組織**（International Association of Science Park，簡稱IASP），另一個是**大學相關研究園區協會**（Association of University Related Research Parks，簡稱AURRP）。新竹科學工業園區管理局分別於76年及77年加入為該二組織之正式會員，每年均獲邀派員參加其定期舉辦之年會或聯合年會。茲分別就該二組織簡述如次：

（一）大學相關研究園區協會（AURRP）

目前全球約有410個研究園區，其中三分之二來自美國及加拿大地區，三分之一來自亞洲、歐洲、澳洲及南美洲。北美洲

所稱之研究園（research park），在亞洲通稱為**科技園區**（technology park）或科學（工業）園區（science park），在歐洲則通稱為科學園區（science park）。除了名稱之外，北美的園區和亞洲園區的區別在於規模之大小，北美的園區一般占地約100公頃左右，歐洲園區更小，但是亞洲園區的規模普遍較大，而且在園區中還設有住宅、政府機關和商業區（曹小琴、陳瓊瑤，1997）。

（二）國際科學園區組織（IASP）

國際科學園區組織（IASP）成立於1984年，總部原設在法國，後來遷到西班牙Malaga。成立宗旨為提供全世界專業人士溝通接觸的管道，協助發展新的科學園區與會員活動，並與世界上其他著名的國際組織合作。該組織現有成員計200個以上，遍布全球42個國家。原始會員係以各地科學園區為主，嗣因有許多與科學園區相關之團體與個人紛紛要求加入，目前所屬會員計有三類，包括有正式管理團隊的科學園區「正式會員」，成立中的科學園區、與IASP目標相同的育成中心、大學、研究機構、財團法人或個人均可加入成為「相關會員」，另對IASP有重大貢獻之團體或個人則可成為「榮譽會員」（王弓、夏慕梅、陳俊偉，1999）。

綜觀各國所開發之科學園區類型，常因發展產業之政策目標不同，導致其開發出來的產業園區類型及名稱有所差異，一般常見之園區屬性包括：以強化科技產業的研究發展機能為主的研究園區（research park）、培植具高度**連鎖效果**（linkage effect）且由研發轉型為以量產為主，可以有效帶動區域經濟發展之科學園區（science park）、以研究及製造為主可視為高科技工業複合體的科技園區（technology park）、以培育創業公司為主的**創業育成中心**（incubator center）、提供計畫性生產環境之工業園區（industrial park）、集合科學園區與都市發展並由「定

住理念」發展而成之**科技都市**（technopolis）。

　　由於科學園區之類型與定義不同，有關世界科學園區之數目統計也是眾說紛紜，根據孔憲法先生1996年〈從全球看兩岸科學園區發展〉，曾統計世界各主要國家之科學園區高達1,008個（詳如〔**表12-1**〕）。其中科學園區設置較多之國家，依序為美國398個、德國106個、日本104個、中國大陸52個、英國50個。

　　國際科學園區組織（IASP）之國際主管會報委員Felipe

表12-1　全球主要國家科學園區數目統計

年別\國別	1955	1960	1965	1970	1975	1980	1985	1990	1992	規劃興建	結束營運	年期不詳	合計
美國	1	5	8	10	13	24	124	323	358	5	1	34	398
俄羅斯		1	1	1	1	1	1	4	12			2	14
丹麥			1	1	1	1	1	1	1	1			2
澳大利亞			1	1	1	5	16	17		9		7	33
加拿大				1	6	9	23	23		3		5	31
法國				1	4	5	16	35	35				35
以色列				1	1	1	1	1	1	1	1	2	5
英國					2	2	21	42	43	6		1	50
比利時					2	4	9	9	9	1		2	12
韓國				1	1	1	1	2					2
日本						1	5	24	45	59			104
瑞典						2	8	12	12			3	15
台灣						1	1	1	1				1
德國							26	68	101	5			106
芬蘭							4	6	6			1	7
義大利							2	5	6	1		5	12
荷蘭							4	7	7				7
西班牙							3	5	5	1		2	8
愛爾蘭							1	1	1				1
新加坡							1	1	1				1
挪威							2	4	4			1	5
保加利亞							1	4	5			1	6
中國大陸							1	27	52				52
其他國家								21	55	12	0	34	119
總計	1	6	11	16	27	50	247	641	802	104	2	100	1008

資料來源：孔憲法（1996）。

Romera（1994-98）（Romera，1998），曾經將廣義的科學園區統稱為**技術園區**（technocell），根據統計一座技術園區之基地面積，從小至數百平方公尺大至幾千平方公里之大規模園區都有，主要特色係在所處基地範圍，由於技術累積及合作發展之引導，並透過技術擴散與技術移轉的相互影響過程，已然提升傳統產業廠商之市場競爭力。除此之外，同時可連接國際化的市場網路，形成一個相互影響的國際網路。技術園區的另一個特徵，是擁有管理與研發的機構及職員，整合內部廠商從事聯繫協調工作。具體而言，技術園區可由其發展過程的四項特徵加以定義：

1.一定的區域範圍（a place）；
2.**吸引創新**（attracting innovation）；
3.**技術擴散**與技術移轉（technology dissemination and transfer）；
4.**國際合作**（international co-operation）。

上述四項特徵的前兩項係基本構成要素，後兩項則是技術園區帶動鄰近地區經濟成長之鵠的。按技術園區可進一步區分為**技術育成中心**（technology-based incubators）和科學園區兩大類，其中所稱科學園區，包括研究園區、技術園區、科技都市等等。根據調查統計截至1997年底，全球技術園區數目已接近2,000個，其中包括672個科學園區，及1,325個技術育成中心，由於科學園區與育成中心（每年成長率為10％）之成長頗為快速，因此上述統計數據仍然不斷成長中，且幾乎全部集中於低經濟成長地區，尤其歐洲大陸與北美洲大陸設立之技術園區數目最多，約分別占39％及35％，另亞洲地區約占17％，其餘9％則分散在全球各地。儘管如此，如果將技術育成中心與科學園區數目分別統計觀察，其結果則有所不同。其中技術育成中心部分，對歐洲（約占42％）及北美洲（約占41％）之影響最為

顯著，在該地區扮演舉足輕重之領導角色。有別於科學園區大多數集中在亞洲（約占39％），其次依序是歐洲33％、北美洲22％，其餘6％分布在澳洲、非洲及南美洲等世界各地（IASP，1998）。

根據「科學工業園區設置管理條例」第3條所稱科學工業之定義，係以創設製造及研究發展高級技術工業產品之事業。據此觀之，新竹科學工業園區之特殊發展模式，應屬高科技產業生產製造與研究發展並重之科學工業園區，歷經20餘年之發展已然成為世界科學園區之成功典範。基於綠色生產、優質生活、永續生態之三大理念，我國第十任總統陳水扁所揭櫫擬建設台灣成為「綠色矽島」之願景，允宜從科學工業園區之成功基礎出發，蓋因我國科學園區之前瞻性規劃，特別強調生產、研發、生活與生態並重之經營理念，符合當前國際趨勢，所形成之產業發展聚落效應也是未來全球經濟發展之主流。

二、新竹科學工業園區之設立背景與定位

設置新竹科學工業園區之法源依據——「科學工業園區設置管理條例」，係1979年7月27日經總統正式公布生效，嗣於1980年6月公布「科學工業園區管理局組織條例」，而園區正式成立時間為1980年12月15日。為深入探索新竹科學工業園區之成功因素，爰擬溯源至20餘年前之設立背景與定位，除了感念當年創辦園區多位領航者的睿智與貢獻外，或可作為新政府推動「綠色矽島」計畫之參考。

（一）總體經濟背景與高瞻遠矚政策

1973年10月中東再度發生戰爭，世界發生石油危機，加上1971年世界發生金融危機，1972年世界發生糧食危機，國際經濟情勢發生劇變，工業國家出現經濟停滯膨脹景象，台灣是依

賴出口發展經濟的國家，所以受到很大的衝擊，形成物價高漲
而經濟成長遲緩，政府深深感到必須調整經濟結構以因應國際
上的變化（李國鼎，2000）。1975年台灣在創造經濟奇蹟之後，
加工業已日過中天，又逢能源危機，而十大基礎建設正在開展
中，蔣總統經國先生爰提出一個高瞻遠囑的要求：「台灣工業
的脫胎換骨」，換句話說，就是建立現代化高技術的工業能力。
欲達此目的，乃有建立有利環境、號召擁有高技術之企業家回
歸的計畫，有「矽谷之父」美譽的美國史丹福大學杜曼博士
（Terman），認爲要吸引高科技人才，最重要的是需具備優良的
環境。當時設置科學園區之預期目標與任務有四（徐賢修，
2000）：

1. 在政治上，羅致已有成就的高技術企業家回歸創業，建立
   國際形象。
2. 在經濟上，創造有挑戰式的就業機會，並帶動國內工業的
   升級；引進能創新的高科技工業，大幅提高每人平均生產
   效率。
3. 落實建教合一，同時結合工業發展機構，於高技術研究發
   展取得創新，而能在國際市場上增加競爭之能力。
4. 引進關鍵工業，加速國防工業的建立。

（二）觀摩成功的園區，創備優良投資環境

　　據科學工業園區管理局首任局長何宜慈先生於民國89年4月
5日接受採訪表示，回憶園區籌設之前，曾經觀摩美國三個成功
的園區，其中波士頓128公路（Route 128）以minicomputer及國
防工業爲主；北卡羅萊納州的**三角研究園區**（Research Triangle）
以引進大型企業爲目標；加州的矽谷則提供良好環境供創業型
公司發展。盱衡台灣教育水準高，且具創業精神，最後擷取能
引進高科技在台灣生根之矽谷模式爲新竹科學工業園區之開發
藍本。硬體建設方面，以Stanford Research Park爲參考藍圖，儘

量保留30％以上之原始綠地，創建公園化之生活、生產、投資與研發之優良環境；軟體建設方面，提供各式各樣的投資誘因，創備良善之投資與營運環境，尤其有關業務推動強調制度面健全法規，創設「**單一窗口**」（one-stop operation）之服務機制。

（三）披荊斬棘備極艱辛，篳路藍縷開創園區

筆者有幸參與新竹科學工業園區20年專刊之編輯，曾經採訪20年前創辦科學園區的功臣，始得略窺前人開創園區之艱辛，謹略述一、二以茲感念渠等對國家經濟之重大貢獻。

改善研發機構

民國62年間，時任經濟部長的孫運璿先生，鑑於政府機關受到種種限制，缺乏彈性，延攬人才不易，經過兩年的努力，以原屬經濟部的聯合工業研究所、礦業研究所與金屬工業研究所為基礎，通過立法，成立財團法人**工業技術研究院**（Industrial Technology Research Institute，簡稱ITRI），從事應用技術的研究與發展，以提升台灣的產業技術，促進台灣的產業發展（孫震，2000）。

引進技術發展半導體產業

新竹科學工業園區的成就主要因素之一，係來自孫資政當年的高瞻遠矚，在經濟部長任內獨排眾議，於民國65年選派38位研究人員赴美接受半導體訓練，奠定台灣半導體產業的基礎。當初奉派赴美取經的前公會理事長曾繁城，回憶當年孫資政大力支持工研院興建半導體工廠，亦深表感念與佩服。孫資政想起當年在發展勞力密集工業的環境背景下，為了將半導體產業技術引進工研院，選派工程師遠赴美國RCA公司受訓，當初的年輕工程師，現已成為多家半導體公司的老闆。他非常感謝園區高科技產業為國家賺取外匯、大量培育並吸引高級人才回國、提升台灣在全世界之國際地位。孫資政特別強調應感謝

三位實際創辦園區的功臣，包括前新竹縣長林保仁、當時國科會主任委員徐賢修、前工研院半導體計畫主持人盧致遠，並說：「沒有蔣故總統經國先生就沒有我，也就沒有科學園區；也要感謝當時國防部長宋長志，全力配合提供軍方土地，才有今日的科學園區。」

🔸科學園區於新竹設置之考量因素

關於科學園區設置之合適位址，當時行政院蔣院長經國先生曾詢及桃園原擬建機場之地是否適當，嗣經當時國科會主委徐賢修向經國先生專案簡報科學園區的目的及對政治、經濟、教育、國防等各方面之影響，由於科學園區之發展需要較大之土地面積，尤其研究發展需要研究人員充分溝通與激勵士氣，而新竹有清華大學、交通大學、食品研究所、工業技術研究院等研究機構，科技氣氛濃厚，堪稱適宜設立科學園區。終獲經國先生裁決略以：園區設於新竹，定名為「科學工業實驗園區」（後經立法院審議設置管理條例時刪除實驗二字），其次工業園區應由經濟部主管，但科學與實驗之學術、科技層次甚高，故應由國科會主管聯合教育、國防、交通、經濟等部共同籌設（徐賢修，1995）。

🔸地方爭取科學園區並留置交通大學

新竹科學園區籌設期間，當時新竹縣長為林保仁先生（民國62年至70年底擔任9年縣長），據筆者89年5月1日採訪林縣長表示，新竹原屬農業縣，隨著台灣工商業的日益發展，新竹地區如同一般農業縣產生人口外流現象。林縣長身為地方父母官，乃竭盡心力設法將新竹發展為工業縣，關於這方面渠認為最值得回憶的有兩件事：

第一，政府規劃設置我國第一個科學園區之初，除一度針對新竹與桃園兩地深入評估，多方比較基地面積、學術環境、自然景觀、生活機能、對地方影響及民意反映等因素，當時高雄地區也競相爭取設置科學園區，並提出同意補助2億元之優惠

條件。民國66年3月19日當時國科會徐主任委員賢修，邀集相關部會主管召開「科學工業園區開發規劃小組第一次會議」，林縣長特別在會中表達新竹地方人士之熱切期盼，並支持科學園區於新竹地區設立，同時也再三強調縣政府將全力配合土地收購等有關事宜。

第二，新竹科學園區緊鄰工研院、清大、交大等學術機構，一般咸認為係促成園區成功發展的最重要因素之一。惟園區設立之初，國立交通大學之電機研究所位於新竹博愛路校區，土地不大，不若清大土地面積多達80餘公頃。當時據內政部告知台北警官學校擬出售校地，並搬遷至交大校址，鑑於交通大學將被迫他遷，又經縣府反對無效，林縣長甚至哭出來。嗣因蔣院長經國先生至新竹，林縣長親自反映科學園區之設置需有相關大學之配合，引發蔣院長的注意也頗感驚訝！為留住交通大學乃四處洽詢學校用地，有一年甚至因校地尚無著落，一度停止擴建並暫停招生。後來雖尋獲原為軍方用地之現址，由於軍方不同意釋出土地而觸礁，經林縣長再度尋求奧援，蔣院長爰表示「科學也是國防」，最後終於解決學校用地問題，留住交通大學在新竹現址繼續擴建發展。歷經20餘年的技術合作、移轉與發展，科學園區廠商中由交大及清大學者提供創新技術，參與設立新公司之家數，已多達20家以上的衍生公司。

♨科學園區土地徵收工作備極艱辛

園區用地徵收之艱鉅，可由林縣長描述第一批土地徵收，及薛前副主任委員闡述局長任內之三期土地徵收過程略知一二。經營園區長達10年的薛副主委表示，土地徵收是最辛苦的事，並強調「公務員未徵收過土地，則沒經過滄海」，因此值得略加著墨。

新竹科學工業園區第一期土地徵收，自民國66年6月起展開地上物查估工作，因當地龍山里胡姓、徐姓業主等激烈抗爭，致查估工作遭受中挫，雖經多次疏導，惟埔頂段胡、徐姓業主

等200餘戶態度仍然強硬，且不理會縣政府之疏導工作，爲突破困境，林縣長於66年7月22日邀集縣議會議長邱泉華、縣黨部及警政單位開會研商，終獲具體結論。爲使業主了解土地徵收補償內容，以及如何安置業主居住問題，同年12月23日林縣長在新竹市公所親自主持座談會，始於67年1月20日完成公告徵收（楊文科，2000）。由於徵收後二年內不開工則徵收無效，爰於67年12月26日由林縣長正式主持園區動土典禮，國科會亦派總務科長參加，因爲居民抗爭，除了盡力疏通業主同意開工外，警察單位也全力戒備待命，林縣長頭戴鋼盔站立堆土機上順利進行動土儀式，故警察局王局長稱讚林縣長有如大將軍指揮開工，事後榮獲中央記功褒獎，國科會甚至報請中央頒發勛章給林縣長。

新竹科學園區三期土地徵收依據法定程序，於第一次協調會召開過程，曾經一度引起附近居民群起抗爭，甚至開來耕耘機圍堵園區大門，薛副主委回憶當年處理抗爭始末及巧妙化解經過，頗引以爲傲。薛副主委強調其中最麻煩者爲地價之訂定，當初新竹市所轄三期土地徵收價格每公頃1,250萬元，新竹縣部分幾經協調仍居高不下，平均每公頃1,600萬元，除了抗爭不斷外，又有竹東縣民誓死反對土地徵收，迫使政府放棄三期縣轄地之土地，先行徵收新竹市約200公頃土地。隨後園區第三期工業用地開發工程於80年12月29日舉行動土典禮，當時薛局長感謝新竹市各界及業主之大力支持，爲促成被徵收業主可早日獲得安遷戶社區配地，儘速達成其重建安置之意願，工程採取單獨一次發包，並列爲最優先施工項目。

（四）我國科學工業園區之產業定位與門檻

民國66年10月中央聯合總理紀念週中，當時國科會主任委員徐賢修報告新竹科學工業園區選擇進入園區工業的標準，除下列條件之外，必須具備設計及研發能力。

1.已有高科技初次產品，而在成長中的工業；

2.有廣大市場及高利潤潛力之工業；

3.生產過程中需要較多科技人力，而其科技層次易在台灣生根之工業；

4.對台灣之財、經或軍事有助力之工業（徐賢修，1995）。

　　民國68年3月1日新竹科學工業園區管理局籌備處成立，當時行政院孫院長有一項重要政策決定，即指定有關部會副首長組成園區指導委員會，並由國科會召集，職司園區科學工業申請入區之審核工作，經由指委會之嚴格審議程序，是園區產業成功發展之關鍵因素。

12.2 新竹科學工業園區之產業環境

一、基礎設施之投入與建設

　　新竹科學園區之主要基礎設施，包括土地道路、廠房建設、生活設施、支援服務、水電供應、污水處理、人力資金投入等等，茲分別析述如次：

（一）土地面積

　　新竹科學工業園區歷經三期的土地開發，目前土地面積共有605公頃（不包括篤行營區28公頃），包括第一期開發面積350公頃，除了工業區約210公頃外，均已闢建完成員工住宅區、實驗中學、人工湖、高爾夫練習場、游泳池及綠地等休閒設施；第二期面積78公頃，自74年完成都市計畫變更並進行開發；第三期新竹市轄地192公頃，於76年完成都市計畫變更進行開發，86年變更坪埔營區約28公頃之工業用地。目前土地面積雖達605

公頃，惟可供建廠用地僅265公頃，在土地廠房使用漸趨飽和情況，已然凸顯園區高科技廠商之土地供需捉襟見肘窘境。據民國89年間統計資料，園區舊廠商已申請列入等候名單者共有28家廠商，而新進園區廠商列入等候名單者有22家，另已錄案申請租地者亦多達28家，需求面積14.6公頃。除此之外，正申請入區之廠商計有48家，投資額共約402億元，所需土地約17.1公頃、廠房需求99,712平方公尺（在容積率200％、建蔽率50％水準估計約5公頃土地），再加上當時申請赴竹南擴建之廠商土地需求約65公頃，經調查統計園區主要廠商5年內之土地需求面積約達171.6公頃。為滿足高科技產業之發展需要，並配合科技白皮書所勾勒之科技島計畫，行政院業於86年核定竹南及銅鑼基地，為新竹科學園區第四期發展用地，面積分別為118公頃及353公頃。其中竹南基地第一階段工業區開發工程已完工，廠商可自90年1月起進園區同步施工建廠；銅鑼基地第二階段環評報告書業經環保署89年9月5日環評大會決議有條件通過，正辦理開發與細部規劃工作。

根據環保法規，由於園區三期新竹市轄地位於自來水水源、水質、水量保護區，凡是半導體產業、電鍍及發酵工業等污染性產業，新建廠房或擴充產能達20％以上，均需進行環境影響評估；另園區一、二期土地屬於山坡地，如開發面積達1公頃以上，也要作環境影響評估。

（二）道路及下水道維護

有關科學園區之公共工程及設施管理業務，除了辦理園區土地開發工程及道路、廠房及住宅等各項工程之興建外，科學園區管理局對於道路及下水道等公共設施之維護也不遺餘力，例如每年之道路維護約60,000公尺，排水設施及污水管線之維護約129,000公尺，路燈維護約1,700盞，機車棚及停車場40餘座，圍牆景觀之維護長達10,640公尺。

（三）廠房建設

　　為創備良好的投資環境，新竹科學園區擁有完善的公共設施，諸如道路、排水、污水系統、通信、水電、天然氣等等，並在完備的基礎設施上，大量興建標準廠房，俾供高科技廠商初期投資設廠需要；員工宿舍則供園區從業人員居住；另為因應廠商營運所需之相關服務，並興建污水處理廠、警察隊舍、消防隊舍、聯合服務大樓、倉庫儲運中心、勞工育樂活動中心、聯合服務大樓、員工診所、展示中心、立體停車場等等。經統計新竹科學園區標準廠房，歷經十期的開發建設共有392單元、有眷宿舍645間、單身宿舍960間，詳如〔**表12-2**〕。

（四）生活設施

　　新竹科學園區之規劃大致分為工業區、住宅區及公園綠帶區。工業區建有標準廠房、自建廠房及實驗室；住宅區內則有公寓宿舍，及籃球場、網球場、高爾夫球場、游泳池等各項運動設施。除此之外，公園綠帶區到處可見有計畫的景觀規劃與佈置，普遍種植花草樹木，靜心湖和中國式花園，將整個園區妝點成一個公園，提供園區與鄰近村里社區居民良好之生活環境。

　　科學園區高科技廠商在公司營運之餘，也關懷社區發展，除了細心規劃所屬廠區之環境景觀外，並踴躍認養規劃公共綠地，或闢建運動公園，例如台灣積體電路公司認養新竹市青草湖畔之綠地景觀，聯華電子公司闢建並認養網球場、籃球場、

表12-2　新竹科學工業園區廠房宿舍

單位：廠房、戶、間

項目	標準廠房	眷舍				宿舍				
		獨立	公寓	樓中樓	合計	單身男	單身女	雙人男	雙人女	合計
數量	392	70	512	63	645	268	156	372	164	960

資料來源：科學工業園區管理局（1999）。

溜冰場及近3公頃之景觀公園，茂矽電子公司認養1.74公頃的綠地，闢建為「竹科運動公園」，國喬科技公司也認養0.11公頃之綠地。由於管理局與園區廠商之精心規劃與合力經營，科學園區綠意盎然，且一年四季花團錦簇，已成為新竹地區聞名的觀光勝地。

（五）支援服務

政府依據「科學工業園區設置管理條例」，為執行園區管理業務，辦理園區營運工作，並提供園區事業各項服務，依組織條例由國科會設置園區管理局，提供單一窗口服務，包括各部會授權辦理之企劃業務、研發獎勵、投資服務、勞工行政、工商服務、工程建設、地政管理、資訊網路、公共福利、醫療保健、倉儲服務、環境保護、消防救災、安全防護、交通管理等等。另為提供園區廠商多元化之服務，並委託民間經營多功能展示中心，除了展示園區歷年來各項榮獲第一及重大成就之產品展，並提供各項會議、人才培訓、科技藝文活動、餐飲、金融等服務。

為了提供園區公司一貫化之完善服務，政府並依法引進相關機構之服務分支單位。包括財政部台北關稅局科學園區支局、電力公司、電信公司、郵局、自來水公司、中國石油公司、國家實驗室等研究機構、實驗中學及托兒所等教育機構、同業公會及其他蕙竹社等17個社團組織、稅捐處及聯亞、龍泰等特定服務業。工商服務業方面，有多家會計師及律師事務所、43家報關行、37家營造業及8家銀行等服務單位。

除了相關支援服務設施之配置外，科學園區的發展也帶動周邊服務業之蓬勃興起。例如就銀行之分布情形而言，根據新竹市銀行同業公會89年7月間統計資料顯示，新竹市30餘萬人口中共有71家銀行進駐，平均每4,700人就有一家銀行，遠超過台北縣市與桃園縣每6~7千人才有一家，除了園區內有8~10家分行

外,光復路除電子業儼然已成銀行街,短短一、二公里就有14家銀行,尚未包括合作社、農會及郵局。另就新竹市各銀行的存款總額分析,台灣銀行新竹分行以330億餘元居榜首,其次合作金庫310億元,交通銀行科園分行與土地銀行分居三、四名。

（六）水源供應

新竹科學園區之總產值泰半來自半導體產業,而半導體產業係屬高耗水之高科技產業,以每月產能3萬片的IC晶圓廠計算,6吋晶圓廠每日耗水量約1,500至2,500噸、8吋晶圓廠約2,000至2,500噸、12吋晶圓廠約4,500至5,000噸。根據管理局89年7月間估計,園區用水量約9.5萬至9.8萬噸,而自來水公司配水量約12萬至13萬噸,89年至90年因廠商擴建又增加2萬至3萬之用水量。

目前新竹科學園區之水源供應,主要來自寶山水庫約5萬噸、其次永和山水庫約4.7萬噸、隆恩堰約2~3萬噸。如就大新竹地區之用水需求分布情形觀之,在正常狀況下總需求量34.5萬噸,除科學園區約需11萬噸外,新竹市需求量為17萬噸,另竹北、新豐、湖口需求量約6.5萬噸,其中新竹工業區需水量約4萬噸（詳如〔**表12-3**〕）。為因應枯水期之缺水問題,自來水公司第三區管理處業於89年6月間,積極辦理新竹給水廠第一淨水場工程、支援科學園區供水連絡管線,及第四抽水站污泥雜物清除等工程。根據過去之缺水經驗,即曾抽調台北、桃園及苗栗等地之水源供應。按新竹縣市約80萬人口,竟需仰賴翡翠水庫、石門水庫、寶一水庫及永和山水庫等四水庫之水源,由「南水北運」及「北水南運」的現象,顯示科學園區尤其半導體產業對水資源供需之影響頗鉅。

由於竹南、銅鑼園區之用水需求與新竹科學園區之水源完全相同,故竹南基地之供水量僅約1.9萬噸。目前規劃中的寶二水庫蓄水規模可達3,200萬噸,為寶一水庫之6倍,89年6月間已

表12-3 大新竹地區水資源系統供需一覽表

項目	區域淨水場設計出水能力	目前供水能力	正常狀況下用水需求量
數量	19.9萬噸	34.5萬噸	34.5萬噸
詳細內容	新竹第一淨水廠8.9萬噸。 南雅淨水廠4萬噸。 寶山給水廠6萬噸。 湖口水井1萬噸。	新竹第一淨水廠9萬噸。 南雅淨水廠4.2萬噸。 寶山給水廠7萬噸 湖口水井1萬噸。 東興給水廠支援12萬噸。 二區管理處支援1.3萬噸。	新竹需水量17萬噸。 科學園區需水量11萬噸。 竹北、新豐、湖口需水量6.5萬噸。

資料來源：自來水公司第三區管理處（2000）。

發放地價補償款41億餘元，規劃施工期為7年，未來每天可供大新竹地區19萬噸用水。至於已完工之隆恩堰卻因第二淨水廠工程暫無法供水，90年間工程完竣後有效截取逕流入海之頭前溪水，豐水期可供園區用水約16萬噸。為充裕園區用水需求，管理局除積極督促廠商製程用水回收率達85％，並協調水公司研擬增設抽水設備，解決末端用水不足問題，同時研商海水淡化之可行性；另協調經濟部核定用水量由每日13萬噸提高至16萬噸。提升各淨水廠出水能力，並彈性調度區域用水需求。

（七）電力供應

　　半導體產業具有資本密集、技術密集及高附加價值等特性，為配合生產過程之精密需求與穩定產品良率，有賴充裕且高品質之電力供應。而半導體產業亦屬高耗電產業，以每月產能3萬片的IC晶圓廠計算，6吋廠每日用電量約2萬千瓦、8吋晶圓廠約2.5萬至3萬千瓦、12吋晶圓廠約5.5萬至6萬千瓦。目前新竹科學園區用電量每小時約75萬千瓦，另有新宇汽電共生公司可供電15萬千瓦（詳如〔**表12-4**〕），根據統計近5年用電量每年成長28％以上，每度電產值高達156元以上。由於科學園區的總

表12-4　園區用電供需預測

單位：萬千瓦／小時

年度	1999	2000	2001	2002	2003	2004
預估用量	48	75	90	104	118	130
自備電源	10	15	15	40	40	75

資料來源：科學工業園區管理局（引自黃文雄，2000）。

用電量90％來自半導體產業，因此對於電力之需求量與品質之要求均甚高。

　　根據調查資料顯示，921集集震災對新竹科學園區積體電路業之影響頗鉅，茲就震災電力中斷對園區半導體業之影響程度分析如次：

♨地震前概況分析

　　新竹科學工業園區產值有泰半來自積體電路產業，地震前共計有26座晶圓廠分布於台積電、聯電、華邦等16家公司，88年8月營業額為208.3億元，較上年同期增加65％。

♨當年921震災影響之調查分析

　　根據科學工業園區管理局調查，自地震發生至完全恢復正常生產為止，園區晶片製造業16家公司26座晶圓廠總損失共計約100億元。9月25日起各廠均已順利復工生產，例如產量最大之台積電公司，迨至9月底前產能即恢復到八成。有關震災對積體電路產業之影響進一步分析如次：

1.該次震災積體電路產業之總損失100億元，包括設備零配件存貨在製品之損失，及因停工之營業額減少兩部分，前者約占25％，後者約占75％。

2.由於各公司都有辦理保險，大多數損失均可獲理賠。例如台積電雖然營收減少28億元，估計在獲得保險理賠後，對獲利之影響將低於10億元。另聯電公司設備及在製品損失2億元，約可獲理賠1.9億元；至營業額減少10億元亦可獲

得部分理賠，估計獲利減少4億元。平均而言，獲利損失約占總損失之三成左右。

3. 就震災對個別公司之影響而言，營業額總損失接近月產值之五成，約相當於短少14天之產值。至於設備零配件之損失，因各家情況不同，受損程度互異。

4. 對個別晶圓廠之影響而言，以一座8吋晶圓廠為例，營業額之損失約介於4億元至8億元不等。

根據科學園區廠商電力品質監測系統所監測結果，89年至11月17日為止發生有損失之電力事故共29件、無損失者43件，合計72件。其中大部分之事故，係因園區外輸配電線路事故造成園區供電電壓驟降（黃文雄，2000）。根據經濟部資料顯示，新竹科學園區屬中部供電系統，目前仍超出371萬千瓦，整體供電量無缺。有關輸配電規劃及工程完工後，包括區內特高壓用戶電線地下化，及峨眉至新竹161KV線由原單路擴充為雙迴路供電，於90年底陸續完工；配合園區用電需求，復於93年8月新建完成龍梅變電所、92年9月完成改建龍山變電所、95年將改建龍明變電所、93年新建竹園變電所，將可提高供電可靠度，可滿足96年每年之用電需求（林信義，2000，〔**表12-5**〕）。

（八）氮氣供應

氮氣是積體電路及TFT-LCD製程必須使用之氣體，主要用於爐管內隔離氧氣，及一般清潔晶圓片表面。根據統計，89年

表12-5　新竹科學工業園區用電預估

單位：萬千瓦

年度	90	91	92	93	94	95	96
特高壓用電	56	65	70	76	81	86	91
普高壓用電	33	39	45	51	57	63	70
合計	89	104	115	128	138	149	161

資料來源：林信義（2000）。

新竹科學工業園區所有廠商之氮氣需求量，每小時約6萬立方公尺，其中聯亞氣體公司供氣量約占68％、亞東氣體公司約占20％、三福化工公司供氣量約占12％。

科學工業園區氮氣供應短缺對晶圓製造之影響，除了921地震外，最近較嚴重之一次係因變電所火警及電壓壓降產生機組當機。緣於89年11月2日清晨2點50分新竹科學園區力行路龍松變電所火警，加上當天4點25分調整配電機台之瞬間壓降，導致園區聯亞氣體公司供氣機組嚴重當機。自該日6點40分起聯亞公司對全園區晶圓廠之氮氣供應，已由正常每平方公分10公斤之氣壓驟降為4~5公斤。遠低於一般最低供氣壓力7.6公斤及純氮氣壓力6.8公斤，半數晶圓廠已無法投片生產。

有關氮氣供應短缺對晶圓製造之影響，根據聯亞氣體公司供氣機組之復原進度，由於11月2日下午2點兩部機組復原後，可提升供氣壓力2.5公斤約達到7公斤水準，至該日傍晚7點再提升1公斤達8公斤之供氣壓力，除管線末端晶圓廠外已可開始運轉並投片生產。由於部分晶圓廠可自行供應氮氣、或備有儲存液態氮、抑或由亞東公司提供，例如台積電僅2、3、4、5廠受影響，聯電亦有部分晶圓廠可正常運轉，因復原順利估計全園區之停產損失約4~5億元。

（九）污水處理

科學園區之污水處理規定，除雨水及未受污染之冷卻水外，廠商應將全部污水匯集至採樣井，再排入污水人孔。由於台灣水資源有限，基於節約能源之考量，污水經三級處理後，可以回收使用於綠地自動噴灌系統及魚池用水（新竹科學工業園區，2000）；至於污水處理目標詳如〔**表12-6**〕。

為因應廠商新建、擴建工程之快速發展，新竹科學園區污水處理廠第二期擴建工程於87年完成後，園區污水處理廠之總處理量已由每日5萬噸增加至8.5萬噸；目前最大設計處理量為11

表12-6　新竹科學園區污水處理目標

單位：毫／公升（Unit: mg/l）

項目 Item	生物需氧量 BOD5	懸浮固體 SS	pH值 pH
進流水 influent	310	440	5~10
放流水 effluent	30	45	6~8
環保署放流水標準 E.P.A. effluent limit	80	220	5~9

資料來源：新竹科學園區污水處理廠（2000）。

萬噸，預估處理容量10萬噸，實際污水量約7.9萬噸，90年擴建後最大設計處理量提高至16.5萬噸。另對污水之排放及處理，並實施自工廠廠區至污水處理廠之全程控管，嚴格執行工廠自檢及複檢制度，且於各排放口裝設水質監測器，隨時掌握排放水質。

（十）人力資金投入

　　為辦理園區有關業務，提供園區廠商各項服務，國科會早於民國68年9月1日成立新竹科學工業園區籌備處，69年9月1日正式成立科學工業園區管理局，現依法分設企劃、投資、勞資、工商、營建及建管6個業務組，提供單一窗口之行政服務。另為加強並提供相關服務機能，於71年設置儲運服務中心，72年先後設置消防隊、清潔隊、員工診所、供應中心，以維護園區安全，擔任消防救災及緊急救難任務，維護園區清潔及環境美化，對區內機關與廠商員工提供醫療及有關服務。管理局之預算員額從69年55人，成長至75年234人、80年239人，惟85年則減少至229人，89年預算員額為217人，實際員額為210人（不含保警中隊），包括任用人員116人、聘用58人、約僱5人、技工工友31人。

　　政府開發建設科學園區之經費來源有二：一為配合政府施政計畫，由政府編列之公務預算；一為「科學工業園區管理局作業基金」，主要來自園區管理費收入及廠房住宅、宿舍與土地

租金收入,其次包括政府撥款、作業服務收入、公共設施建設費收入、安遷戶土地配售收入,及其他收入;至於基金用途包括作業服務支出、公共設施服務、廠房徵購及有關建築物支出,及用於科學工業園區開發擴充等用途。新竹科學工業園區自67年籌設以來,截至89年12月止,總支出經費已達560.58億元,其中經常性支出301.71億元、資本財支出258.87億元。資金來源分別為政府投資244.16億元、基金營運資金172.14億元、基金借款144.28億元。

二、產出面的重要設施與研發機能

有關新竹科學園區產出面之主要基礎設施及有助提升生產力之研發機能,包括產品運輸、保稅貿易、委託加工、學術環境、研究機構、廠商結構、研發團隊、研發獎助、人才培訓及產業聚落成長等。除了保稅貿易與委託加工部分,將於下一章深入探討現行制度改善情形及廠商滿意度分析;另廠商結構及產業聚落成長業於第11章闡述外,茲就其餘項目分別析述如下:

(一)產品運輸

根據「科學工業園區設置管理條例」第28條原規定,園區事業輸出國外或由國外輸入之物資,均應報經海關在指定倉庫查驗放行。其往來園區至港口或機場間之運送,並應交回管理局設置之儲運單位,或經管理局認可之運送人,以具有保稅設備之運送工具承運之。科學園區管理局為對園區事業提供倉儲、裝卸及運輸服務,爰依「科學工業園區設置管理條例」,於71年2月13日訂定「科學工業園區管理局儲運單位管理要點」,並依法設置儲運中心,民營化前該中心組織計有44人,主要設備包括保稅貨品倉庫、危險品倉庫及貨櫃查驗場各一棟,主要

運輸設備有大貨車2輛、小客車1輛、拖板車12台。該中心為配合24小時全天無休之通關服務，員工假日照常上班，由於貨量不斷增加，業績蒸蒸日上，88年度營收高達1.94億元，年成長率達30.2%（詳如〔**表12-7**〕）。

(二) 學術環境

科學園區與學術研究機構緊密結合，係世界各成功科學園區之共同特徵，新竹科學工業園區早於設立選址即考量工研院、清華大學、交通大學等研究機構均咫尺相鄰；其中工業技術研究院設有電子、光電、電腦與通訊、材料、機械、化工、能源與資源、工業安全衛生、航太、量測、生醫工程中心、產業經濟與資訊服務中心等十餘個技術研究與推廣單位，研究人員達6,000餘人，為國內產業建立核心技術，20年來不斷開發新技術，以技術移轉或衍生新公司方式，在科學工業園區組織研發團隊成立新公司，截至88年底，由工研院技術團隊衍生之園區新公司如聯電、台積電、世界先進等多達36家公司。另清華大學、交通大學均屬以理工為主的綜合性大學，分別有6個及5個學院，學生人數不斷成長已逐漸接近1萬人；兩所大學不但提供充沛的人力資源，同時接受委託辦理園區之人才培訓，及參與入區廠商之技術審查工作，截至88年底，經該兩所大學研發成果衍生之園區公司共有16家。除此之外，食品科學工業研究所也離科學園區不遠，而科學工業園區聚集高科技人才，亦提升新竹地區之人力素質，多所大專院校相繼升格擴建，諸如新

表12-7　科學園區儲運中心營運統計表

單位：新台幣百萬元

項目	85年度	86年度	87年度	88年度
收入	109	120	149	194
成本	41	45	50	49
盈餘	68	75	99	145

資料來源：科學工業園區管理局（2000）。

竹師範學院、明新科技大學、中華大學、大華技術學院、玄奘大學及籌備中的台大竹北分校等等，已然形成產、官、學、研密切合作的架構與研發培訓的互動機制。

（三）研究機構

科學園區有三個國家級實驗室，包括太空計畫室、高速電腦中心、同步輻射研究中心，及有關支援研究單位包括精密儀器發展中心、晶片設計製造中心，另有設於交通大學內之毫微米元件實驗室。

⚓太空計畫室

我國太空科技發展長程計畫於80年8月經行政院核定，同年10月「國家太空計畫室籌備處」成立，復於84年6月通過「行政院國科會國家太空科技研究中心組織條例」送立法院審議。主要為奠定我國太空科技發展之基礎，經由太空計畫之執行促進學術精進，產業升級，塑造我國在國際太空市場及應用產業之競爭資產；例如中華衛星一號之科學酬載包括觀顏測海之海洋水色照相儀、有助無線電通訊研究之電離層電漿電動效應儀及通訊實驗酬載。

⚓高速電腦中心

國家高速電腦中心自82年大樓完工成立至今，已邁入高速計算應用與推廣的營運階段，研究主題多為國內缺乏、而產學界均尚未有能力和經驗進行之高速計算技術。未來主要任務，為建置高水準之成熟高速計算環境，建立並引導國內平行計算應用能力與研究，引進產業應用關鍵技術與實務應用，俾利高速計算軟體產業之發展。

⚓同步輻射研究中心

我國同步輻射研究中心於72年經行政院核定設立，75年3月成立籌建處，歷經多年的努力，於82年10月完成亞洲第一座第三代電子儲存環的試車與運轉，並自83年4月起開放用戶實驗申

請使用。該中心主要任務，除持續提供與改良同步輻射光源外，並充分開發與運用此一先進光源，從事前瞻性科學研究與工業應用。

精密儀器發展中心

國科會於63年設立精密儀器發展中心，主要依據國家科技發展計畫，支援學術研究及高科技產業發展，以發展精密儀器及技術推廣與技術服務為目標。具體而言其任務包括精密儀器之研究發展及應用開發、精密儀器之維護檢校、精密儀器之人才培訓與資訊服務；早期以開發新興技術為主，帶動國內光電、真空產業蓬勃發展，累積精密儀器各項技術，除在光學、真空、精密定位掌握技術優勢外，並具備光、機、電系統整合之實作能力，近年來更積極結合學術界與高科技產業界進行前瞻性技術研發，加強技術移轉、人才培訓及儀器維護等技術服務。

晶片設計製造中心

依據80年1月第四次全國科技會議決議：「成立類似美國MOSIS（MOS Implementation System）積體電路設計服務單位，提供微電子系統設計人員更方便之積體電路製造服務」。「晶片設計製造中心」主要任務，包括協助學術界、研究機構及產業界建立良好之IC晶片及系統設計實作之研究環境，提供有關IC晶片及系統雛形設計實作之服務，並將研究成果及技術推廣至產業界，成為產學研機構間之橋樑。

毫微米元件實驗室

行政院於77年8月核定成立「國家次微米元件實驗室」，旋即於78年在交通大學興建該實驗室，迨至82年更名為**國家毫微米元件實驗室**（National Nano Device Laboratories，簡稱NDL），主要宗旨係以研發先進技術設備，培育學術界與產業界所需尖端人才；引導學術界從事關鍵性毫微米技術之研究發展，自250毫微米線幅向更小線幅挑戰，並將技術移轉至工業界，以增強

我國積體電路產業之競爭力。申言之，其主要任務包括從事前瞻性毫微米元件模組技術研發、執行學術界與產業界技術服務與合作研究，並培育國內毫微米元件之高級技術人才。

（四）研發團隊

根據調查統計，新竹科學園區廠商87年所投入之研發費用約達318億元，占總營業額之比率為7%，遠高於全國製造業研發費用支出比率約1%~2%，如就園區六大產業觀之，以生物技術產業最高達21.5%，其次依序為積體電路產業9.5%、光電產業6.6%、通訊產業5.6%、電腦及周邊3.8%、精密機械產業3.2%，惟若以研發經費言，則以積體電路產業218.81億元，為六大產業之最，其次電腦周邊產業56.14億元、通訊20.55億元、光電18.82億元；另就研發團隊占員工人數之比率而言，六大產業平均為13.7%，其中以積體電路產業之研究人員最多達5,455人，占員工人數13.5%，其次依序為電腦及周邊1,978人、占13.2%，通訊產業1,190人、占18.2%，光電產業900人、占12.3%，精密機械業123人、占7.9%，生物技術產業109人、占29.1%（詳如〔**表12-8**〕）。

表12-8　新竹科學工業園區廠商之研發經費支出與研發團隊

產業類別	研發經費（億元）	研發經費比率（%）	研究人員（人）	研究人員比率（%）
積體電路	218.81	9.5	5,455	13.5
電腦及周邊	56.14	3.8	1,978	13.2
通訊	20.55	5.6	1,190	18.2
光電	18.82	6.6	900	12.3
精密機械	2.42	3.2	123	7.9
生物技術	1.61	21.5	109	29.1
合計	318.36	7.0	9,755	13.7

註：研發經費比率＝研發經費／營業額；研究人員比率＝研究人員人數／員工人數。

資料來源：科學工業園區管理局（2000）。

（五）人才培訓

園區管理局基於廠商對專業技術人才培訓之需求考量，配合未來人力發展及提升人力素質，持續與交通大學、清華大學等學術研究機構，合作辦理各項專業技術人才培訓計畫。開辦課程內容包括：半導體製程及設計、光電技術、通訊與電子整合、電腦與自動化控制工程、生物科技、通訊與電腦整合、深次微米製程等理論與實務課程。累計自81年至88年共培訓38,528人次，倘加計管理課程、專題討論、夜間在職進修、第二專長等訓練，總計多達63,725人次（詳如〔**表12-9**〕），除了提供科學園區員工在職進修機會，更有助於汲取科技新知，加速產品研發及產業升級。

（六）研發獎助

因應高科技產業之產品創新與研發需要，園區管理局於74年起仿效美國**中小企業創新研發制度**（Small Business Innovation Research，簡稱SBIR），制定「科學工業園區創新技術研究發展計畫獎助實施要點」，藉以推動鼓勵廠商從事科技研發投入。自74年實施至88年底止，累計獎助498件創新研發案，其中積體電路最多為143件，約占28.7%。獎助金額總計9.25億元，占廠商計畫研發投入總金額37.95億元之24%；顯示政府每投入1元，可誘導廠商研發投入4元，由於政府採無償獎助措施，有效激勵園區廠商之競相爭取獎助，從而全面帶動園區研發風氣，創新產品與技術不斷產生新的專利，促進園區科技水準持續提升。

表12-9　新竹科學工業園區人才培訓統計表

單位：人次

年　　度	81	82	83	84	85	86	87	88	合計
專業技術	3,135	2,641	3,397	5,075	5,404	6,485	5,983	6,408	38,528
管理課程	3,535	3,098	2,821	2,647	2,773	3,416	3,648	2,267	24,197
合　　計	6,670	5,739	6,218	7,722	8,177	9,901	9,631	8,675	63,725

資料來源：科學工業園區管理局企劃組（2000）。

　　園區管理局為執行國家科技發展計畫有關開發關鍵零組件及產品技術能力，曾與經濟部工業局之「主導性新產品補助計畫」協調分工，採取補助經費方式訂定「研究開發關鍵零組件及產品計畫補助要點」，並自82年起開始實施。以協助廠商創新研發計畫，加速產品商品化時程，提高量產良率與品質。截至88年底，累計補助90案，獎助金額合計24.77億元，占廠商計畫開發總金額65.16億元之38％。

12.3 新竹科學工業園區廠商營運機制與規範

　　新竹科學工業園區廠商有關營運制度規範，包括政府政策、投資引進、租稅優惠、技術作股、投資完成、開工檢查、轉投資行為、區外設立分公司規範，以及撤銷出區辦法、專利法、反傾銷法、公平交易法、研發獎助辦法等法令與制度規範。為協助園區廠商多角化經營，並改善擴充園區發展規模，管理局曾提經園區指導委員會決議，開放科學工業園區事業得於投資計畫完成前，從事轉投資業務；並開放園區公司得於區外設立分公司或工廠，均有助於廠商推動全球化運籌中心之經營策略，提升國際市場之競爭力。茲就有關園區特有之制度規範與政策取向分別析述如次：

一、投資引進原則

　　科學工業園區之廠商引進原則，主要考量國內尚無產製或技術優於現有產品者，及國內急需之重要關鍵性零組件（產品）以研究發展為主。針對投資申請案之審核重點，包括產品技術與特色、技術優越性、智慧財產權、技術團隊、土地廠房需求、用水用電、污染防制無公害產生、研究發展計畫、良好而

適當的市場策略、財務結構健全、僱用及培養我國科技人才、投資計畫能配合我國產業發展,且對我國經濟建設有重大助益。

　　由於新竹科學園區之土地廠房及水電等公共資源使用已近飽和,投資引進主要以研發密集、技術創新、高附加價值之小型公司為主;台南科學園區投資案則以研發量產型之高科技公司為主。至於新竹科學工業園區未來之引進策略,除應兼顧科技發展與環境保護,並建立總量管制預警制度及資源供需資料庫,以促進資源配置合理化。開發中的竹南基地,由於包括國家衛生研究院、動物科技研究所及心臟醫學中心,其工業區土地約36公頃,配合行政院「加強生物技術產業推動方案」,約一半土地將規劃作為生物技術產業專區,5公頃興建標準廠房,其餘13公頃作為光電、通信及半導體設計等產業區,由於以生物技術產業為主,根據工研院生物醫學工程中心規劃,未來竹南生技園區之最大效益,將展現成為我國無形資產最密集、價值最高的園區。未來評估竹南生技園區的績效,不應以產值作為指標,而應以能吸引多少資金投入研發,作為最重要指標。預計3年內引進約50家生技廠商,研究人員及從業員工3,500人;10年後達150家公司,員工人數達10,000人。惟目前申請進駐之生技廠商,除新竹科學園區現有生技廠商外,僅有10家左右;面對半導體、光電及通訊等產業土地需求殷切之情況,是否堅持預留完整生技產業之發展空間,由於該不可逆轉之產業引進策略,繼新竹科學園區三期生技專區幻滅後,再度考驗政府決策,復因毗鄰國家衛生研究院等研究機構聚落效應之規劃,導致該產業政策決定倍增挑戰與重要。

二、轉投資行為規範

　　根據國科會科學工業園區指導委員會87年3月23日第134次

會議通過，同年5月15日開始實施之「科學工業園區事業得於投資計畫完成前從事轉投資業務規範要點」，園區事業在投資計畫完成前，如符合下列條件之一者，得從事轉投資業務；包括：

1.有助於引進業務所需之關鍵技術者；
2.有助於取得公司所需之原物料者；
3.有助於擴大公司產能者；
4.有助於公司建立行銷通路或確保產品市場者。

凡園區事業符合前揭要件，擬於投資計畫完成前從事轉投資業務，如累計轉投資金額低（含）於公司實收股本40％者，應報經園區管理局核備；累計轉投資金額高於公司實收股本40％者，應事先向園區管理局申請核准後始得實施。

依科學工業園區指導委員會72年11月3日第35次會議決議，同意園區事業完成投資計畫後，始得依公司法、華僑回國投資條例及外國人投資條例相關規定，從事轉投資業務；惟公司法79年修正後，已取消轉投資行為之限制，經濟部並於81年公告轉投資業務允屬公司理財行為，不得列入營業項目內；另據公司法第13條規定，公司轉投資不得超過其實收股本40％，惟倘公司章程有記載或經代表已發行股份總數三分之二以上股東出席，以出席股東表決權過半數同意之股東決議者不受此限。準此，該轉投資行為規範似已逾越公司法之規範，尤其近年來經濟自由化、國際化盛行，為協助企業多角化經營，並於區外或國外轉投資開拓國際市場，解除或放寬管制誠屬需要，爰經指委會同意放寬如上。

三、投資保障

引進國外先進技術與高科技人才，係科學工業園區設立之重要目標，為了有效吸引外人投資，根據「華僑回國投資條例」

及「外國人投資條例」相關規定，外國投資人享有與本國投資者相同之優惠條件及權利，除法律另有規定者外，其投資事業在法律上之權利義務，與國內人民經營事業相同。且外國投資人享有園區事業100%股權，亦可尋求中華民國政府及本國企業為其共同投資者。投資人對所投資事業之投資額，占該事業資本總額45%以上者，得不適用公司法第156條第4項關於股票須公開發行，及第267條關於投資人以現金增資原投資事業，應保留一定比例股份，由公司員工承購之規定。

投資人或海外華僑得以其投資每年所得之孳息或受分配之盈餘、資本利得，申請結匯。投資計畫完成1年後，外國投資人得將投資額申請一次匯出；而投資人經核准轉讓股份或撤資、減資時，得以其審定之投資額，全額一次申請結匯，其因投資所得之資本利得亦同。除此之外，外國投資人對所投資事業之投資額，占資本總額達45%以上者，在開業20年內，**繼續保持其投資額在45%以上時，不予徵用或收購**。若外國投資人對所投資事業之投資額，未達資本總額45%以上者，如政府基於國防需要，對該事業徵用或收購時，應給予合理補償，其補償所得價款，可以申請結匯。另所有園區事業得經園區管理局核准兼營其業務相關之進出口貿易業務。

四、專利權或專門技術作股規範

根據「科學工業園區設置管理條例」第23條第3項規定，科學工業投資人得以專利權或專門技術作價，最高可達總投資額25%，惟兩者合計不得超過25%。由於「專利權及專門技術作為股本投資辦法」業經經濟部86年9月24日以經（86）投審字第86028668號令廢止在案。因此，有關專門技術作價須有現金資本或實物相對出資，及於投資計畫完成之日起兩年內不得轉讓等規定，均已解除管制。

按美國高科技公司之員工待遇制度，係包括三項組成：(1)高薪（相較於台灣而言）；**(2)股票認購權**（stock options）；(3)**創始股票**（founder's shares）。美國股票制度與台灣最大之不同，在於股票面值可以自訂，亦無技術股不得超過15％之規定（原「專利權及專門技術作爲股本投資辦法」規定）。一般美國高科技公司在創立的時候，創始股東（大多爲技術人）欲占有公司多少股權，每股定價若干，可謂完全自由。舉例來說，高科技公司的創始股東可以決定以象徵性的價格，取得公司過半數股權，當公司成功上市以後，這些創始股東即可成爲億萬富翁（曹興誠，1999）。根據筆者造訪美國矽谷創投業者表示，由於矽谷對技術股並無任何規範與束縛，新創科技公司在富有經營彈性的環境下，如雨後春筍般的到處林立，是帶動矽谷高科技投資熱絡之重要因素之一，似值得借鏡。

五、租稅優惠

有關營利事業所得稅方面，根據「科學工業園區設置管理條例」第15條原規定，新設科學工業5年免徵營利事業所得稅，可自產品開始銷售或勞務開始提供之日起2年內，自行選定4年內之任一會計年度之首日起，連續免徵營利事業所得稅5年。至於科學工業增資部分，可享4年免徵營利事業所得稅，或以新增生產（或提供勞務）之設備成本之15％，抵減增資擴展年度之營利事業所得稅，當年度新增所得之應納稅額不足抵減時，得在以後4年度新增所得之營利事業所得稅中抵減之。而科學工業免稅期滿後，營利事業所得稅及附加稅捐額課徵不超過20％。

另依「科學工業園區設置管理條例」第17條規定，園區事業進口自用機器設備、原料、燃料、物料及半製品免徵進口稅捐及貨物稅，且無須辦理免徵、擔保、記帳及押稅手續。而園區事業以產品或勞務外銷者，其營業稅稅率爲零，並免徵貨物

稅。除此之外,科學工業以其未分配盈餘增資,供增置或更新
從事生產、提供勞務、研究發展、品質檢驗、防治污染、節省
能源或提高工業安全衛生標準等用途之機器、設備或運輸設
備,其股東因而取得之新發行記名股票,免計入當年度所得額
課稅,嗣該股票轉讓、贈予或作為遺產分配時,方需申報課
稅。經政府指定之重要產業,可保留盈餘達已收資本額200%,
超過部分得課稅10%後保留免分配。

　　由於近年來我國財政負擔較重,科學園區高科技廠商之租
稅優惠一度遭受質疑,據財政部賦稅署統計,民國79年至83年
度科學園區廠商的平均有效稅率為1.57%,換言之,每一百萬所
得,只需繳稅1.57萬元,同期間製造業前一百大的平均有效稅率
是15.29%,一般中小企業是20%。事實上,政府自80年1月1日
公布施行之「促進產業升級條例」,為協助重要科技事業、重要
投資事業及創業投資事業之集資,並分擔該等股東之投資風
險,曾規定該等事業得享受股東投資抵減或公司5年免稅二選一
之租稅優惠,協助其透過股票發行在市場上募集資金。因此,
租稅優惠並非科學園區廠商之專屬,凡區外廠商符合「促進產
業升級條例」之法定要件者,亦得適用。

　　88年12月31日新修正之「促進產業升級條例」除一般功能
性獎勵外,有關租稅優惠規定已作調整,該條例第8條規定;為
鼓勵對經濟發展有重大效益、風險性高且亟需扶植之新興重要
策略性產業之創立或擴充,營利事業或個人原始認股或應募屬
該新興重要策略性產業之公司發行之記名股票,持有時間達3年
以上者,得依規定抵減當年度應納之營利事業所得稅或綜合所
得稅額,第一項新興重要策略性產業之適用範圍、核定機關、
申請期限、申請程序及其他相關事項,由行政院召集相關產業
界、政府機關、學術界及研究機構代表定之,並每兩年檢討一
次,做必要檢討及修正。較之原促產條例獎勵之重要科技事
業,獎勵對象之範圍已限縮為對經濟發展有重大效益、風險性

高且亟需扶植之新興重要策略性產業，其個人股東抵減率亦由原重要科技事業之20%降為10%，且自89年起每隔兩年降低一個百分點。至於新興重要策略性產業之適用範圍，主要分布產業包括三C產業、精密電子元件、精密機械設備、航太工業、生醫及特化工業、綠色技術工業、高級材料工業及技術服務業等，其中積體電路製造若以CMOS製程者以0.175微米（含）以下為限，另製程部分之廢水回收應達八成五以上。

關於租稅優惠之調整，主管機關主要考量高科技產業發展過程、財政狀況及國際間競爭對手對高科技產業之獎勵所作之修正。究其持續提供限縮租稅優惠之必要性，渠認為新興高科技產業具有重大之外部效益且具高風險、高進入障礙之特性，新進投資者面臨資金募集困難、國內缺乏上下游產業支援、技術落後等挑戰，必須自行建立中心衛星體系、發展技術、培育人才，甚至協助主管機關建立法令規章（如航太、生物技術等），同時必須面臨先進國家之競爭。盱衡主管機關考慮因素，堪稱周延；惟深究各國政府加強吸引高科技產業投資，及近年來科學園區部分廠商遷移大陸投資之現象，除了應斟酌限縮租稅優惠是否與競爭對手國背道而馳外，投資環境是否造成讓產業出走，諸如水電等公共設施及勞工政策與環保政策等，與產業發展政策互有**抵換**（trade-off）效果之政策推動方法，是否有檢討空間誠屬重要，實值得正視。

六、投資計畫完成之監管

有鑑於科學工業園區資源有限，為有效執行我國高科技產業政策，落實科技生根與人才培育等計畫，舉凡投資申請人於申請案核准後，依法應按管理局規定繳納保證金，用以保證投資計畫之確實施行；如未依規定繳納者，則撤銷該投資之核准。俟園區事業開工營運滿1年以上（現已放寬滿1年之規定），

已達投資計畫完成之階段，得向管理局提出申請退還投資保證金。而管理局審查投資計畫是否完成之評估重點，除組成評估小組實地了解外，有關評估項目及其權數，包括實收資金、生產設備、產品範圍、公害防治等4項各占20％，研究發展及科技人力二項各占10％；至於評估標準分別爲：實收資金是否已達原核准之股本總資金且營運正常，生產設備是否依投資計畫輸入足夠之生產設備並裝置妥當，經試車後能否順利運作，所生產之產品範圍是否符合原核准之範圍，且原計畫之主要產品是否已開發完成並上市，科技人力是否符合原投資計畫之科技人力比例，研究發展是否有具體之研究發展計畫並已實際執行，公害防治包括排放廢水、廢氣、廢棄物是否符合有關法令之規定。

目前入區廠商繳交之投資保證金爲資本額之千分之三，該保證金於投資計畫全部完成時無息發還，如投資計畫經核准分期實施者，按實施投資金額比例發還；如未按投資計畫完成，經管理局撤銷其投資案者，除沒入保證金外，並得令其遷出園區。一般投資計畫完成期限以3年爲原則，如需展延需報經管理局核准。截至89年10月底止，科學園區投資計畫逾5年未完成者計有40家，保證金額度2,155.8萬元，約相當於投資額70.8億元；較88年10月底46家公司保證金5,807.6萬元，約當投資額193億元，已有大幅度改善。有鑑於高科技產業之產品週期較短，投資計畫延宕過久仍未能完成者，部分廠商容易淪落爲經營艱困公司，卻一直占有園區稀少之土地或廠房資源，爲期解決該等營運長期停滯現象，管理局已研修相關法令，俾使原投資計畫因情況特殊未克完成者，得以沒入投資保證金後，因應產業技術進步或市場變化，有調整或再生之機會，並報經專家學者審查通過後實施，庶幾更有利於科學園區之資源配置與個別廠商之營運，有效促進產業再升級。

七、開工檢查

依現行作業規定,科學工業園區引進之投資案經核准後,6個月內必須辦妥公司設立登記,而取得公司證照後,應購置有關機器設備,依經營計畫聘妥經營團隊及相關人員,通過消防檢查後始得申請開工檢查,由管理局各組派員組成評估小組,實地赴廠商進行開工檢查,廠商通過開工檢查後核發營利事業與工廠登記證,方可開出發票正式營業。由於科學園區目前土地與廠房供不應求,部分廠商投資案經核准入區後,並無法順利取得廠房,迫使業者需申請展延設立登記、開工檢查、甚至投資計畫完成期限,部分廠商則先行於區外設廠營運,以資因應。

八、區外設立分公司規範

依據行政院第2473次院會決議,經科學工業園區指導委員會第126次及140次會議決議,並於86年7月公布再於87年12月修正之「科學工業園區公司於區外設立分公司或工廠申請及作業要點」,園區公司取得營利事業登記證與工廠登記證後,得申請於區外設立分公司或工廠,除應事先向園區管理局申請核准外,並應依公司法規定向管理局申請公司營業項目變更登記。經核准於區外設立分公司或工廠之園區公司,仍應依下列規定辦理:

1. 依「出進口廠商登記管理辦法」規定,向主管機關申請出進口廠商資格,自行辦理出進口業務。
2. 須向主管機關申辦營業登記,依其區外收入部分確實開立發票,並不得將其列入總公司免稅收入內。

3. 應依「稅捐稽徵機關管理營利事業會計帳簿憑證辦法」第4條規定，獨立設置日記簿、總分類帳、原物料明細帳，再製品明細帳、製成品明細帳、生產日報表及其他必要之補助帳簿，就其區外之收支事項加以明確記載。

4. 其與園區總公司間發生共同費用時，應事先研擬分攤辦法，報請其主管國稅稽徵機關核准，變更時亦同。

5. 園區公司委託區外廠商（含園區公司本身於區外設立之分公司或工廠）加工生產之產品，視同區外收入，不得享受「科學工業園區設置管理條例」之相關租稅優惠，惟符合「促進產業升級條例」租稅優惠規定者，可依該條例規定申請。

6. 符合「海關管理保稅工廠辦法」規定者，得向其主管關稅局申請設立保稅工廠，否則其進口物品不得享有保稅優惠，應依規定課徵進口稅捐。

　　根據86年7月19日公布實施之「科學工業園區公司於區外設立分公司或工廠申請及作業要點」，科學工業於區外設立分公司或工廠，以完成投資計畫者為限。

　　由於高科技廠商國際化程度高，面對國際市場之激烈競爭，配合其全球運籌及分工整合之經營體系，嚴格要求投資計畫完成始得設立區外分公司，將影響廠商之營運與發展，爰經園區公司鈺創、友旺公司等建議，提請園區指導委員會決議放寬如上。有鑑於新竹科學園區土地廠房供不應求，除積極開發新園區外，再進一步研議放寬區外設立分公司或工廠之議題，不但有助於解決廠房不足問題，更可留住部分擬赴大陸投資設廠之廠商，創造國內就業機會，帶動區外高科技及傳統產業發展之聚落效應，值得研議放寬或解除管制，以利業者發揮規模經濟與全球運籌效益。

九、投資案撤銷辦法

依據「科學工業園區設置管理條例」第10條第3項規定，園區事業投資計畫實施後，未依經營計畫經營，且未經管理局核准延期者，得撤銷其投資案並令其遷出園區。管理局為有效督促園區事業按核准之投資計畫經營其事業，並依前揭規定訂有「科學工業園區事業投資案撤銷辦法」，明文規定下列情況得撤銷投資核准：

1. 園區事業應於核准之日起二個月內，按核准投資總金額千分之三向管理局繳納投資保證金，期滿仍未繳納者，管理局得撤銷其投資核准。如有正當理由，得申請延展。
2. 園區事業應於核准之日起六個月內，向管理局辦理公司或分公司設立登記，並開始實施投資計畫；期滿仍未辦理登記及實施者，管理局得撤銷其投資核准。如有正當理由，得申請延展。
3. 園區事業於投資計畫實施後，應依該計畫經營，其需延展或變更計畫應經管理局核准。

管理局撤銷園區事業投資案後，除沒入其投資保證金外，應即勒令其遷出園區；該園區事業原自國外進口，或向保稅範圍外之廠商購買免徵進口稅捐及免徵貨物稅之機器設備、原料、物料、燃料及半製品，於移運保稅範圍外時，應依園區條例第17條及第18條之規定課徵進口稅捐及貨物稅。

至於針對園區事業投資計畫實施後，未依經營計畫經營者，為保障廠商權益，管理局得依下列程序，撤銷其投資案：

1. 管理局得定期派員至園區事業查驗其原投資計畫之執行概況，其項目包括科技人員雇用比率、研究發展費用支出比

率是否符合原計畫之內容，以及原承諾事項是否履行等，未符規定者，管理局應即通知其改善。

2. 園區事業應於接獲通知改善之日起，二個月內向管理局提出改善計畫。

3. 管理局得聘請技術、財務、市場行銷等相關專家組成評估委員會，審查前款提出之改善計畫。

4. 經評估委員會審查結果，若認為其提出之改善營運計畫不可行，管理局得訂1個月之期限令其修正，如修正計畫再經評估委員會審查結果仍不可行，或園區事業未能於期限內提出修正計畫，或未依第2款之期限提出改善計畫，或未依改善計畫確切執行，管理局經提報園區指導委員會審議通過後，得撤銷其投資案。

截至89年8月底止，新竹科學工業園區累計共引進393家高科技廠商，撤銷出區廠商共計103家廠商，出區廠商所占比例約26.2%（詳如〔**表12-10**〕）。新竹科學工業園區自民國68年8月29日核准第一件投資案（王安電腦，已出區），迄今核准投資案約達450家，其中約50家尚未入區即被撤銷，未入區原因包括籌資不足或經營策略改變，至於入區後撤銷之原因則包括經營不善、經營策略改變、自行遷出園區、自行或命令解散，及強制撤銷等等。近年來園區廠商經依「科學工業園區事業投資案撤銷辦法」規定，強制撤銷出區並沒入投資保證金者，計有捷邦

表12-10　新竹科學園區歷年入出區廠商家數累計統計表

單位：家

年度	68	69	70	71	72	73	74	75	76	77	78	79	80	81	82	83	84	85	86	87	88	89
入區廠家（累計）	0	7	17	28	40	49	56	66	86	107	121	140	161	174	197	222	242	270	317	349	378	393
出區廠家（累計）	0	0	0	2	3	5	6	7	8	11	14	17	24	33	45	54	60	66	71	76	88	103

資料來源：科學工業園區管理局（2000）。

電腦公司、嘉畜園區分公司、台灣科技公司、泰威科技公司、泰納科技公司等；另因經營策略改變，自行申請出區者如安普科技公司、亞瑟園區分公司等。其中嘉畜園區分公司、泰威科技園區分公司因不服撤銷處分，依法提起訴願，經國科會訴願審議委員會決議駁回在案。顯示園區科學工業投資案之撤銷機制尚稱周延，惟深究其撤銷法源，主要來自「科學工業園區設置管理條例」第10條第3項之規定：園區事業投資計畫實施後，未依經營計畫經營，且未經管理局核准延期者，得撤銷其投資案並令其遷出園區。由於入區廠商均要求提出三年營運計畫，可作為管理局執行撤銷辦法之依據，惟若投資計畫完成後，廠商遇有經營艱困之情事，則似無法依投資計畫引據撤銷規定辦理，是否需針對投資計畫完成之廠商，健全該撤銷機制值得未來修法參考。

十、研發獎勵

為鼓勵民間企業從事高科技研究開發工作，並配合產業需求及科技發展政策，政府訂有各種研發補助措施，包括研發經費補助、人才引進、成果獎勵、研發設施及租稅優惠等等，其中有關研發經費補助方面，目前國內依主管機關及申請對象不同，可分為下列七項，包括國科會產學合作計畫、經濟部技術處科技專案、民營事業申請科專計畫、經濟部工業局主導性新產品開發輔導辦法、經濟部協助中小企業推動研究發展方案、國科會科學園區管理局研究開發關鍵零組件及產品計畫，及創新技術研究開發獎助計畫。其中管理局提供之創新技術研究發展獎助金，每一獲得核准之研究發展計畫，最高獎助金為500萬元，以不超過該計畫所需資金50％為限；另申請者應完成公司登記入區營運，且提具公司未來5年之研究發展整體計畫。研究發展費用在一定額度內可扣抵所得稅，使用於研究發展之機器

設備可免進口稅捐,如捐贈研發設備可作費用列支。另有關管理局「主導性新產品開發輔導辦法」,則提供高科技關鍵性產品研發輔助費,每個獲准之研究開發關鍵零組件及產品案,最高可獲得50%之開發費用補助。全國每年補助經費約200億元,由於園區部分補助辦法成效卓越,科學工業迭有反映希望持續寬列研發獎助預算,並維持單一窗口作業模式,俾利就近對高科技產業提供相關服務(陳銘煌,2000,2003)。

重點摘錄

- 睽諸科學工業園區高科技產業之成功發展，及廠商營運績效蜚聲國際之原因，蓋以科學園區擁有完善之基礎設施，具備良好之投資環境，加上高效能之營運機制，促使園區高科技產業持續蓬勃發展。

- 國際科學園區組織成立於1984年，總部原設在法國，後來遷到西班牙Malaga。成立宗旨為提供全世界專業人士溝通接觸的管道，協助發展新的科學園區與會員活動，並與世界上其他著名的國際組織合作。

- 新竹科學工業園區之特殊發展模式，應屬高科技產業生產製造與研究發展並重之科學工業園區，歷經20餘年之發展已然成為世界科學園區之成功典範。

- 我國科學園區之前瞻性規劃，特別強調生產、研發、生活與生態並重之經營理念，符合當前國際趨勢，所形成之產業發展聚落效應也是未來全球經濟發展之主流。

- 有「矽谷之父」美譽的美國史丹福大學杜曼博士（Terman），認為要吸引高科技人才，最重要的是需具備優良的環境。

- 硬體建設方面，以Stanford Research Park 為參考藍圖，儘量保留30%以上之原始綠地，創建公園化之生活、生產、投資與研發之優良環境；軟體建設方面，提供各式各樣的投資誘因，創備良善之投資與營運環境，尤其有關業務推動強調制度面健全法規，創設「單一窗口」之服務機制。

- 新竹科學工業園區的成就主要因素之一，係來自孫資政當年的高瞻遠矚，在經濟部長任內獨排眾議，於民國65年選派38位研究人員赴美接受半導體訓練，奠定台灣半導體產業的基礎。

- 科學園區高科技廠商在公司營運之餘，也關懷社區發展，除了細心規劃所屬廠區之環境景觀外，並踴躍認養規劃公共綠地，或闢建運動公園。

- 由於管理局與園區廠商之精心規劃與合力經營，科學園區綠意盎然，且一年四季花團錦簇，已成為新竹地區聞名的觀光勝地。

- 國科會設置園區管理局，提供單一窗口服務，包括各部會授權辦理之企劃業務、研發獎勵、投資服務、勞工行政、工商服務、工程建設、地政管理、資訊網路、公共福利、醫療保健、倉儲服務、環境保護、消防救災、安全防護、交通管理等等。

- 半導體產業具有資本密集、技術密集及高附加價值等特性，為配合生產過程之精密需求與穩定產品良率，有賴充裕且高品質之電力供應。

- 新竹科學工業園區廠商有關營運制度規範，包括政府政策、投資引進、租稅優惠、技術作股、投資完成、開工檢查、轉投資行為、區外設立分公司規範，以及撤銷出

區辦法、專利法、反傾銷法、公平交易法、研發獎助辦法等法令與制度規範。

✎ 投資申請案之審核重點，包括產品技術與特色、技術優越性、智慧財產權、技術團隊、土地廠房需求、用水用電、污染防制無公害產生、研究發展計畫、良好而適當的市場策略、財務結構健全、僱用及培養我國科技人才、投資計畫能配合我國產業發展，且對我國經濟建設有重大助益。

✎ 新興高科技產業具有重大之外部效益且具高風險、高進入障礙之特性，新進投資者面臨資金募集困難、國內缺乏上下游產業支援、技術落後等挑戰，必須自行建立中心衛星體系、發展技術、培育人才，甚至協助主管機關建立法令規章（如航太、生物技術等），同時必須面臨先進國家之競爭。

✎ 為鼓勵民間企業從事高科技研究開發工作，並配合產業需求及科技發展政策，政府訂有各種研發補助措施，包括研發經費補助、人才引進、成果獎勵、研發設施及租稅優惠等等。

產業與競爭關係

The Relation of Industry and Competition

重要名詞

國際科學園區組織（International Association of Science Park）

大學相關研究園區協會（Association of University Related Research Parks）

科技園區（technology park）

連鎖效果（linkage effect）

創業育成中心（incubator center）

科技都市（technopolis）

技術園區（technocell）

吸引創新（attracting innovation）

技術擴散（technology dissemination）

國際合作（international co-operation）

技術育成中心（technology-based incubators）

三角研究園區（Research Triangle）

單一窗口（one-stop operation）

工業技術研究院（Industrial Technology Research Institute）

國家毫微米元件實驗室（National Nano Device Laboratories）

中小企業創新研發制度（Small Business Innovation Research）

股票認購權（stock options）

創始股票（founder's shares）

抵換（trade-off）

問題討論

1.請略述世界科學園區之組織及全球科學園區之發展概況。

2.請簡述新竹科學工業園區之規劃目標與設立背景。

3.科學工業園區之產業定位為何？高科技產業投資引進之審查機制為何？

4.新竹科學工業園區有哪些基礎設施與建設？

5.請簡述新竹科學工業園區之學術環境及研究機構，對高科技產業發展之影響為何？

6.請簡述科學工業園區之廠商營運機制與規範。

第 13 章

廠商對保稅通關制度
之滿意度調查分析

- 13.1 前言
- 13.2 調查內容概要
- 13.3 廠商滿意度調查結果分析
- 13.4 園區六大產業對現行保稅貿易制度
  之滿意度變異數分析
- 13.5 廠商意見彙整分析與因應

本章節探討科學園區廠商對保稅通關制度之滿意度調查分析，討論的議題有：調查內容概要、廠商滿意度調查結果分析、園區六大產業對現行保稅貿易制度之滿意度變異數分析，以及廠商意見彙整分析與因應。

13.1 前言

爲健全產業環境、提升廠商競爭力，並落實單一窗口及快速通關之服務宗旨，近年來科學工業園區管理局大幅修法改善科學工業園區保稅貿易制度，並全面檢討簡化貨物通關作業。舉凡園區科學工業廠商之貿易業務、保稅業務、通關業務及高科技貨品之流向控管等業務，爲求不斷創新改善作業機制，持續提升服務效能，無不積極推動通關自動化、法規制度化、作業電腦化，並全面邁向無紙化目標，充分發揮有限的行政資源，滿足廠商最大之服務需求。目前管理局已協調關政、貿易等主管機關，針對廠商需求意見，整合園區行政資源，相繼推動完成保稅貿易法規之研修工作、簡化**保稅物資**（bonded goods）之自主管理、開放廠商申請例假日及24小時之通關服務、提供不停工及假日盤存、實施保稅帳冊電腦化、委託加工之申辦審查作業電腦化、進一步簡化區內交易申請書、建立高科技貨品報廢作業之標準化流程，並研議開放園區廠商設置區外保稅倉庫等等簡政便民措施，詳如〔**圖13-1**〕。

茲爲進一步分析產業環境與競爭關係，觀察管理局營造服務單位與園區廠商及工作伙伴之良性互動關係，深入瞭解本案之實際推動情形，並調查服務對象之滿意度，爰擬舉辦本次問卷調查，並就調查結果撰寫園區廠商對現行保稅貿易制度之滿意度調查報告。另爲因應新竹科學工業園區四期擴建計畫，妥善規劃竹南、銅鑼分屬不同基地之保稅貨物連結關係，科學工

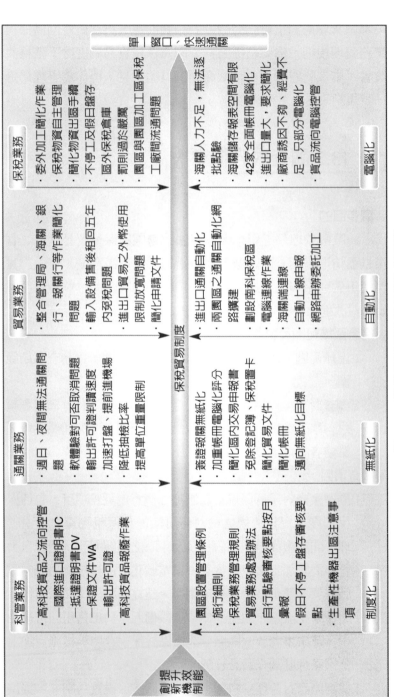

圖13-1 科學園區保稅業務簡化示意圖

資料來源：本研究彙整。

業園區管理局刻正會同海關針對相關問題，再次研修園區保稅業務管理規則，為賡續推動科學園區保稅貿易制度之不斷檢討改善，本次問卷調查並請廠商提供具體意見，俾作為管理局進一步規劃改進之重要參考。

13.2 調查內容概要

⚓調查目的

　　為瞭解管理局近年來大幅修法改善園區保稅貿易制度之實際推動情形，調查園區廠商對新措施之使用滿意度，並徵詢實際使用者或相關主管意見，作為持續推動園區保稅貿易制度不斷檢討改進之參考。

⚓調查區域範圍及對象

1. 區域範圍：以新竹科學工業園區保稅範圍，為調查區域範圍。
2. 調查對象：以核准入區並已實際從事生產，且有營運實績之科學工業廠商為對象。並針對各公司實際辦理保稅貿易業務者，為主要調查對象。

⚓調查項目

1. 園區廠商對現行保稅貿易制度之滿意度調查項目，包括保稅制度、貿易法規之檢討修訂、簡化**保稅物資**之自主管理、開放廠商申請例假日及24小時之通關服務、通關自動化、委託加工之申辦審查作業電腦化、高科技貨品流向電腦控管、簡化區內交易申請書、建立高科技貨品報廢作業之標準化流程、放寬進口機器設備五年內出售租回可享免稅，及研議開放園區廠商設置區外保稅倉庫等措施，加上整體滿意度調查共計11項。
2. 徵詢廠商對管理局持續檢討改進園區保稅貿易制度，提供

相關建議與具體意見。

3.問卷調查結果有關新竹科學工業園區廠商對保稅貿易制度滿意度調查資料，依調查項目及產業別彙整如〔**附件13-1**〕及〔**附件13-2**〕。

調查時間

民國88年3月15日至3月31日。

調查方法

直接送達各公司實際辦理保稅貿易業務相關人員或單位主管。根據回收問卷統計，填表人為公司保稅貿易業務主管者占37.5％、保稅貿易專責人員占31.3％，另會計、資材、行政專員、管理師或助理祕書占27.1％，未註明者占4.1％。

問卷回收情形

本次問卷調查表共計送出196份，回收97份，問卷回收率49.49％。

滿意度量化指標（S）之計算公式

$$S=\frac{100\times Q1+80\times Q2+60\times Q3+40\times Q4+20\times Q5}{\sum\limits_{i=1}^{5}Qi}$$

其中Q1、Q2、Q3、Q4、Q5分別代表廠商選擇非常滿意、滿意、普通、不滿意、非常不滿意之問卷回收份數。

 ## 13.3 廠商滿意度調查結果分析

整體而言，根據本次調查資料統計結果，科學工業園區廠商對管理局近年來大幅修法改善保稅貿易制度，並全面檢討簡化通關作業之做法多持肯定意見，其中非常滿意者占16.7％、滿意占75％，兩者合計達91.7％，普通占8.3％，尚無勾選不滿意或非常不滿意者；經以加權平均方式計算滿意度指數為82分，

如依園區六大產業分類統計，滿意度指數依序為電腦周邊產業87分、光電產業82分、積體電路產業81分、生物技術產業80分、精密機械產業78分、通訊產業77分，詳如〔**表13-1**〕。至於各分項改善措施之滿意度臚陳如后。

表13-1　園區廠商對保稅貿易制度之整體滿意度

問卷選項	非常滿意	滿意	普通	不滿意	非常不滿意	滿意度
積體電路	13.5%	78.4%	8.1%	0	0	81分
電腦周邊	42.1%	52.6%	5.3%	0	0	87分
通訊產業	0	83.3%	16.7%	0	0	77分
光電產業	11.1%	88.9%	0	0	0	82分
精密機械	12.5%	62.5%	25.0%	0	0	78分
生物技術	0	100.0%	0	0	0	80分
合計（%）	16.7%	75.0%	8.3%	0	0	82分

資料來源：本調查。

一、關於檢討修正園區保稅業務管理規則之滿意度

　　為鼓勵廠商保稅自主管理、電腦連線、簡化作業，並提供不停工及假日盤存等簡政便民措施，以改善園區投資環境，歷經管理局多次邀集園區廠商、關政主管機關等開會研商，檢討保稅業務管理作業及不合時宜法令，完成修訂「科學工業園區保稅業務管理規則」，全部49條條文中共修正28條，已自87年4月15日起正式實施，並配合相關措施持續檢討改進。其中增訂園區事業得申請不停工及假日盤存，可節省廠商盤存時間二至三天及避免停工期間之營業額損失；另因應台南科學工業園區成立之貨物流通、增列電腦連線作業、簡化帳冊及物資出區手續，每批物資出區作業可節省10至15分鐘、縮短廢品處理作業時程1天至3天、加速委託加工作業1天至3天，並廢除過於嚴苛之罰則。由於績效斐然，普獲園區廠商高度肯定，認為非常滿意者占20.6%、滿意者占72.2%，兩者合計92.8%，認為普通者

占7.2％，尚無不滿意及非常不滿意者。滿意度指數居各項之最，高達83分，按產業別計算滿意度指數，依序為電腦周邊產業86分、精密機械85分、積體電路84分、光電產業82分、通訊產業77分、生物技術70分，詳如〔**表13-2**〕。

表13-2　園區廠商對修正保稅業務管理規則之滿意度

問卷選項	非常滿意	滿 意	普 通	不滿意	非常不滿意	滿意度
積體電路	20.5%	76.9%	2.6%	0	0	84分
電腦周邊	33.3%	61.1%	5.6%	0	0	86分
通訊產業	8.3%	66.7%	25.0%	0	0	77分
光電產業	16.7%	77.8%	5.5%	0	0	82分
精密機械	25.0%	75.0%	0	0	0	85分
生物技術	0	50.0%	50.0%	0	0	70分
合計（％）	20.6%	72.2%	7.2%	0	0	83分

資料來源：本調查。

二、關於開放申請例假日及24小時通關之滿意度

　　為有效提升園區高科技廠商之國際競爭力，因應廠商例假日及下班時段通關出貨之迫切需求，並研議解決通關系統當機及擁塞問題、取消軟體驗對、放寬單位貨物重量限制，並加速輸出許可證判讀速度及機場打盤速度、縮短貨物提前進入機場之時間。經管理局邀集財政部關政主管機關、經濟部商品檢驗局、航空貨運站、關貿網路公司、報關業及園區廠商等開會研商，獲致具體結論：凡出口貨物經海關電腦篩選為C1（免審免驗）案件，及業經駐區海關審核查驗放行之C2（審查文件）、C3（應審應驗）案件，未能於日間正常上班時間轉運出區者，該出口空運貨物得於例假日及夜間，由園區轉運中正國際機場向台北關稅局辦理裝機出口；至於空運進口貨物轉運園區者，通關作業，依管理局實施三班制全天候通關放行方案辦理，前揭貨物未能於上班時間提貨者，得於例假日及夜間辦理通關放

行提貨。

　　本項措施有21.7％廠商非常滿意、55.7％認爲滿意，兩者合計77.4％，認爲普通者占21.6％、不滿意者占1％。蓋因園區海關支局人力不足，廠商有例假日及夜間通關需求者，需於前一上班日下班前提出申請，以有限人力達成全年無休之通關服務，其滿意度指數平均爲80分，詳如〔**表13-3**〕。

表13-3　園區廠商對開放例假日及24小時通關之滿意度

問卷選項	非常滿意	滿　意	普　通	不滿意	非常不滿意	滿意度
積體電路	15.4%	64.1%	17.9%	2.6%	0	78分
電腦周邊	38.9%	50.0%	11.1%	0	0	86分
通訊產業	8.3%	25.0%	66.7%	0	0	68分
光電產業	33.3%	55.6%	11.1%	0	0	84分
精密機械	12.5%	75.0%	12.5%	0	0	80分
生物技術	0	50.0%	50.0%	0	0	70分
合計（％）	21.7%	55.7%	21.6%	1.0%	0	80分

資料來源：本調查。

三、關於保稅帳冊電腦化及簡化自主管理之滿意度

　　目前園區事業之保稅帳冊，包括進貨帳、設備帳、原物料帳、成品帳、出貨表等全面實施帳冊電腦化者，計有42家規模較大之廠商。由於貨物進出口量大，而海關人力不足，無法逐批點驗，業者咸盼海關授權各公司專責人員自主管理並簡化帳冊，經研商修正「科學工業園區保稅物資自行點驗及按月彙報業務審核要點」，使帳冊電腦化之廠商較易獲得自主管理之資格；並修正「科學工業園區事業保稅物資假日盤存、不停工盤存暨免會同會計師盤存審核要點」，提供該類廠商不停工盤存之便利，已於88年1月25日發布實施。另簡化11種保稅帳冊格式，以利廠商電腦化，縮短作業流程。

　　經調查統計有24％廠商非常滿意、滿意者占63.5％，兩者合

計87.5％，認為普通者11.5％、不滿意1％，滿意度指數為82
分，各產業別依序為光電產業84分、積體電路83分、電腦周邊
產業83分、通訊產業80分、精密機械78分、生物技術70分，詳
如〔**表13-4**〕。

表13-4　園區廠商對帳冊電腦化簡化自主管理之滿意度

問卷選項	非常滿意	滿　意	普　通	不滿意	非常不滿意	滿意度
積體電路	26.3%	63.2%	7.9%	2.6%	0	83分
電腦周邊	27.8%	61.1%	11.1%	0	0	83分
通訊產業	8.3%	83.3%	8.4%	0	0	80分
光電產業	33.3%	55.6%	11.1%	0	0	84分
精密機械	12.5%	62.5%	25.0%	0	0	78分
生物技術	0	50.0%	50.0%	0	0	70分
合計（%）	24.0%	63.5%	11.5%	1.0%	0	82分

資料來源：本調查。

四、關於通關自動化系統及延伸南科之滿意度

為因應第二科學園區成立，所衍生新竹科學工業園區與台
南科學園區間貨物交流問題，並簡化及標準化兩園區之通關作
業流程，以落實政府扶植高科技產業政策，管理局於86年8月成
立「南科通關自動化推動小組」，分行政、法令、電腦及支援4
個分組，邀集相關部會及廠商代表等十餘個單位多次研商推
動，並圓滿完成任務。迨至87年6月3日南科台積電公司第一批
貨物得以順利通關。

本計畫完成園區貨物通關自動化電子作業，可節省各相關
單位內部重複繕打、建檔及文件傳遞之行政成本，縮短兩園區
之簽證通關手續，大幅提升廠商之營運效率，估計業者通關時
間約大幅縮短60％，各單位業務處理人力可節省35％至40％。
惟主要受惠者為台南科學工業園區廠商，新竹科學園區廠商大
多未直接感受；經調查非常滿意者占14.7％、滿意占53.7％，兩

者合計68.4％，認為普通者占31.6％，亦無不滿意或非常不滿意者，平均滿意度指數為77分，至於各產業別滿意度，詳如〔**表13-5**〕。

表13-5　園區廠商對通關自動化及延伸至南科之滿意度

問卷選項	非常滿意	滿意	普通	不滿意	非常不滿意	滿意度
積體電路	13.5%	48.7%	37.8%	0	0	75分
電腦周邊	15.8%	47.4%	36.8%	0	0	76分
通訊產業	0	81.8%	18.2%	0	0	76分
光電產業	22.2%	50.0%	27.8%	0	0	79分
精密機械	25.0%	75.0%	0	0	0	85分
生物技術	0	0	100.0%	0	0	60分
合計（%）	14.7%	53.7%	31.6%	0	0	77分

資料來源：本調查。

五、關於委託加工案件電腦申辦審查之滿意度

依科學工業園區管理條例第20條規定，園區事業之委託加工，經管理局核准後，逕向駐區海關辦理出區手續。為解決廠商需分別向兩個單位辦理委託加工手續繁瑣問題，經研修保稅業務管理規則，增訂廠商得以網路申報審查，並編印電腦操作手冊供參。因簡化作業程序，節省廠商大量之時間、人力及紙張浪費。廠商非常滿意者占24.2％、滿意者57.1％，兩者合計81.3％，認為普通者16.5％、不滿意者2.2％。平均滿意度指數為81分，詳如〔**表13-6**〕。

六、關於開放設置區外保稅倉庫之滿意度

截至87年底，新竹科學工業園區605公頃土地容納272家廠商，年營業額高達4,558億元，由於土地資源配置已近飽和；另為解決園區事業與普通保稅倉庫，無法進行移倉通關問題，經

表13-6　園區廠商對委託加工案件電腦申辦審查之滿意度

問卷選項	非常滿意	滿 意	普 通	不滿意	非常不滿意	滿意度
積體電路	25.7%	60.0%	14.3%	0	0	82分
電腦周邊	38.9%	55.6%	0	5.5%	0	86分
通訊產業	9.1%	63.6%	27.3%	0	0	76分
光電產業	23.5%	53.0%	17.6%	5.9%	0	79分
精密機械	12.5%	50.0%	37.5%	0	0	75分
生物技術	0	50.0%	50.0%	0	0	70分
合計（%）	24.2%	57.1%	16.5%	2.2%	0	81分

資料來源：本調查。

多次會同園區海關支局，研議設置區外保稅倉庫，以紓解區內倉庫不敷使用之壓力。嗣經財政部修訂「保稅倉庫設立及管理辦法」相關條文，園區事業可利用重整專用保稅倉庫，辦理移倉通關作業，並自87年8月4日發布實施。管理局已據以修正保稅業務管理規則，有效解決廠商之移倉通關問題，減輕庫存壓力。當時管理局已同意鴻友、安普等部分公司申請設置保稅倉庫，俟相關法令修正完成，即可落實該項措施，由於廠商尚未正式享受該項便利，滿意度指數尚未充分表現。計有19.2%廠商表示非常滿意、滿意者52.1%，兩者合計71.3%，認為普通者27.7%、不滿意者1%，平均滿意度指數為78分，各產業滿意度，詳如〔**表13-7**〕。

表13-7　園區廠商對開放設置區外保稅倉庫之滿意度

問卷選項	非常滿意	滿 意	普 通	不滿意	非常不滿意	滿意度
積體電路	13.9%	58.3%	27.8%	0	0	77分
電腦周邊	38.9%	38.9%	16.7%	5.5%	0	82分
通訊產業	0	66.7%	33.3%	0	0	73分
光電產業	22.2%	50.0%	27.8%	0	0	79分
精密機械	25.0%	50.0%	25.0%	0	0	80分
生物技術	0	0	100.0%	0	0	60分
合計（%）	19.2%	52.1%	27.7%	1.0%	0	78分

資料來源：本調查。

七、關於高科技貨品流向控管電腦化作業之滿意度

因應國際**瓦聖那協議**（Wassenar Agreement，簡稱WA）清單及防止核子擴散等高科技管制規約，並配合國內高科技貨品輸出管理辦法規定，為達成高科技貨品流向有效控管之目標，科學園區自81年11月起，示範實施高科技貨品IC/DC（國際進口證明書／抵達證明書）制度，為期不增加廠商作業流程，爰將高科技國際進口證明書、保證文件（WA）及輸出許可證之申辦審核，與高科技進出口通關納入通關自動化系統。該控管制度實施前，高科技廠商外銷美國申請美方同意需耗時6個月，現因美方加速審查作業可縮短為1週。由於該項高科技貨品流向控管作業，係配合國際高科技貨品管制辦理，與政府積極推動解除管制措施或有不符，惟經以電腦化簡化相關作業，已獲絕大多數廠商接受。經調查，廠商非常滿意者占9.6%、滿意者占62.8%，兩者合計72.4%，認為普通者占26.6%、不滿意者1%，平均滿意度指數為76分，詳如〔**表13-8**〕。

表13-8　園區廠商對高科技貨品流向控管電腦化之滿意度

問卷選項	非常滿意	滿意	普通	不滿意	非常不滿意	滿意度
積體電路	7.9%	65.8%	23.7%	2.6%	0	76分
電腦周邊	22.2%	50.0%	27.8%	0	0	79分
通訊產業	0	70.0%	30.0%	0	0	74分
光電產業	11.1%	66.7%	22.2%	0	0	78分
精密機械	0	75.0%	25.0%	0	0	75分
生物技術	0	0	100.0%	0	0	60分
合計（%）	9.6%	62.8%	26.6%	1.0%	0	76分

資料來源：本調查。

八、關於簡化區內交易申請書之滿意度

　　園區事業間之**保稅物資**買賣行為，依園區保稅業務管理規則第29條規定，交易雙方應於交易後3日內，聯名繕具「園區事業交易申報書」並檢附統一發票向園區海關申報。為提供相關單位查核登帳等用途，該交易申請書格式共計有9聯；屢經園區廠商及相關作業單位反映，認為不適用不便民。旋經管理局邀集海關、稅捐及廠商代表等開會研商，完成簡化格式縮減聯單張數，並已自87年7月1日起正式啟用，經洽海關、廠商及相關作業單位反映成效良好。廠商認為非常滿意者占17.5%、滿意者66%，兩者合計83.5%，認為普通者16.5%，尚無不滿意或非常不滿意者。平均滿意度指數為80分，有關各產業滿意度指數，詳如〔**表13-9**〕。

表13-9　園區廠商對簡化區內交易申請書之滿意度

問卷選項	非常滿意	滿意	普通	不滿意	非常不滿意	滿意度
積體電路	20.5%	61.6%	17.9%	0	0	81分
電腦周邊	27.8%	55.6%	16.7%	0	0	82分
通訊產業	0	100.0%	0	0	0	80分
光電產業	16.7%	61.1%	22.2%	0	0	79分
精密機械	12.5%	75.0%	12.5%	0	0	80分
生物技術	0	50.0%	50.0%	0	0	70分
合計（%）	17.5%	66.0%	16.5%	0	0	80分

資料來源：本調查。

九、關於高科技貨品報廢作業標準化之滿意度

　　所謂「廢品」係指園區廠商之貨品，因腐蝕不能使用或使用過久之廢、壞機件，或不堪製造之朽腐材料，或因災害受損之材料、產品及設備，致該事業不能使用者均屬之。而保稅之

高科技廢品,除了與一般「保稅廢品」存有賦稅、環保及庫存壓力外,尚面臨高科技貨品之管理問題。有鑑於經濟部高科技貨品鑑定及稽查小組委員會,對高科技貨品之廢品報廢效力存疑,園區事業將被列管追蹤。

由於高科技廢品報廢所涉及相關單位均需派員監毀,廠商申請手續及作業過程繁雜,為簡化作業,經管理局邀集相關單位開會研商,將高科技貨品報廢作業標準化,並落實單一窗口之申請作業,已自87年11月25日起開始實施。由於本案係因應國際高科技貨品管制約定,及配合國內相關法令不得不實施之管制作業,且與政府解除管制之精神不符,致廠商滿意度水準較低。非常滿意者僅8.4%、滿意者55.2%,兩者合計63.6%,認為普通者34.3%、不滿意者2.1%,尚無非常不滿意者。平均滿意度指數為74分,各業別滿意度,詳如〔**表13-10**〕。

表13-10　園區廠商對高科技貨品報廢作業標準化之滿意度

問卷選項	非常滿意	滿意	普通	不滿意	非常不滿意	滿意度
積體電路	7.7%	59.0%	28.2%	5.1%	0	74分
電腦周邊	16.7%	44.4%	38.9%	0	0	76分
通訊產業	0	45.5%	54.5%	0	0	69分
光電產業	11.1%	66.7%	22.2%	0	0	78分
精密機械	0	62.5%	37.5%	0	0	73分
生物技術	0	0	100.0%	0	0	60分
合計(%)	8.4%	55.2%	34.3%	2.1%	0	74分

資料來源:本調查。

十、關於進口機器設備出售租回可享免稅之滿意度

園區事業以融資租賃方式,自國外輸入自用機器設備,依「科學工業園區設置管理條例」第17條規定,得免徵進口稅捐、貨物稅及營業稅。惟輸入機器設備五年內以售後租回方式,向國內、外租賃公司辦理融資租賃,可否免徵進口稅捐則有疑

義。前經財政部函詢本局在案,有鑑於融資租賃係公司理財方式之一,而半導體設備昂貴且技術升級快速,倘能以租賃方式營運,其資金可作靈活運用,對高科技產業發展頗有助益。經管理局深入研析認為實質上該等機器設備仍為園區事業使用,且貨物並未離開園區保稅範圍,海關在**保稅物資**管理上亦無困難;終獲財政部同意比照適用相關規定,免徵進口稅捐、貨物稅及營業稅,並自87年10月14日起生效。本案有助於增加廠商營運策略之靈活運用,且不影響原有之優惠條件,因此非常滿意者占25.8%、滿意者占60.8%,兩者合計達86.6%,認為普通者占13.4%,均無不滿意者。平均滿意度指數為82分,有關各產業別滿意度指數,詳如〔**表13-11**〕。

表13-11　園區廠商對進口設備出售租回可免稅之滿意度

問卷選項	非常滿意	滿意	普通	不滿意	非常不滿意	滿意度
積體電路	23.1%	66.7%	10.2%	0	0	83分
電腦周邊	44.5%	44.4%	11.1%	0	0	87分
通訊產業	25.0%	58.3%	16.7%	0	0	82分
光電產業	16.7%	72.2%	11.1%	0	0	81分
精密機械	25.0%	50.0%	25.0%	0	0	80分
生物技術	0	50.0%	50.0%	0	0	70分
合計（%）	25.8%	60.8%	13.4%	0	0	82分

資料來源：本調查。

13.4 園區六大產業對現行保稅貿易制度之滿意度變異數分析

本調查研究主要針對園區廠商在現行保稅貿易制度下之滿意度進行普查,由於科學工業園區管理局之所有行政作業,對園區六大產業之廠商均一視同仁,相關作業規定亦一體適用。因此,理論上園區六大產業包括積體電路、電腦周邊、通訊產

業、光電產業、精密機械及生物技術產業等，對於保稅制度之滿意度應無顯著差異，惟事實上是否存有明顯不同？其原因為何？擬運用變異數分析方法進一步探討。

一、理論基礎

　　為透過變異數分析檢定六大產業的滿意度是否導致不同結果時，其背後的邏輯係從兩個獨立的變異數（σ^2）的估計值而來；其中第一個估計值為各組樣本的平均數與全體樣本平均數的差異；第二個估計值為在各組內的樣本與該組平均數的差異。比較這兩個互相獨立處理的變異數估計值，即可用來檢定各個處理的平均數是否相等的假設（洪順慶、李小梅、余佩珊，1999）。假設 μ_1、μ_2、μ_3、μ_4、μ_5、μ_6分別代表六大產業對現行保稅作業之滿意度，則：

H_0：$\mu_1=\mu_2=\mu_3=\mu_4=\mu_5=\mu_6$
H_A：並非所有的平均數均相等

　　為驗證上開假設，比較園區六大產業之滿意度是否一致，爰就不同產業滿意度之差異，以上述變異數分析加以檢驗，將各產業調查資料之總變異（平方和）分解為各原因所引起之平方和及檢驗變異所引起之平方和，然後將各平方和化為不偏變異數，使其比值為F統計量後，即可根據F分配以檢定各原因所引起之變異是否顯著（陳銘煌，1993）。即：

$$\sum \sum (X_{ij}-\overline{x})^2=\sum \sum [(X_{ij}-\overline{x}_i)+(\overline{x}_i-\overline{x})]^2$$
$$=\sum \sum [(X_{ij}-\overline{x}_i)^2+(\overline{x}_i-\overline{x})^2+2(X_{ij}-\overline{x}_i)(\overline{x}_i-\overline{x})]$$
$$=\sum \sum (X_{ij}-\overline{x}_i)^2+\sum \sum (\overline{x}_i-\overline{x})^2+2\sum \sum (X_{ij}-\overline{x}_i)(\overline{x}_i-\overline{x})$$
$$\because \sum_i \sum_j (X_{ij}-\overline{x}_i)(\overline{x}_i-\overline{x})$$
$$=\sum_i (\overline{x}_i-\overline{x}) \sum_j (X_{ij}-\overline{x}_i)$$

$$= \sum_i (\overline{x}_i - \overline{x})[\sum_j X_{ij} - n\overline{x}_i]$$

$$= \sum_i (\overline{x}_i - \overline{x})[\sum_j X_{ij} - n(\sum X_{ij}/n)] = 0$$

$$\therefore \sum \sum (X_{ij} - \overline{x})^2 = \sum \sum (X_{ij} - \overline{x}_i)^2 + \sum \sum (\overline{x}_i - \overline{x})^2$$

i.e. SST=SSE+SSB

（總誤差＝組內誤差＋組間誤差）

$$SST = \sum \sum (X_{ij} - \overline{x})^2 = \sum \sum X_{ij}^2 - N\overline{x}^2$$

$$= \sum \sum X_{ij}^2 - [(\sum \sum X_{ij})^2/N]$$

$$SSB = \sum \sum (\overline{x}_i - \overline{x}^2) = \sum \sum \overline{x}_i^2 - N\overline{x}^2$$

（設i=1,2...n；j=1,2...m）

$$= m\sum_i \overline{x}_i^2 - N\overline{x}^2 = m\sum_i (\sum X_{ij}/m)^2 - N\overline{x}^2$$

$$= \sum_i T_i^2/m - (\sum \sum X_{ij}/N)^2$$

$$T_i = \sum_i X_{ij} ；N = n \times m$$

二、變異數檢驗分析

本研究係將科學園區之廠商調查樣本，區分為積體電路、電腦周邊、通訊產業、光電產業、精密機械及生物技術六大產業，分別統計計算各產業的平均數及樣本變異數，再求算產業間與產業內母體變異數之估計值，俾利進行平均數相等之假設檢定。

（一）六大產業樣本平均數及變異數統計分析

各產業平均數係指將該組的各樣本值加總，再除以該組之個數。即：

$$\overline{x}_j = \sum_{i=1}^{n} X_{ij}/n_j$$

X_{ij}＝在J產業內的第i家廠商之滿意度調查值。

N_j＝J產業的家數。

總平均數 $\overline{x} = \sum_{i=1}^{n} \sum_{j=1}^{k} X_{ij}/n_t$

K=擬檢定之產業數。

n_t=全部廠商樣本家數。

J產業的廠商樣本變異數公式如下：

$$S_j^2=\sum_{i=1}^{n}（X_{ij}-\overline{x}）^2/（n_j-1）$$

有關園區六大產業滿意度調查之樣本平均數與變異數，經依上述公式計算結果詳如〔**表13-12**〕。

表13-12　園區六大產業滿意度調查之樣本平均數與變異數

項　　　目	IC產業	電腦業	通訊業	光電業	精機械	生技業	平均數
保稅整體滿意	81	87	77	82	78	80	82
修正保稅規則	84	86	77	82	85	70	83
全天無休通關	78	86	68	84	80	70	80
帳冊自主管理	83	83	80	84	78	70	82
通關自動化	75	76	76	79	85	60	77
電腦申辦委外	82	86	76	79	75	70	81
區外保稅倉庫	77	82	73	79	80	60	78
高科技管制	76	79	74	78	75	60	76
簡化區內交易	81	82	80	79	80	70	80
高科技報廢	74	76	69	78	73	60	74
設備租回免稅	83	87	82	81	80	70	82
$\overline{X}_j$	79	83	76	80	79	67	80
S_j^2	12.9	17.5	19.6	5.3	14.6	41.9	-

資料來源：本調查。

（二）變異數實證分析

產業間（between-treatments or between-groups）母體變異數估計值（S_B^2）計算公式如下：

$$S_B^2=[（\overline{x}_1-\overline{\overline{x}}）^2+\cdots+（\overline{x}_K-\overline{\overline{x}}）^2]/（K-1）$$
$$=n\sum_{j=1}^{k}（\overline{x}_j-\overline{\overline{x}}）^2/（K-1）$$

產業內（within-treatments or within-groups）母體變異數估

計值（S_W^2）計算公式如下：

$$(S_W^2) = \sum_{j=1}^{k} (n_j-1)\ S_j^2 / (n_T-K)$$

由於上式係由各產業內的變異數計算而得，爰稱爲產業內變異數估計值，而且是由K個產業之變異數計算所獲，因此自由度爲（n_T-K）。

S_B^2要成爲母體變異數之好估計值，必須滿足一個條件，亦即所有之母體平均數都相等：$\mu_1=\mu_2=\cdots\cdots=\mu_6$，兩個變異數估計值之比值，即可用來檢定母體平均數是否相等的假設。一般而言，樣本大小爲n_j的K個樣本從K個變異數相等的常態母體抽出，如果假設H_0：$\mu_1=\mu_2=\cdots\cdots=\mu_6$爲眞的話，則產業間變異數估計值對產業內變異數估計值的比率，應是服從F機率分配的F值。亦即是：

$$F=\frac{S_B^2}{S_W^2}$$

F值有兩個自由度，ν_1是分子變異數估計值的自由度，ν_2是分母變異數估計值的自由度。是以上式F值自由度分別爲：

$$\nu_1=K-1$$
$$\nu_2=n_T-K$$

F值計算出來再與F分配表作比較，如果計算出來的值小於臨界值，就表示沒有足夠的證據顯示各母體平均數不等；但是如果F值大於臨界值，則表示各母體平均數不等，或至少有二個母體平均數不相等。經統計結果以**變異數分析表**（Analysis of Variance Table，簡稱ANOVA Table）臚列如〔**表13-13**〕。

經以5％之顯著水準檢定科學園區六大產業，對於保稅貿易制度之滿意度水準具有顯著性差異（F值爲18.215），再進一步作交叉檢驗分析發現，積體電路、通訊、光電、精密機械4大產業

表13-13　園區不同產業對保稅制度滿意度之變異數分析

科學園區產業別	變異來源	自由度	平方和	平方和均數	F值
1.積體電路、電腦周邊、通訊、光電、精密機械、生技六大產業	產業間	5	1,694	338.8	18.215
	產業內	60	1,116	18.6	
	全　部	65			
2.積體電路、電腦周邊、通訊、光電、精密機械五大產業	產業間	4	286	71.5	5.114
	產業內	50	699	13.98	
	全　部	54			
3.積體電路、通訊、光電、精密機械四大產業	產業間	3	110	36.6	2.794*
	產業內	40	524	13.1	
	全　部	43			
4.積體電路及電腦周邊二大產業	產業間	1	88	88	5.789
	產業內	20	304	15.2	
	全　部	21			
5.積體電路及通訊產業二大產業	產業間	1	55	55	3.385*
	產業內	20	325	16.25	
	全　部	21			
6.積體電路及光電產業二大產業	產業間	1	11	11	1.209*
	產業內	20	182	9.1	
	全　部	21			
7.積體電路及精密機械二大產業	產業間	1	0	0	0*
	產業內	20	275	13.75	
	全　部	21			
8.積體電路及生物技術業二大產業	產業間	1	792	792	28.905
	產業內	20	548	27.4	
	全　部	21			
9.電腦周邊及生物技術業二大產業	產業間	1	1408	1408	47.407
	產業內	20	594	29.7	
	全　部	21			

註：$F_{0.05}$（5、60）=2.37，$F_{0.05}$（1、20）=4.35
　　2.53<$F_{0.05}$（4、50）<2.61，$F_{0.05}$（3、40）=2.84

之滿意度，在5％之顯著水準並無顯著性差異（F值為2.794），另電腦周邊產業之滿意度水準有顯著性較高現象，至於生物技術產業滿意度水準則有顯著性偏低情形。茲進一步探究如次：

第一，科學園區電腦周邊產業OEM之產銷體系中，關鍵零

組件及成品之進出口通關效率，對廠商在國際市場之競爭甚具
影響力。因此，電腦周邊產業對園區採行例假日及24小時通關
措施需求頗殷，並極力促成。另對委外加工案件採電腦申辦之
作業方式、進口機器設備售後租回免稅措施、研修簡化園區保
稅業務管理規則及對整體保稅制度之改善，均持頗佳之評價，
其分項滿意度指標均高達86分以上，應屬造成顯著性差異之主
要原因。

第二，生物技術產業對保稅制度滿意度有偏低現象，概與
產業特性有關，由於該產業營業額及進出口值在園區所占比重
尚不及0.1％；諸如南科通關自動化、開放區外設置保稅倉庫、
高科技貨品流向管制之電腦化作業及高科技貨品報廢之作業標
準化等措施，與該產業之關係不如其他產業密切；因此各該分
項之滿意度水準僅及60分，應可理解。

 ## 13.5 廠商意見彙整分析與因應

為持續檢討改進園區保稅貿易制度，本次問卷調查亦廣泛
徵詢園區廠商意見，請各公司實際從事保稅貿易業務之專責人
員或主管，提供具體建議與相關意見供研參。經回收97份問卷
分別來自園區六大產業，其分布情形依序為積體電路產業占40.2
％、電腦周邊占18.6％、光電產業18.6％、通訊產業占12.4％、
精密機械8.2％、生物技術2％。因此，本調查報告已綜合園區六
大產業之意見，另有31家廠商提出具體建議或看法，約占回收
問卷數之32％。由於本案涉及管理局外貿簽證、儲運作業及海
關主管等業務，茲分別就其意見內容，依建議對象或所屬議題
彙整如次：

一、有關管理局之綜合性意見

1. 建議舉辦保稅業務講習：多家廠商建議定期舉辦保稅帳冊及相關作業之專業講習，針對較易出錯或有疑義問題，舉行說明研討會，以利各廠商交換實務經驗（本項建議廠商計有6家，約占提出意見廠商家數之19.4％）。

2. 感謝管理局簡化作業流程，提高市場競爭力，建議持續推動電腦化：多家廠商認為管理局大幅修法改善保稅貿易制度，並簡化通關作業流程，使園區廠商受益不淺，除感激管理局之相關努力外，並希望賡續推動保稅業務電腦化，進一步簡化作業（計有11家廠商表達上開意見，約占35.5％）。

3. 建議加速修法並公告實施：有業者建議修法過程能邀集海關及廠商共同參與研討，俾利達成共識，並加速完成後公告實施（共有4家廠商提出類似意見，約占12.9％）。另有業者表示部分保稅法規修改後仍未能實施。

二、有關個別議題之意見

（一）關於高科技貨品管制及報廢作業之意見

1. 對高科技貨品管制流程仍不清楚，且有美國在台協會未透過管理局逕赴廠商稽核。

2. 高科技廢品有關IC註銷作業，仍過於繁瑣。

3. 高科技貨品之電腦作業，建議開放廠商自行列印申請及核銷報表，並可查詢核銷狀況。

4. 廢品報廢流程，廠商向管理局發函時，回覆時間可更快速。

（二）關於24小時通關及儲運有關意見

1. 有廠商認為24小時通關，在執行上仍未如預期的理想，希望真能做到假日都可提貨通關，且廠商不致增加太多成本。

2. 保稅物品於例假日期間，可否考慮免收倉租費。

3. 儲運中心之費用，如交易條件為Ex-Work應由買方客戶支付（或由forwarder代墊），不應向園區廠商收取，以免造成園區廠商困擾。

（三）關於保稅業務電腦化有關意見

1. 推動保稅帳冊電腦化立意甚佳，但相關單位軟硬體配合腳步太慢（海關）。

2. 年度結算之相關附表，應以電腦化之方式供海關查詢，以取代列印大量報表（海關）。

3. 為全面實施電腦化，管理局對廠商之「電腦軟體費用」可否予以補助或抵減稅額。

4. 進口貨常因電腦化而延誤（問題有待釐清）。

（四）關於海關業務之建議意見

1. 建議簡化或廢除廠商運回加工品之存倉記錄卡（黃卡），因由電腦即可查詢委外加工之半成品是否已回廠（計有3家廠商建議）。

2. 建議針對園區內績優廠商（A1廠商）給予更大權限，研擬更快速方便之通關方式，如進出口彙總清關之可能性。

3. 進口一段式通關，應加速推動。

4. 外銷出口通關是否可改為**按月彙報**（monthly declaration privileges）或事後報關，並建議依廠商資格條件放寬相關作業授權，使廠商產品製造完成，即可安排班機出口，以節省相關作業時間，對提升廠商之競爭力有莫大助益。

（五）其他有關意見

1. 有業者反映園區廠商於區外設立分公司、工廠之法令規定限制太多。

2. 有關自大陸輸入原物料、零組件之作業，無論是否屬經濟部公告准許間接進口項目，建議取消另備文件專案申請之規定，逕向管理局申請輸入許可證。

三、針對廠商意見管理局因應措施及後續辦理情形

（一）持續檢討改善園區保稅貿易制度，提升廠商國際競爭力

近年來管理局大幅修法改善保稅貿易制度，並簡化通關作業流程，已獲園區廠商之普遍支持與肯定，經調查就整體而言，有91.7％廠商表示非常滿意或滿意。同時也有三成以上廠商希望管理局繼續推動，因此本案爰彙整廠商相關意見，做為進一步檢討改善之重要依據。

例如管理局配合行政院推動全國行政單一窗口化運動，曾於89年6月間協同財政部台北關稅局園區支局，針對科學工業園區**保稅物資**運往區外委託代為修理、檢驗或組裝測試之申請作業，辦理單一窗口之電腦網路連線作業。分別於管理局及海關支局舉辦作業說明會與觀摩會，以前出區**保稅物資**屬機器設備者，園區事業需先填妥申請書檢附相關文件，到海關支局稽查股審核掛號後，再到管理局申請核准，然後回到海關支局辦理稅額，先在總務股辦理押款手續，最後回到分估股放行，廠商往返兩機關洽辦有關手續，頗為耗費行政成本。

實施單一窗口作業以後，園區事業不必再親自前往管理局送件申請，可經由Internet傳送管理局審核後再回傳海關。如以每天5件申請案計算，每件處理時間平均30分鐘，則每月可節省約55個小時。除此之外，不但節省紙張，更落實「一處交件、

全程服務」，從而提高行政效率及服務品質，塑造政府跨機關快速作業之良好形象。

（二）協調海關加強園區保稅制度及相關法令之宣導

根據廠商意見統計，有近兩成業者建議海關定期舉辦保稅帳冊及相關作業之專業講習。因此，管理局近期內除編輯相關作業手冊供參外，並協調海關針對園區各公司保稅業務之專責人員，舉辦專業講習座談會，並經由雙向溝通交換實務經驗。

管理局已分別於88年2~3月、4~5月及89年10月間會同海關支局及園區同業公會，針對所有廠商分批舉辦多次的保稅業務人員講習，課程內容包括海關組織與業務、保稅制度、園區之營運管理與公司證照、貨物通關自動化、進出口簽審及產地證明書、生產性機具物品攜運出區應行注意事項、進出口驗貨實務、高科技貨品管理、進出口貨物分估實務、園區事業倉庫管理、**保稅物資**帳務管理、園區事業年度盤存與結算、海關緝私條例介紹、園區事業輸出入大陸地區原物料零組件之管理。由於廠商參訓踴躍，園區每年均舉辦類似講習訓練，目前園區廠商經取得授權實施按月彙報者已多達70家左右，

（三）賡續檢討修正相關法規，建立完善保稅貿易制度

為因應新竹科學工業園區四期擴建計畫，先期規劃竹南、銅鑼分屬不同基地之保稅貨物連結關係，管理局前會同海關針對相關問題，再次研修園區保稅業務管理規則，另為賡續推動科學園區保稅貿易制度之不斷檢討改善，並進一步研修「科學工業園區設置管理條例施行細則」及相關法令，修法程序均邀集有關主管機關及園區廠商代表開會研商，以力求周延。其中「科學工業園區保稅業務管理規則」修正案，已報請國科會於89年4月21日核定實施，目前為配合行政程序法之修法草案，再度全面研修「科學工業園區設置管理條例施行細則」、「科學工業園區貿易業務處理辦法」有關條文，並已邀集有關機關及園區

同業公會與廠商代表充分研商在案。

（四）廠商對個別議題之建議與意見，另案探討

　　有關廠商針對個別議題所提建議與意見，包括高科技貨品管制與報廢、24小時通關與儲運作業、保稅業務電腦化、進出口通關作業、區外設立分公司及間接進口大陸原物料及零組件等問題，由於內容涉及外貿、投資、儲運、資訊等管理局各組室及海關、甚至財政部、經濟部等主管業務，部分更涉及相關法律規定。有鑑於此，管理局已另案邀集有關單位及園區廠商代表進一步探討，以利深入瞭解相關問題，期能研擬具體處理方案，作為進一步檢討改進之參考（陳銘煌，2001a）。

附件13-1：新竹科學工業園區廠商對保稅貿易制度滿意度調查結果

一、就整體而言，您覺得管理局近年來大幅修法改善保稅貿易制度，並全面檢討簡化通關作業之做法：

問卷選項	非常滿意	滿意	普通	不滿意	非常不滿意	合計
比率%	16.7%	75.0%	8.3%	0	0	100%

二、您對檢討修正園區保稅業務管理規則（共49條修正28條），鼓勵自主管理、簡化作業，並提供不停工及假日盤存之做法：

問卷選項	非常滿意	滿意	普通	不滿意	非常不滿意	合計
比率%	20.6%	72.2%	7.2%	0	0	100%

三、您對園區開放申請例假日及24小時通關之做法：

問卷選項	非常滿意	滿意	普通	不滿意	非常不滿意	合計
比率%	21.7%	55.7%	21.6%	1.0%	0	100%

四、您對管理局推動保稅帳冊電腦化，及簡化保稅物資自主管理之做法：

問卷選項	非常滿意	滿意	普通	不滿意	非常不滿意	合計
比率%	24.0%	63.5%	11.5%	1.0%	0	100%

五、您對園區通關自動化系統，及延伸至南科之貨物通關作業：

問卷選項	非常滿意	滿意	普通	不滿意	非常不滿意	合計
比率%	14.7%	53.7%	31.6%	0	0	100%

六、您對園區廠商委託加工案件之電腦申辦審查作業：

問卷選項	非常滿意	滿意	普通	不滿意	非常不滿意	合計
比率%	24.2%	57.1%	16.5%	2.2%	0	100%

七、您對園區研擬開放設置區外保稅倉庫之做法：

問卷選項	非常滿意	滿意	普通	不滿意	非常不滿意	合計
比率%	19.2%	52.1%	27.7%	1.0%	0	100%

八、您對高科技貨品流向之電腦化處理作業：

問卷選項	非常滿意	滿意	普通	不滿意	非常不滿意	合計
比率%	9.6%	62.8%	26.6%	1.0%	0	100%

九、您對管理局檢討簡化區內交易申請書之做法：

問卷選項	非常滿意	滿意	普通	不滿意	非常不滿意	合計
比率%	17.5%	66.0%	16.5%	0	0	100%

十、您對管理局推動高科技貨品報廢作業標準化之做法：

問卷選項	非常滿意	滿意	普通	不滿意	非常不滿意	合計
比率%	8.4%	55.2%	34.3%	2.1%	0	100%

十一、您對園區廠商進口機器設備，五年內出售租回可享免稅
　　　之做法：

問卷選項	非常滿意	滿意	普通	不滿意	非常不滿意	合計
比率%	25.8%	60.8%	13.4%	0	0	100%

附件13-2：新竹科學工業園區廠商對保稅貿易制度滿意度調查資料

一、就整體而言，您覺得管理局近年來大幅修法改善保稅貿易制度，並全面檢討簡化通關作業之做法：

問卷選項	非常滿意	滿 意	普 通	不滿意	非常不滿意	合計
積體電路	5	29	3	0	0	37
電腦周邊	8	10	1	0	0	19
通訊產業	0	10	2	0	0	12
光電產業	2	16	0	0	0	18
精密機械	1	5	2	0	0	8
生物技術	0	2	0	0	0	2
合計	16	72	8	0	0	96

二、您對檢討修正園區保稅業務管理規則（共49條修正28條），鼓勵自主管理、簡化作業，並提供不停工及假日盤存之做法：

問卷選項	非常滿意	滿 意	普 通	不滿意	非常不滿意	合計
積體電路	8	30	1	0	0	39
電腦周邊	6	11	1	0	0	18
通訊產業	1	8	3	0	0	12
光電產業	3	14	1	0	0	18
精密機械	2	6	0	0	0	8
生物技術	0	1	1	0	0	2
合計	20	70	7	0	0	97

三、您對園區開放申請例假日及24小時通關之做法：

問卷選項	非常滿意	滿 意	普 通	不滿意	非常不滿意	合計
積體電路	6	25	7	1	0	39
電腦周邊	7	9	2	0	0	18
通訊產業	1	3	8	0	0	12
光電產業	6	10	2	0	0	18
精密機械	1	6	1	0	0	8
生物技術	0	1	1	0	0	2
合計	21	54	21	1	0	97

四、您對管理局推動保稅帳冊電腦化,及簡化保稅物資自主管理之做法:

問卷選項	非常滿意	滿意	普通	不滿意	非常不滿意	合計
積體電路	10	24	3	1	0	38
電腦周邊	5	11	2	0	0	18
通訊產業	1	10	1	0	0	12
光電產業	6	10	2	0	0	18
精密機械	1	5	2	0	0	8
生物技術	0	1	1	0	0	2
合計	23	61	11	1	0	96

五、您對園區通關自動化系統,及延伸至南科之貨物通關作業:

問卷選項	非常滿意	滿意	普通	不滿意	非常不滿意	合計
積體電路	5	18	14	0	0	37
電腦周邊	3	9	7	0	0	19
通訊產業	0	9	2	0	0	11
光電產業	4	9	5	0	0	18
精密機械	2	6	0	0	0	8
生物技術	0	0	2	0	0	2
合計	14	51	30	0	0	95

六、您對園區廠商委託加工案件之電腦申辦審查作業:

問卷選項	非常滿意	滿意	普通	不滿意	非常不滿意	合計
積體電路	9	21	5	0	0	35
電腦周邊	7	10	0	1	0	18
通訊產業	1	7	3	0	0	11
光電產業	4	9	3	1	0	17
精密機械	1	4	3	0	0	8
生物技術	0	1	1	0	0	2
合計	22	52	15	2	0	91

七、您對園區研擬開放設置區外保稅倉庫之做法：

問卷選項	非常滿意	滿 意	普 通	不滿意	非常不滿意	合計
積體電路	5	21	10	0	0	36
電腦周邊	7	7	3	1	0	18
通訊產業	0	8	4	0	0	12
光電產業	4	9	5	0	0	18
精密機械	2	4	2	0	0	8
生物技術	0	0	2	0	0	2
合計	18	49	26	1	0	94

八、您對高科技貨品流向之電腦化處理作業：

問卷選項	非常滿意	滿 意	普 通	不滿意	非常不滿意	合計
積體電路	3	25	9	1	0	38
電腦周邊	4	9	5	0	0	18
通訊產業	0	7	3	0	0	10
光電產業	2	12	4	0	0	18
精密機械	0	6	2	0	0	8
生物技術	0	0	2	0	0	2
合計	9	59	25	1	0	94

九、您對管理局檢討簡化區內交易申請書之做法：

問卷選項	非常滿意	滿 意	普 通	不滿意	非常不滿意	合計
積體電路	8	24	7	0	0	39
電腦周邊	5	10	3	0	0	18
通訊產業	0	12	0	0	0	12
光電產業	3	11	4	0	0	18
精密機械	1	6	1	0	0	8
生物技術	0	1	1	0	0	2
合計	17	64	16	0	0	97

十、您對管理局推動高科技貨品報廢作業標準化之做法：

問卷選項	非常滿意	滿 意	普 通	不滿意	非常不滿意	合計
積體電路	3	23	11	2	0	39
電腦周邊	3	8	7	0	0	18
通訊產業	0	5	6	0	0	11
光電產業	2	12	4	0	0	18
精密機械	0	5	3	0	0	8
生物技術	0	0	2	0	0	2
合計	8	53	33	2	0	96

十一、您對園區廠商進口機器設備，五年內出售租回可享免稅
　　　之做法：

問卷選項	非常滿意	滿 意	普 通	不滿意	非常不滿意	合計
積體電路	9	26	4	0	0	39
電腦周邊	8	8	2	0	0	18
通訊產業	3	7	2	0	0	12
光電產業	3	13	2	0	0	18
精密機械	2	4	2	0	0	8
生物技術	0	1	1	0	0	2
合計	25	59	13	0	0	97

重點摘錄

✐ 為健全產業環境、提升廠商競爭力,並落實單一窗口及快速通關之服務宗旨,近年來科學工業園區管理局大幅修法改善科學工業園區保稅貿易制度,並全面檢討簡化貨物通關作業。舉凡園區科學工業廠商之貿易業務、保稅業務、通關業務及高科技貨品之流向控管等業務,為求不斷創新改善作業機制,持續提升服務效能,無不積極推動通關自動化、法規制度化、作業電腦化,並全面邁向無紙化目標,充分發揮有限的行政資源,滿足廠商最大之服務需求。

✐ 目前管理局已協調關政、貿易等主管機關,針對廠商需求意見,整合園區行政資源,相繼推動完成保稅貿易法規之研修工作、簡化保稅物資之自主管理、開放廠商申請例假日及24小時之通關服務、提供不停工及假日盤存、實施保稅帳冊電腦化、委託加工之申辦審查作業電腦化、進一步簡化區內交易申請書、建立高科技貨品報廢作業之標準化流程,並研議開放園區廠商設置區外保稅倉庫等等簡政便民措施。

✐ 整體而言,根據本次調查資料統計結果,科學工業園區廠商對管理局近年來大幅修法改善保稅貿易制度,並全面檢討簡化通關作業之做法多持肯定意見,其中非常滿意者占16.7%、滿意占75%,兩者合計達91.7%,普通占8.3%,尚無勾選不滿意或非常不滿意者。

✐ 經以5%之顯著水準檢定科學園區六大產業,對於保稅貿易制度之滿意度水準具有顯著性差異(F值為18.215),再進一步作交叉檢驗分析發現,積體電路、通訊、光電、精密機械4大產業之滿意度,在5%之顯著水準並無顯著性差異(F值為2.794),另電腦週邊產業之滿意度水準有顯著性較高現象,至於生物技術產業滿意度水準則有顯著性偏低情形。

✐ 近年來管理局大幅修法改善保稅貿易制度,並簡化通關作業流程,已獲園區廠商之普遍支持與肯定,經調查就整體而言,有91.7%廠商表示非常滿意或滿意。同時也有三成以上廠商希望管理局繼續推動,因此本案爰彙整廠商相關意見,做為進一步檢討改善之重要依據。

產業與競爭關係

重要名詞

保稅物資（bonded goods）

瓦聖那協議（Wassenar Agreement）

產業間（between-treatments or between-groups）

產業內（within-treatments or within-groups）

變異數分析表（Analysis of Variance Table）

按月彙報（monthly declaration privileges）

問題討論

1. 請略述科學工業園區之保稅通關制度，有哪些具體之改善業務可提高廠商國際競爭力？
2. 新竹科學工業園區高科技廠商對保稅業務之滿意度為何？
3. 請簡述新竹科學工業園區六大產業對保稅貿易制度之滿意度變異數分析。
4. 新竹科學工業園區廠商對保稅通關業務之建議意見與因應措施為何？

第 14 章

廠商投資營運行為與營運績效

14.1 前言

14.2 科學工業園區廠商投資營運行為

14.3 科學工業園區廠商營運績效

14.1前言

有鑑於高科技產品之研發創新是廠商競爭的必要條件,而商品生命週期縮短導致市場日新月異,廠商營運行為之快速反應,已成為激烈競爭市場之成功利器。管理局要配合高科技產業活動之需要,即時提供完善的服務,並秉持過去成功經驗持續發展不輟,允宜掌握高科技產業之發展脈動。除了剖析科學園區產業特質、軟硬體環境設施、廠商營運機制、保稅貨品通關等議題外,現行廠商各種營運行為亦值得深入探討,俾利發掘問題,檢討有關經營環境與制度規範,滿足廠商營運需求,提高顧客滿意水準,發揮科學園區之整體營運績效。

14.2 科學工業園區廠商投資營運行為

有關園區高科技廠商行為,包括投資營運、產銷行為、策略聯盟、國際合作、技術創新、產品研發、競爭行為、產業分工、垂直整合、多角化經營及全球運籌營運策略等不勝枚舉,部分項目業於本書前文論及或將於第三節探討,容不贅述,茲就主要投資營運行為逐項分析。

一、轉投資行為

關於園區事業未完成投資計畫之轉投資行為規範疑義,謹就有關園區法令規範及研析意見,臚陳如次:

（一）現行有關法令規定

第一，依科學工業園區設置管理條例第10條規定，投資申請人於申請核准後，應按管理局規定繳納保證金，以保證投資之實施；其未依規定繳納者，撤銷其投資之核准。前項保證金於投資計畫全部完成時無息發還之。如投資計畫經核准分期實施者，按實施投資金額比率發還；如未按投資計畫完成，經管理局撤銷其投資案者，除沒入保證金外，並得令其遷出園區。園區事業投資計畫實施後，未依經營計畫經營，且未經管理局核准延期者，得撤銷其投資案並令其遷出園區。

第二，為有效督促園區事業按核准之投資計畫經管其事業，管理局特依前揭規定，於80年3月6日訂定「科學工業園區園區事業投資案撤銷辦法」。

第三，另依園區第134次指導委員會決議，管理局曾於87年5月15日訂定投資計畫完成前事業從事轉投資業務規範要點，限制園區事業在投資計畫完成前，得從事轉投資業務之條件為：有助於引進業務所需關鍵技術、取得所需之原物料、擴大產能、建立行銷通路或確保產品市場者。並規定累計轉投資金額低於實收股本40％者，應報局核備；如高於40％者，則應事先向管理局申請核准後，始得實施。

（二）研析意見

第一，揆諸園區事業限制轉投資比例之規範要旨，係為防範擁有區內稀少廠房資源之高科技廠商，因從事轉投資業務，致影響經核定投資計畫之本業經營，背離政府設立科學工業園區所揭櫫之立法目的。是以，「限制轉投資比例」乃為督促園區事業完成投資計畫之必要措施，合先陳明。惟就實際執行而言，按科學工業園區設置管理條例第10條規定，園區事業如未依投資計畫經營，且未經管理局核准延期者，得依法撤銷該投資案，殆無疑義。惟若單純牴觸指委會決議，有關限制轉投資

比例之門檻標準，或違反其應事前申請許可之作爲義務者，罰則付之闕如。據此觀之，指委會雖依法負有監督指導及決定政策之權責，惟其決議轉投資比例之限制規定，課以業者之作爲與不作爲義務，因涉及人民權利義務，似仍需尋求法源基礎，以利執行。

第二，復查區外有關轉投資行爲之規範，依公司法第13條規定略以：轉投資不得超過實收股本40％，惟若公司章程有記載，或經代表已發行股份總數三分之二以上股東出席，並以出席股東表決權過半數同意之股東會議決議者，不在此限。公司負責人違反前項規定，得各科2萬元以下罰金。據此觀之，區外廠商之轉投資行爲規範，係採原則同意、例外禁止規定；與園區針對未完成投資計畫之廠商，其轉投資總額占實收股本比例低於40％採核備制，超過40％門檻之轉投資行爲，採事前許可之規範方式，尚屬有間。

第三，至公司法第13條規定，公司所有投資總額，不得超過本公司實收股本40％之門檻標準中，所稱投資總額並未明確定義。而根據「證券發行人財務報告編製準則」，有關流動資產帳項內涵，則有短期投資與長期投資之分，所謂「短期投資」係指購入發行人本公司以外有公開市場、隨時可出售變現、無須支付重大之出售費用或蒙受殺價求售之損失，且不以控制被投資公司，或與其建立密切業務關係爲目的之證券。短期投資應採成本與市價孰低法評價，並註明成本計算方法。至於「長期投資」係指爲謀取控制權或其他財產權益，以達其營業目的所爲之長期投資，如投資其他企業之股票、購買長期債券、投資不動產等。惟據洽經濟部商業司承辦科認爲，公司法第13條所稱投資總額應包括長、短期投資，向無疑義。是以，園區事業有關轉投資規範，允宜參採商業主管機關之意見。

第四，另據公司法第271條規定，公司公開發行新股經核准後，如發現其申請事項有違反法令或虛僞情形時，證券管理機

關得撤銷其核准。同法第135條規定，發起人涉及虛偽部分，除依刑法或特別刑法有關規定處罰外，各處一年以下有期徒刑、拘役或科或併科新台幣6萬元以下罰金。除了以上刑罰與行政罰外，股份持有人並有請求賠償之民事救濟管道。管理局雖非證券管理機關，如發現業者涉嫌違反上開規定者，仍應依法檢具事實移送主管機關及檢調單位查處。以上有關轉投資行為相關法令規定或可作為相關案件行政處理之參考。

二、全球運籌營運策略

帶領宏碁集團發展獨特企業文化與管理架構的施振榮董事長，不僅使宏碁成為台灣最大自創品牌的企業，及全球第三大電腦製造廠商，1999年營業額約新台幣2,680億元。他認為台灣競爭力的特質，已由過去擁有便宜、勤奮的勞力，轉變為擁有彈性、速度及便宜的腦力；因此，要創造台灣之新價值，則需專注在研發、市場、運籌及經管知識，投資技術和資本密集的產業，借助大陸的人力資源和市場，擴大台灣的知識價值，為知識經濟做好準備。由代工製造（OEM）到設計加工（ODM）加上全球運籌，在台灣積極投資於研發，而尖端技術透過創投公司由美引進，打造台灣成為本土與跨國企業之亞太行銷中心（施振榮，2000）。由於中國大陸擁有龐大市場及廉價勞力等市場經濟誘因，台商到大陸投資設廠之趨勢，已形成沛然莫之能御之潮流，根據資策會市場情報中心（MIC）彙整國際研究機構資料推估，2000年全球前十大資訊硬體產地，台灣與大陸排名順序互換，前五大產國及其產值分別為；美國1,034億美元，日本455億美元，中國大陸255億美元，台灣232億美元，德國138億餘美元，而大陸資訊硬體產值185.7億美元中，由台灣廠商所生產者占72.8%。科學園區部分廠商亦陸續向經濟部投審會，申請赴大陸投資設廠或設立辦事處，截至89年約30家左右，其

中泰半屬電腦周邊產業之廠商。

由於美國矽谷擁有先進技術、充裕資金與優秀人才，成為全球高科技產業之搖籃，新竹科學園區廠商規劃全球運籌營運策略，已有多家廠商在美國矽谷建立據點，得與全球領先技術同步成長。根據矽谷時報研究中心（The Silicon Valley Journal eBusiness）調查資料顯示，新竹科學園區廠商已在矽谷建立灘頭堡者共計有60多家，進駐矽谷之竹科廠商以成立分公司、研發中心、業務開發銷售，及技術支援與**退貨維修保證**（return merchandize assurance，簡稱**RMA**）等功能最多。至於竹科廠商聚集地，則以矽谷核心所在的兩大城市包括聖荷西市及聖塔克拉拉市為主，例如1976年創立的宏碁電腦公司，第二年即進駐矽谷，為最早前進矽谷之竹科廠商。

如就產業別觀之，竹科進駐矽谷廠商以半導體產業居多約達32家，從上游IC設計、至晶圓製造與動態隨機存取記憶體（DRAM）、到下游封裝測試，完整的半導體產業體系在矽谷影子重現；例如台灣十大IC設計業的矽成、威盛、揚智、宇慶、瑞昱及鈺創等，均已進駐矽谷，兩大半導體晶圓製造商台積電、聯電分別在San Jose及Sunnyvale設立據點，下游封裝測試廠商如吉聯積體電路等，顯示竹科與矽谷之緊密合作關係。其中台積電（TSMC）最早以**美國存託憑證**（American depository reserve，簡稱**ADR**）的方式，第一家在美國納斯達克（NAS-DAQ）股票市場上市。其次電腦及周邊產業約有27家廠商進駐矽谷，為直接深入美國市場核心，台灣大型集團企業多在矽谷成立分公司或是銷售與技術支援中心，大型電腦企業集團包括宏碁電腦集團、神達電腦集團、光寶電子集團、聯華電子集團及力捷電腦集團等（詳如〔**表14-1**〕）（The Silicon Valley Journal, 1999）。

為配合科學工業園區廠商全球運籌營運策略規劃，並加強管理局與各姊妹園區之聯繫互訪以利合作協定之落實，管理局

表14-1　美國矽谷竹科廠商企業集團

企業集團名稱	關係企業在矽谷設立分公司者
宏碁電腦集團	宏碁電腦、揚智科技、連碁科技、明碁科技、宏碁科技、建碁科技。
神達電腦集團	神達、神通、聯強。
光寶電子集團	光寶電子、億訊科技、源興科技、旭麗電子。
聯華電子集團	聯華電子、聯誠USC、聯嘉USIC、UTEK（與合泰半導體合併）。
力捷電腦集團	力捷電腦、力新國際、力宜科技。

資料來源：The Silicon Valley Journal (1999)。

歷年來均將該項工作列為重要施政措施。新竹科學工業園區歷經20餘年之發展，在政府與園區所有廠商共同努力下，已然成為我國高科技發展重鎮，亦為國際重要媒體關注的焦點。為汲取園區成功之發展經驗，每年有成千上萬的訪客來自世界各國，截至目前為止，並與美國、加拿大、法國、瑞典、韓國等國家15個政府單位或科學園區簽訂合作協定或備忘錄。合作重點主要為資訊交流、人員互訪，並協助雙方廠商互動以增進商機等等。

　　近年來受限於經費不足因素，預算編列無法充分支應加強與各姐妹園區之互訪；民國89年奉國科會指示派員出國赴加拿大開會，經舊金山科學組之協助安排，順道拜訪與園區簽有合作協定之聖荷西市政府。矽谷核心所在之聖荷西市政府，不但曾分別與愛爾蘭、蘇聯、日本、印度、哥斯達黎加、墨西哥及我國簽訂有姊妹城市關係（City of San Jose, 2000），據悉渠等非常重視86年簽約儀式中園區廠商建議開闢我國與矽谷之直航班機，歷經3年努力，聖荷西市政府經濟發展局已促成該項建議之實現，美國航空公司（American Airlines）董事長兼總裁Donald Carty，於民國89年9月27日在聖荷西正式宣布，該公司自2001年4月1日起開始聖荷西與台北之直飛航線，應有助於園區廠商與

矽谷之互動,並加強雙方合作關係。目前新竹科學園區廠商進駐美國矽谷,並在當地設有分公司、研發中心或行銷部門者詳如〔**表14-2**〕。

三、策略聯盟

由於高科技產業之產品生命週期短,技術研發日新月異,國際市場競爭激烈,爲因應產品創新、技術研發及市場競爭等各種挑戰,業者除經常採取全球運籌營運策略外,亦常見各式各樣的策略聯盟,透過交換投資方式進行上下游產業之垂直、水平整合,以達到多角化經營之分散風險目的,並可藉以研發新技術、開發新產品、建立行銷通路、提高市場占有率。茲分別就其經濟效益列舉有關案例說明如次:

(一) 共同研發或引進新創技術

1. 華邦電子公司(轉投資世大)與日本東芝、富士通(技術移轉世大)於88年11月間宣布,擬合資興建12吋晶圓廠,合作開發記憶體0.13、0.11微米製程技術。

2. 茂矽公司與德國Infineon公司於89年元月,共同宣布技術移轉合約;茂矽將由德國Infineon公司移轉獲得0.17、0.14、0.115微米共三代的DRAM生產技術。

3. 南亞科技公司與IBM公司於89年元月間,進行洽談下一代技術製程;除了0.175微米製程DRAM已試產外,將移轉IBM公司0.15微米以下三代的製程技術。

4. 華邦公司與東芝公司於89年元月宣布,已簽訂共同研發技術合約;除了成功試產0.175微米製程技術,將共同開發至0.15微米製程。

5. 聯電公司與IBM公司於89年1月27日宣布策略聯盟,IBM公司將銅製程技術授權聯電公司。聯電公司則承諾高階晶

表14-2　新竹科學園區廠商進駐美國矽谷一覽表

公司名稱 （中文）	公司名稱 （英文）	所在城市 （矽谷）	矽谷員 工人數	備註
一、積體電路產業				
1.揚智科技	Acer Laboratories	San Jose	20	
2.聯笙電子	AMIC Technology	Santa Clara	23	
3.應用材料	Applied Materials	Santa Clara	6000	先設矽谷美商
4.瑞昱半導體	Avance Logic	San Jose	4	
5.英群企業	Behavior Tech Computer	Fremont	30	非竹科廠商
6.益華電腦科技	Cadence Desing Systems	San Jose	1,800	先設矽谷美商
7.鈺創科技	Caltron Technology	Santa Clara	5	
8.聯傑國際	Davicom Semiconductor	Sunnyvale	50	
9.偉銓電子	Etrend Technology	Santa Clara	3	
10.智原科技	Faraday Technology	Santa Clara	12	
11. 吉聯積體電路	G-Link Technology	Santa Clara	25	
12.矽成積體電路	Integrated Silicon Solution	Santa Clara	130	先設矽谷美商
13.聯陽半導體	Integrated Technology Express	Santa Clara	25	
14.太和科技	Key Technology	Milpitas	23	
15.科林研發	Lam Research	Fremont	2,100	先設矽谷美商
16.旺宏電子	Macronix	San Jose	52	
17.中德電子	MEMC Electronic Materials	San Jose	OEM	中德為其代工
18.大智電子	Meridian Technical Associates	Milpitas	Distri-butor	經銷業務代表
19.茂矽公司	Mosel-Vitelic	San Jose	79	
20.信越半導體	Shin-Etsu Handotai	San Jose	8	日商
21.矽統科技	Silicon Integrated Systems	Sunnyvale	10	
22.思源科技	Springsoft	Milpitas	60	
23.華騰科技	SynTest Technologies	Sunnyvale	10	先設矽谷美商
24.台積電	TSMC USA	San Jose	120	
25.聯華電子	UMC Group USA	Sunnyvale	60	
26.宇慶科技	Utron Technology	Santa Clara	3	
27.世界先進	Vanguard International Semiconductor, America	San Jose	38	
28.華邦電子	Winbond Electronics	San Jose	200	

（續）表14-2　新竹科學園區廠商進駐美國矽谷一覽表

公司名稱 （中文）	公司名稱 （英文）	所在城市 （矽谷）	矽谷員 工人數	備註
29. 世大積體 電路	WSMC America	Santa Clara	11	
二、電腦及周邊產業				
1. 智邦科技	Accton Technology	San Jose	4	
2. 宏碁電腦	Acer America	San Jose	300	
3. 明碁科技	Acer Peripheral	Santa Clara	100	集團關係企業
4. 智群科技	Actisys	Fremont	10	
5. 建碁科技	Aopen	San Jose	68	集團關係企業
6. 亞瑟科技	CIS Industries	Fremont	30	
7. 訊康科技	CNET Technology	Milpitas	32	
8. 台達電子	Delta Product	Fremont	95	
9. 精英電腦	Elitegroup Computer System	Fremont	110	
10. 大眾電腦	FIC America	Fremont	60	
11. 鴻海精密	Foxconn	Santa Clara	100	
12. 捷邦電腦	Jbond Computer Systems	Milpitas	6	
13. 億訊科技	Lite-On Communications	Milpitas	15	
14. 光寶電子	Lite-On	Milpitas	61	集團關係企業
15. 羅技電子	Logitech	Fremont	200	先設矽谷美商
16. 全友電腦	Miaotek	San Jose	26	
17. 神通美國	Mitac Industrial	Fremont	15	
18. 神達美國	Mitac USA	Fremont	50	
19. 喬鼎資訊	Promise Technology	San Jose	150	先設矽谷美商
20. 中磊電子	Sercomm	Burlingame	2	
21. 旭麗電子	Silitek	Milpitas	30	集團關係企業
22. 聯強國際	Synnex Information Technologies	Fremont	100	集團關係企業
23. 和喬科技	Trace Storage Technology USA	Fremont	11	
24. 倫飛電腦	Twinhead	Fremont	76	
25. 宏碁科技	U.S. Sertek	Sunnyvale	15	集團關係企業
26. 力捷電腦	Umax Technologies	Fremont	200	
27. 慧智美國 分公司	WYSE Technology	San Jose	297	
三、通訊產業				
1. 連碁科技	Acer Netxus	San Jose	15	
2. 禾翔通信	Alpha Telecom	Sunnyvale	8	

（續）表14-2　新竹科學園區廠商進駐美國矽谷一覽表

公司名稱 （中文）	公司名稱 （英文）	所在城市 （矽谷）	矽谷員 工人數	備註
3.虹光精密工業	Arvision Labs	Newark	17	
4.力宜科技	E-Tech Research	Fremont	8	
5.中華電信	NDC Communications	Sunnyvale	16	
6.台揚科技	Optical Microwave Networks	Sunnyvale	30	
7.三光惟達	Sun Moon Star USA	San Jose	24	非竹科廠商
8.興瑞通信	Tellus Technology, Inc	Fremont	18	曾有投資關係
四、光電產業				
1.中強光電	CTX Opto-Electronics	Sunnyvale	35	
2.源興科技	Lite-On Tecnology	Milpitas	25	
3.元太科技工業	Purdy Electronics	Sunnyvale	Distri-butor	經銷業務代表
五、軟體產業				
1.力新國際	NewSoft America	Fremont	10	集團關係企業
六、生物技術產業				
1.健亞科技	Genelabs Technologies	Redwood City	100	先設矽谷美商
七、研究機構				
1.工業技術研究院	Industrial Technology Research Institute	San Jose	5	與竹科關係密切

資料來源：The Silicon Valley Journal (1999)。

圓代工，將有助於提升獲利水準。

6.聯友光電、迅捷創投公司（均為聯電集團旗下關係企業）與美國上市公司繪圖晶片廠商泰鼎微系統（Trident Microsystem）於89年2月間宣布策略聯盟，將合購泰鼎公司20%股權。聯友光電取得消費性數位化產品、網路家電（IA）之零組件關鍵技術。並促使泰鼎微系統在筆記型電腦及視訊繪圖晶片實力，得與聯友光電之液晶顯示器製造相結合。

7.鈺創公司與台積電公司於89年5月間宣布，共同研發以0.15微米製程技術，成功開發世界最小的八百萬位元**低功**

率靜態隨機存取記憶體（low power SRAM），也是全球第一顆兼具低功率及高速度的SRAM，可應用在高階無線軟體協定的應用產品，協助系統業者跨入更先進的e-WAP世代。

8.聯華電子公司與德國Infineon公司於89年12月15日宣布，在新加坡共同斥資36億美元，設置星國首座12吋晶圓廠。Infineon公司至少持股三成、聯電五成以上，其中15%以技術作價。透過聯電、Infineon及IBM技術合作，全力支援**系統單晶片**（system on a chip，簡稱SOC）產品，採0.13、0.10微米製程技術；新加坡具有絕佳的周邊配合、多元國際環境，及充分的全球化潛力；穩定的政治及商業投資環境，是聯電投資主因。將移植日本12吋晶圓廠成功經驗。

（二）共同開發新創產品或服務市場

1.宏碁集團與美商奇異公司（GE，全球市值及營業額第一）於88年12月16日宣布，兩公司進行策略聯盟於亞太地區成立合資公司，且奇異公司入股宏碁聯網科技。未來雙方將於其他網路事業合作，宏碁擬投資2億美元於軟體智財權；並開發企業對企業之電子商務服務市場。

2.友訊科技公司於89年3月間宣布，與美國最大**網際網路語音通訊**（VOIP）領導廠商Clarent公司簽訂合作契約，共同開發行銷VOIP產品。

（三）共同採購以降低經營成本

1.智邦科技公司與新加坡大眾電子集團（NatSteel），也是全球第五大資訊產品專業代工廠，於88年12月8日宣布，將進行跨國策略聯盟，智邦運用大眾生產線並共同採購，以降低成本；同時採用大眾廣布全球11個廠135條生產線，形成虛擬整合公司形態。而智邦設計產品則交由大眾代

工、向智邦轉投資上元科技採購元件、協助大眾投資的禾翔公司銷售電信產品。

2. 民國88年6月宏碁公司與IBM簽下80億美元採購合約；與台積電策略聯盟，將德碁公司交由台積電主導。並與思科公司合作建立全球AVVVID企業網路，與組合國際合資成立**應用服務供應商**（ASP）。

（四）拓展產品市場領域，擴增企業營運規模

1. 聯電公司與日本日立公司於89年1月宣布結盟。將合資興建12吋晶圓廠；而日立公司訂單將移轉至聯電公司。

2. 友訊科技公司與大陸最大電腦集團聯想集團，於89年3月間宣布，將合資成立聯想網路有限公司，大舉進軍大陸網路通訊市場。預計89年聯想網路銷售額將超過6千萬美元。

3. 友訊科技公司與全球知名電腦通訊大廠Marconi（馬可尼）集團，於89年3月簽訂長期生產合約。Marconi除向友訊下128埠高階交換器（switch）訂單外，未來將技術移轉；另Marconi對其他網路通訊產品也將陸續下單。

4. 國內神達、仁寶、華宇、大眾、亞瑟、微星等6公司，於89年2月16日宣布，與美國Lineo（專攻嵌入式Linux）公司，以結盟方式，由6業者投資將上市的Lineo公司，各家投資金額約在數百萬美元之譜。Lineo公司88年起在全球形成明顯風潮，低階伺服器市場占有率由0提升至88年25％，僅次於微軟視窗NT的38％。預期可直接與微軟視窗CE競爭。因此透過該策略聯盟可拓展相關資訊家電市場。

5. 台積電公司與摩托羅拉（Motorola）、日本國際（National）於89年5月間宣布，將採取結盟方式，由台積電移轉嵌入式快閃記憶體技術，供兩家策略聯盟夥伴使用，而摩托羅

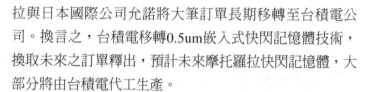

拉與日本國際公司允諾將大筆訂單長期移轉至台積電公司。換言之，台積電移轉0.5um嵌入式快閃記憶體技術，換取未來之訂單釋出，預計未來摩托羅拉快閃記憶體，大部分將由台積電代工生產。

6. 台積電公司與國際知名通訊大廠阿爾卡特公司（Alcatel）於89年11月間宣布，將攜手合作開發阿爾卡特單晶片藍牙嵌入式快閃記憶體。台積電將提供**系統單晶片**（SOC）的嵌入式快閃記憶體技術，使藍芽標準及相關軟體在開發初期即能設計出更多元的產品。由於目前市場上並無這方面突破性的整合技術，如果台積電與阿爾卡特合作開發成功，可大幅開拓市場。

7. 聯華電子公司與日本夏普（Sharp）於89年11月間宣布策略聯盟，由於夏普公司擴大與聯電公司合作，將大舉下單。夏普為滿足行動電話、消費性電子產品的需求，決參與聯電公司主導的日本第一家晶圓代工公司NFI（聯日半導體）的增資投資70億日圓，取得3％持股。除透過取得NFI產能外，高階0.18um的製程產品，將在台灣聯電公司大幅下單。

（五）加強市場行銷，改善服務水準

1. 國巨公司（設於區外新店）與美國通用半導體公司（GS），於89年3月簽訂策略聯盟合約，約定國巨集團被動元件產品，經由GS行銷美國；GS主動元件產品則透過國巨公司行銷歐亞地區。雙方強化電子商務行銷網路，國巨公司在美國市場3年內可望由1.2％市場占有率，大幅提升為15％。市場範圍包括主動元件（二極體、電晶體等），與被動元件。

2. 台積電公司與ARM（IP公司）、MIPS（微處理器IP領導業者）等44家公司，涵蓋IC設計流程關鍵領域。於89年3月

間宣布，成立IC設計之**服務聯盟**（design service alliance），結合有關元件資料庫廠商（cell library）、IP及設計服務等業者，提供代工客戶完整先進的服務。除加速**系統單晶片**潮流的發展。並宣布取得高效能微處理器MIPS的IP認證，進一步提升在代工產業的競爭力，建立一套客戶服務的整體解決方案。目前聯盟所能提供的IP範圍，已涵蓋微控制器、**數位訊號處理器**（DSP）、通訊及網路、特殊記憶體及射頻RF等主流領域，相當完整。服務對象包括**無晶圓廠的設計公司**（fabless）、**整合元件製造廠**（IDM），和系統廠商。

3. 合勤科技公司與中華電信、泓彥資訊公司（合勤國內總代理）於89年11月間，聯合舉辦HiFly網易通業務策略聯盟；未來中華電信的ADSL寬頻連網服務，將搭配合勤公司的寬頻共享路由器或寬頻防火牆，以提供更優惠的ADSL上網加值套餐給用戶。另中華電信HiFly網易通**非對稱性數位用戶迴路器**（ADSL），已激發國內ADSL用戶市場蓬勃發展，本案可提供更佳服務。

（六）多角化經營策略，提高產業綜效

1. 上詮光纖通信公司（全球第三大光纖被動元件廠）與美國上市光纖主動元件公司——MRV通訊公司，於89年2月22日宣布，相互投資2.63億美元。其中MRV公司生產主動元件、模組、網路產品及系統等高階產品，與上詮公司呈互補關係；合併後可迅速在光纖通訊市場發揮影響力，雙方看好**高密度波長多工器**（DWDM）傳輸系統，MRV公司將引入新產品技術來台，提升主動元件技術層次。涵蓋市場範圍將擴及光纖通信主動元件與被動元件。

2. 聯華電子公司與SiliconX.Com美國矽谷半導體企業間電子商務網站（B2B），於89年5月宣布策略性協議，聯華電子

公司成為該網站第一個常駐客戶，SiliconX.Com定位為IC設計公司的專業入口網站，將提供資訊及服務給IC設計業者。可以改善半導體產品良率，並可列出對IC設計、成品、測試及製造的各項需求，以協助使用者早日達成試量產（詳如**表14-3**）。

（七）國際高科技廠商策略聯盟

國際高科技廠商策略聯盟之宗旨，例如日本11家主要半導體公司之結盟，主要共同投入研發下一代最新的晶片製造技術。其他如開發尖端技術，加速推動寬頻網路等等不勝枚舉，茲略舉數端說明如次：

1. 瑞典易利信公司與美國微軟公司於88年12月8日宣布策略聯盟，於瑞典首都斯德哥爾摩合資成立企業，並由易利信公司占多數股權。發展點對點的無線網際網路連線解決方案，易利信公司提供無線應用程式協定（WAP）技術研發系統，採用微軟新開發行動電話專用探險家瀏覽器（mobile explorer）於手機上，以開發無線網際網路連線行動電話作業系統。

2. 美國美光、英特爾、韓國三星電子、現代電子、日本NEC、德國Infineon，為全球六大晶片廠商，總共占全球80％半導體產品市場。渠等於89年1月17日達成協議，攜手研發新一代的動態隨機存取記憶體（DRAM）；6家半導體巨擘達成的協議，係由各公司提供工程師，共同研發尖端DRAM科技的基本架構以及電子與物理設計。將提供未來使這種科技上市的關鍵元素，研發更強DRAM科技，目標瞄準2003年以後之潛在應用範圍。

3. 英特爾公司與德國西門子公司旗下半導體公司Infineon科技（3月13日首次公開上市），於89年2月22日宣布，由英特爾投資Infineon科技公司2.5億歐元，達成策略聯盟。合

表14-3 科學工業園區高科技廠商策略聯盟概況

項目 公司	參加聯盟公司	產業別	合作關係	移轉技術利基	開發產品市場	時間	資料來源
華邦電子公司(轉投資世大)	日本東芝、富士通(技術移轉世大)	積體電路業	擬合資興建12吋晶圓廠	合作開發記憶體製程技術0.13、0.11微米製程技術	12吋晶圓、DRAM(華邦5%、東芝6%、富士通4%)	預計91年量產DRAM88年11月市場占有率20%	經濟日報88年11月15日
智邦科技公司	新加坡大眾電子集團(NatSteel),全球第五大資訊產品專業代工廠(OEM)	電腦及周邊產業	跨國策略聯盟,智邦運用大眾生產線共同採購,降低成本	採用大眾廣布全球11個廠135條生產線,形成速擬整合公司形態	智邦設計產品交大眾代工、向智邦採購元件,上元科技投資的禾翔協助大眾投資的禾翔銷售電信產品	88年12月8日宣布	工商時報88年12月9日
宏碁集團	美商奇異公司(GE,全球市值及營業額第一)	電腦及周邊產業	策略聯盟於亞太地區成立合資公司,奇異入股宏碁聯網科技	未來雙方於其他網路事業合作,宏碁將投資2億美元於軟體智財權	企業對企業之電子商務服務市場(ASP)	88年12月16日宣布	工商時報88年12月16日
註:88年6月宏碁公司與IBM簽下80億美元採購合約;與台積電策略聯盟,德碁交由台積電主導。與思科合作建立全球AVVVID企業網路,與組合國際合資成立應用服務供應商。							
茂矽公司	德國Infineon	積體電路業	共同宣布技術移轉合約	茂矽將獲得0.17、0.14、0.115微米共三代的DRAM生產技術	DRAM	89年1月底以前	工商時報89年1月18日
南亞科技	IBM公司	積體電路業	洽談下一代技術製程	將移轉IBM公司0.15微米以下三代的製程技術	DRAM	0.175微米製程DRAM已試產,89年第3季	工商時報89年1月18日

（續）表14-3 科學工業園區高科技廠商策略聯盟概況

項目 公司	參加聯盟公司	產業別	合作關係	移轉技術利基	開發產品市場	時間	資料來源
						全面量產，已與IBM進行技術合作洽談	
華邦公司	東芝公司	積體電路業	簽訂共同研發技術合約	開發至0.15微米製程，華邦已成功試產0.175微米製程技術，預估89年第2季可正式上市	DRAM	目前已簽訂合約	工商時報89年1月18日
聯電公司	IBM公司	積體電路業	宣布策略聯盟	IBM將銅製程技術授權聯電	聯電承諾高階晶圓代工，有助於提升獲利	89年1月27日公布	工商時報89年1月27日
聯電公司	日本日立公司	積體電路業	宣布結盟。將合資興建12吋晶圓廠	日立公司訂單將移轉至聯電電公司	晶圓代工	89年1月	工商時報89年1月27日
友訊科技公司	Clarent（美國最大網際網路語音通訊[VOIP]領導廠商）	網路通訊	簽約合作，共同開發行銷VOIP產品	VOIP產品，認市場尚計明後年成熟	VOIP產品市場	89年3月4日前	中國時報89年3月4日
友訊科技公司	大陸最大電腦——聯想集團—聯想集團	網路通訊	合資成立聯想網路有限公司	大舉進軍大陸網路網通訊市場	預計89年聯想網路銷售額將超過6千萬美元	89年3月4日	中國時報89年3月4日

336

（續）表14-3　科學工業園區高科技廠商策略聯盟概況

項目　　公司	參加聯盟公司	產業別	合作關係	移轉技術利基	開發產品市場	時間	資料來源
友訊科技公司	全球知名電腦通訊大廠Marconi（馬可尼）集團	網路通訊	簽訂長期生產合約	目前Marconi除向友訊下128埠高階交換器（switch）訂單外，未來將技術移轉	Marconi對其他網路通訊產品也將陸續下單	89年3月3日	中國時報89年3月4日
國內神達、仁寶、華宇、大眾、亞瑟、微星等6公司	美國Lineo（專攻嵌入式Linux）	資訊產業	結盟方式，6業者已投資將上市的Lineo，各家投資金額約在數百萬美元之譜	Lineo自88年起在全球形成明顯風潮，低階同服器市場占有率由0提升至88年25%，僅次於微軟視窗NT的38%。預期可直接與微軟視窗CE競爭	相關資訊家電市場	89年2月16日宣布	中國時報89年2月17日
國巨公司（區外新店）	美國通用半導體公司（GS）	網路通訊業	簽約策略聯盟，未來國巨集團被動元件產品，經由GS行銷美國；GS主動元件產品透過國巨行銷歐亞地區	雙方強化電子商務行銷網路，國巨在美國市場3年內可望由1.2%市場占有率，大幅提升為15%	主動元件（二極體、電晶體等）、被動元件	89年3月8日	工商時報89年3月10日
上詮光纖通信公司（全球第三大光纖被動元件廠）	美國上市光纖主動元件公司——MRV通訊公司	光纖通信產業	相互投資2.63億美元。MRV生產主動元件、模組、網路產品及系統等高階產品，與上詮公司呈互補關係	合併後可迅速在光纖通訊市場發揮影響力，雙方看好高密度波長多工器（DWDM）傳輸系統，MRV將引入新產品技術來台，	光纖通訊主動元件與被動元件	89年2月22日宣布	經濟日報89年2月24日

(續) 表14-3 科學工業園區高科技廠商策略聯盟概況

項目\公司	參加聯盟公司	產業別	合作關係	移轉技術利基	開發產品市場	時間	資料來源
聯友光電、迅捷創投公司(均為聯泰晶片微系統電泰開系統(Trident Microsystem)旗下關係企業)	美國上市公司繪圖晶片廠商泰開系統(Trident Microsystem)	網路家電業	策略聯盟合購泰開公司20%股權，總金額18億元	提升主動元件技術	將泰開微系統在筆記型電腦及視訊繪圖晶片實力，與聯友光電之液晶顯示器製造結合	89年2月17日宣布	經濟日報89年2月18日
台積電公司	ARM(IP公司)、MIPS(微處理器IP領導業者)等44家公司，涵蓋IC設計流程關鍵領域	積體電路產業	成立IC設計之服務聯盟(design service alliance)，結合元件資料庫(cell library)、IP及設計服務等業者，提供代工客戶完整先進的服務	除加速系統單晶片潮流的發展。並宣布取得高效能微處理器MIPS的IP認證，進一步提升在代工產業的競爭力，建立一套客戶完整的整體解決方案	目前聯盟所能提供的IP範圍、已涵蓋微控制器、數位訊號處理器(DSP)、通訊及網路、特殊記憶體及射頻RF等主流領域，相當完整。服務對象包括無晶圓廠的設計公司(fabless)、整合元件製造廠商(IDM)，和系統廠商	89年3月21日	工商時報89年3月22日
台積電公司	摩托羅拉(Motorola)、日本國際(National)	積體電路產業	採取結盟方式	台積電移轉嵌入式快閃記憶體技術，供兩家策略聯盟夥伴使用，而摩托羅拉與日本國際公司允諾將大筆訂單長期轉移至台積電代工	台積電移轉0.5um嵌入式記憶體技術，換取未來之訂單釋出，預計未來摩托羅拉快閃記憶體，大部分將移轉至由台積電代工	89年5月17日	中國時報89年5月17日

338

（續）表14-3　科學工業園區高科技廠商策略聯盟概況

公司　項目	參加聯盟公司	產業別	合作關係	移轉技術利基	開發產品市場　生產	時間	資料來源
鈺創公司	合積電公司	積體電路產業	共同研發	積電公司以0.15微米製程技術，成功開發世界最小的八百萬位元低功率靜態隨機存取記憶體（low power SRAM），也是全球第一顆兼具低功率及高速度的SRAM，預計89年第三季量產	司可應用在高階無線軟體協助定的應用產品，協助系統業者跨入更先進的e-WAP世代　生產	89年5月11日	工商時報89年5月12日
聯華電子公司	SilicoX.Com美國矽谷半導體企業間電子商務網站(B2B)	積體電路產業	策略性協議	聯電成為該網站第一個常駐客戶，SiliconX.Com定位為IC設計公司的專業入口網站，將提供資訊及服務給IC設計業者	可以改善半導體產品良率，並可列出對IC設計、成品、測試及製造的各項需求，以協助使者早日達成試量產	預計89年6月啓用	經濟日報89年5月24日
台積電公司	國際知名通訊大廠阿爾卡特公司(Alcatel)	積體電路產業	攜手合作開發阿爾卡特單晶片藍牙嵌入式快閃記憶體	台積電將提供系統單晶片(SOC)的嵌入式快閃記憶體技術，使藍芽標準及相關軟體，在開發初期即能功，設計出更多元的產品	由於目前市場上並無這方面突破性的整合阿爾卡特合作開發與成功，預估將大幅開拓市場	89年11月1日	工商時報89年11月1日
聯華電子公司	日本夏普	積體電路產業	夏普擴大與聯電合	夏普首為滿足行動電	除透過取得NFI產能	89年11月2	工商時報

（續）表14-3　科學工業園區高科技廠商策略聯盟概況

公司	項目 參加聯盟公司	產業別	合作關係	移轉技術利基	開發產品市場	時間	資料來源
司	（Sharp）		作，將大舉下單	話、消費性電子產品的需求、決參與聯電主導的日本第一家晶圓代工公司NFI（聯日半導體）的增資投資70億日圓，取得3%持股	外、高階0.18um的製程產品，將在台灣聯電公司大幅下單	日宣布	89年11月3日
合勤科技公司	中華電信、泓彥資訊公司（合勤國內總代理）	通訊產業	聯合舉辦HiFly網易網通業務策略聯盟	未來中華電信的ADSL寬頻連網服務，將搭配合勤公司的寬頻共享路由器或寬頻防火牆，以提供更優惠的ADSL上網加值套餐給用戶	中華電信HiFly網易網通非對稱性數位用戶迴路（ADSL），已於國內ADSL用戶市場蓬勃發展，本案可提供更佳服務	89年11月8日	經濟日報89年11月4日
聯華電子公司	德國Infineon公司	積體電路產業	在新加坡共同斥資36億美元，設置星國首座12吋晶圓廠	Infineon公司至少持股三成、聯電五成以上，其中透過聯電、Infineon及IBM技術合作，全力支援系統單晶片（SOC）產品，採0.13、0.10微米技術	新加坡具有絕佳的周邊配合、多元國際環境，反充分的全球化潛力；穩定的政治及商業投資環境，是聯電投資主因。將移植日本12吋晶圓廠成功經驗	89年12月15日宣布	工商時報89年12月16日

資料來源：本研究彙整。

作生產動態隨機存取記憶體（DRAM），Infineon將生產direct rambus DRAM，為英特爾力主建立新一代快速DRAM。按DRAM市場，Infineon 1999年營業額45.1億美元、全球員工2.6萬人，為全球前十大晶片製造商之一。

4. 日本新力公司與日本豐田汽車公司、東急鐵路公司，於89年3月9日宣布，合資成立一家寬頻網路合資企業，名為先進網路整合企劃公司（AIIP），各持股三分之一。預估新公司至2005年營收可達100至200億日圓，但前5、6年將處於虧損狀態；將加速推動日本寬頻網路普及化。

5. 新加坡特許半導體與易利信、朗訊（Lucent）與日本沖電氣於89年8月宣布，將進行技術結盟合作研發各項通訊製程與產品。由於特許專注於通訊製程的開發，使其通訊產品的產出比重目前已達52%，為全球晶圓代工業首家通訊產品的產出比重逾五成者。所開發類比系統單晶片、混合訊號與Ricoh等製程，將在近期內逐步成熟。

6. 日本11家半導體公司於89年10月12日宣布，包括恩益禧（NEC）、日立、富士通、松下及三菱等11家半導體公司將成立企業聯盟，名為明日化計畫（Project Asuka），共同投入研發下一代最新的晶片製造技術。為重振日本半導體產業在全球的競爭力開啟新生機（詳如**表14-4**）。

四、高科技廠商購併行為

高科技廠商為促進合理化經營，加強規模經濟效益，研發創新產品技術，降低營運成本，並提高國際市場競爭力，經常採取之主要經營策略為購併行為，茲就科學園區廠商及國外高科技產業之結合案例，舉例說明如次：

表14-4　重要國際高科技廠商策略聯盟概況

項目 公司	產業別	合作關係	移轉技術利基	開發產品市場	時間	資料來源
瑞典易利信公司、美國微軟公司	電信產業	策略聯盟於瑞典首都斯德哥爾摩合資成立企業，易利信占多數股權	發展點對點的無線網際網路連線方案，易利信提供無線應用程式協定(WAP)技術研發系統，採用微軟新開發行動電話專用探險家劉覽器(mobile explorer)於手機上	無線網際網路連線行動電話作業系統	88年12月8日宣布	經濟日報88年11月15日
美國美光、英特爾、韓國三星電子、現代電子、日本NEC、德國Infineon　全球六大晶片廠商，總共占全球80%半導體產品市場	半導體產業	攜手研發新一代的動態隨機存取記憶體(DRAM)	6家半導體巨擘達成協議，各公司提供工程師，共同研發尖端DRAM科技的基本架構以及電子與物理設計。將提供未來使這種科技上市的關鍵元素	研發更強DRAM科技，目標瞄準2003年以後之潛在應用範圍	89年1月17日達成協議	工商時報89年1月18日
德國西門子公司旗下半導體公司Infineon科技(3月13	半導體產業	英特爾投資該公司2.5億歐元，達成策略聯盟	合作生產動態隨機存取記憶體(DRAM)，Infineon將生產direct rambus DRAM，為全球前十大晶片	DRAM市場，Infineon 1999年營業額45.1億美元，全球員工2.6萬人，全球前十大晶片	89年2月22日宣布	工商時報89年2月22日

（續）表14-4　重要國際高科技廠商策略聯盟概況

項目／公司	參加聯盟公司	產業別	合作關係	移轉技術利基	開發產品市場	時間	資料來源
日本新力公司	日首次公開上市			英特爾力主建立新一代快速DRAM	製造商之一		
日本豐田汽車公司、東急鐵路公司		網路通訊產業	合資成立一家寬頻網路合資企業，名為先進網路整合企劃公司（AIIP），各持三分之一	預估新公司2005年營收可達100至200億日圓，但前5、6年將處於虧損狀態	加速推動日本寬頻網路普及化	89年3月9日發布	工商時報89年3月10日
新加坡特許半導體	易利信、朗訊（Lucent）與日本沖電氣	半導體產業	技術結盟合作研發各項通訊製程與產品	由於特許專注於通訊製程的開發，使貝通訊製程的產品的產出比重目前已達52%，為全球晶圓代工業首家逾五成者	開發類比系統單晶片、混合訊號與Ricoh等製程，將在近期內逐步成熟	目前進行中	工商時報89年8月31日
日本11家半導體公司結盟，名為明日化計畫（Project Asuka）	包括恩益禧（NEC）、日立、富士通、松下及三菱等11家半導體公司	半導體產業	成立企業聯盟	共同投入研發最新的晶片製造技術	重振日本半導體產業在全球的競爭力開啟新生機	89年10月12日宣布結盟	工商時報89年10月13日

資料來源：本研究彙整。

343

（一）科學園區高科技廠商購併行為

1. 聯華、聯誠、聯瑞、聯嘉及合泰半導體5家公司，於89年1月3日合併為1家公司，結合行為態樣為吸收合併方式，以聯華電子公司為存續公司，其餘4家為消滅公司。換股比例分別為聯誠（1：1）、聯瑞（3：1）、聯嘉（1.35：1）、合泰（2：1）。合併後資本額895億元、員工人數6,568人。主要結合效益，為有效整合資源運用、降低營運成本、促進合理化經營、擴增經營規模、提升製程技術水準，藉以強化公司體質，提升獲利能力，增進股東權益及整體社會之經濟福祉，進而提升我國積體電路產業之國際競爭力。

2. 台積電公司、德碁半導體公司及世大公司於89年6月30日合併，係屬水平購併之結合態樣，換股比例為1：5：2，即1張台積電股票換5張德碁公司股票，2張世大股票。其主要結合效益可提升經營績效，並提高企業競爭力。台積電公司原持有德碁公司25%股權。

3. 奇美集團旗下的奇美電子與奇晶光電公司，於89年上半年進行合併，並以吸收合併方式，奇美電子公司為存續公司，兩家公司換股比例為1：1。所經營業務仍以彩色濾光片及TFT-LCD為兩大營運主軸。合併後申請股票上市，技術部門整合，並增加後段模組。

4. 偉詮電子公司與勁傑科技公司，合併基準日為89年8月31日。係國內首宗IC設計公司購併案，換股比例為勁傑2.5股換偉詮1股，偉詮為存續公司，勁傑為消滅公司。由於勁傑科技公司之主力產品是CRT監視器的螢幕字型顯示控制IC（OSD），及呼叫器解碼IC，尤其OSD已獲得明碁和仁寶等監視器大廠認證通過，並已開始銷售，再與偉詮原有監視器控制IC結合，使偉詮電子市場占有率領先同業，

提供客戶快速的整體服務。至於呼叫器可與偉詮公司控制器技術結合,開發多功能資訊產品具有互補性。

5. 台灣光罩公司與新台公司光罩部門合併案,係於89年11月1日進行吸收合併,換股比例為1比4(台灣光罩公司對新台公司)。主要配合國際產業整合趨勢,考量全球光罩廠商四大主流地位已確定,分別是美國Dupont、Photronics二家,及日本的大日本印刷(DNP)、日本凸版(Toppan),除了DNP外,其餘在台灣分別有與聯電合資的中華杜邦光罩、翔準先進及中華凸版。另外Photronics並與台灣光罩合資,在韓國成立KPL光罩公司;Photronics在新加坡也成立Photronics公司。

6. 大眾科學園區分公司與眾晶半導體公司,預計於89年第三季末、第四季初進行合併。並採吸收合併方式,眾晶為存續公司。預計90年初推出GSM或CDMA手機,積極結合無線通訊與個人電腦,進軍IA領域。

7. 慧智公司與美商Netier公司於89年12月間結合,台灣慧智公司以1,600萬美元,買下美國以網路管理軟體為主的Netier Technology公司。慧智公司的精簡型電腦(Thin Client)在結合Netier公司產品後,預計90年第一季末即可看見整合的綜效,現有代工客戶也可望將硬體與Netier公司軟體產品一同搭配出貨。

8. 矽品精密公司與矽豐公司於89年12月30日合併,矽品精密公司以概括承受方式吸收合併矽豐公司,並以矽品精密公司為存續公司,矽豐為消滅公司。矽品精密公司為世界第三及國內第二封裝廠,矽豐公司為國內第四大測試廠。兩家公司合併後,將達到整合生產與研發資源、降低成本、擴大營運規模、提升技術層次及提高國際市場競爭力等經濟效益。

9. 台灣飛利浦電子公司與台灣飛磁材料公司於89年12月合

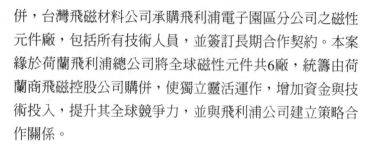

併，台灣飛磁材料公司承購飛利浦電子園區分公司之磁性元件廠，包括所有技術人員，並簽訂長期合作契約。本案緣於荷蘭飛利浦總公司將全球磁性元件共6廠，統籌由荷蘭商飛磁控股公司購併，使獨立靈活運作，增加資金與技術投入，提升其全球競爭力，並與飛利浦公司建立策略合作關係。

10.普立爾科技公司與普麗光電公司於89年12月合併，普立爾科技公司以吸收合併方式概括承受普麗光電公司，並以普立爾科技公司園區分公司爲存續公司，普麗光電公司爲消滅公司。由於普立爾科技公司之自動相機出貨量爲世界第一位。本案係國內底片相機與數位相機之著名廠商結合，將研發產製高解析度數位及底片式混合變焦相機、數位及底片式混合單眼相機，及高解析度數位相機變焦鏡頭等，不但可提升國內光機電系統整合能力，更可帶動上游關鍵零組件廠商建立自主技術。

(二) 國際高科技廠商購併行爲

1.美國最大網路服務業者美國線上公司（AOL）購併全球媒體與娛樂龍頭時代華納公司（Time Warner），迄至89年1月11日購併案甫趨成熟。將以換股方式購併，規模高達1,837億美元，爲歷年來最大購併案。AOL持有新公司55％股權、時代華納公司則持有45％。合併後，華納兄弟製片公司、有線電視新聞網（CNN）電視頻道與《時代雜誌》等媒體，將與美國線上公司逾2,000萬個網際網路客戶結合。

2.英國葛蘭素威康（Glaxo Wellcome）與史克美占（Smithkline Beecham，簡稱SB）之合併案，於89年夏天生效。英國葛蘭素威康與史克美占合併後總營業額150億英鎊，占全球藥品市場7.3％，爲全球第一大藥廠。計畫

完成合併的第3年起，每年節省10億英鎊的成本。其中2.5億英鎊由整合2家藥廠的研發部門而來，另外7.5億英鎊從組織精簡而來。

3.新加坡電信公司將購併香港電訊公司（為英國大東電報公司旗下），合併後市值可達610億美元，為亞洲第二大，僅次於日本電信電話市值2,300億美元。預計可掌握亞洲地區除日本以外60%的電信市場，將使跨國公司亞太電信市場之競爭日趨激烈。新加坡政府持有新加坡電信公司80%股份，89年4月1日起，已完全開放電信市場（詳如**表14-5**）。

　　由於高科技廠商為因應產品創新、技術進步及市場競爭等各種挑戰，除採取全球運籌營運策略外，為促進上下游產業之垂直、水平整合，或達到多角化經營之分散風險目的，策略聯盟與購併行為已蔚為時代潮流，科學園區廠商亦不例外，無論區內廠商合併、或區內與區外廠商相互購併、或獨立衍生新公司、抑或交換持股等結合行為不斷發生，且有逐漸增加之趨勢，結合行為態樣也錯綜複雜。過去園區廠商不論合併、獨立或衍生新公司，因其法人主體及主要營運項目變更，一律視同新設投資案依規定程序辦理，由於科學園區入區審查嚴謹，或有助於提升產品技術水準；惟審查時間則讓廠商無法忍受，致有部分合併案有所主張，渠等認為概括承受現有廠房、設備、員工，賡續經營原經指委會核准之營業項目，由於營運實體現狀不變，技術水準相同或有所提升，爰建議免予視為一般新設投資案，應儘速核准以爭取商機。本案業經科學園區指導委員會第155次會議決議，由園區管理局訂定較簡化之申請文件與審查作業程序，並依該程序審查通過後，再提指導委員會審議。應有助於滿足廠商營運需求、爭取商機，從而改善投資環境，預期未來科技進步將更加快速，廠商投資營運行為勢必更為機

表14-5　國內外高科技產業重要結合案例彙整

參與結合公司	結合行為態樣	產業別	結合時間	結合效益	資料來源
聯華、聯誠、聯瑞、聯嘉及合泰半導體公司	吸收合併方式，以聯華電子公司為存續公司，其餘4家為消滅公司。換股比例分別為聯誠(1：1)、聯瑞(3：1)、聯嘉(1.35：1)、合泰(2：1)。合併後資本額895億元，員工人數6,568人	積體電路產業	89年1月3日	有效整合資源運用、降低營運成本，促進合理化經營、擴增經營規模、提升製程技術水準，藉以強化公司體質，提升獲利能力，增進股東權益及整體社會之經濟福祉，進而提升我國積體電路產業之國際競爭力	科學工業園區管理局
台積電公司、德碁半導體公司、世大公司	水平購併，換股比例為1：5：2，即1張台積電股票換5張德碁公司股票、2張世大股票	積體電路產業	89年6月30日	提升經營績效，並提高企業競爭力。台積電公司原持有德碁公司25%股權	科學工業園區管理局
美國最大網路服務業者美國線上公司(AOL)，購併全球媒體與娛樂龍頭時代華納公司(Time Warner)	以換股方式購併，規模高達1,837億美元，為歷年來最大購併案。AOL持有新公司55%股權，時代華納公司則持有45%	網路服務業與媒體娛樂業	89年1月11日併購案甫趨成熟	合併後，華納兄弟製片公司、有線電視新聞網（CNN）電視頻道與《時代雜誌》等媒體，將與美國線上公司逾2,000萬個網際網路客戶結合	經濟日報89年1月11日轉紐約10日外電報導
奇美集團旗下的奇美電子與奇晶光電公司	以吸收合併方式，奇美電子為存續公司，兩家公司換股比例為1：1	光電產業	89年上半年完成	業務仍以彩色濾光片及TFT-LCD為兩大營運主軸。合併後申請股票上市，技術部門整合，增加後段模組	工商時報89年1月18日

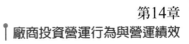

(續) 表14-5　國內外高科技產業重要結合案例彙整

參與結合公司	結合行為態樣	產業別	結合時間	結合效益	資料來源
英國葛蘭素威康（Glaxo Wellcome）與美國史克美占（Smithkline Beecham，簡稱SB）	英國葛蘭素威康與美國史克美占合併後總營業額150億英鎊，占全球藥品市場7.3%，為全球第一大藥廠	製藥業	89年夏天生效	計畫完成合併的第3年起，每年節省10億英鎊的成本。其中2.5億英鎊由整合2家藥廠的研發部門而來，另外7.5億英鎊從組織精簡而來	工商時報89年1月18日
新加坡電信公司將購併香港電訊公司（為英國大東電報公司旗下）	合併後市值可達610億美元，為亞洲第二大，僅次於日本電信電話市值2,300億美元	電信產業	正洽談購併事宜	預計可掌握亞洲地區除日本以外60%的電信市場，將使跨國公司亞太電信市場之競爭日趨激烈。新加坡政府持有新加坡電信公司80%股份，89年4月1日起，完全開放電信市場	聯合報89年1月26日
偉詮電子公司與勁傑科技公司	國內首宗IC設計公司購併案，偉詮換股比例為勁傑2.5股換偉註1股，偉註為存續公司，勁傑為消滅公司	IC設計業	合併基準日89年8月31日	勁傑科技主力產品是CRT監視器的螢幕字型顯示控制IC（OSD），及呼叫器解碼IC，尤其OSD已獲得明碁和仁寶等監視器大廠認證通過，並已銷售，再與偉詮原有監視器控制IC結合，使偉詮電子市場占有率領先同業。提供客戶快速的整體服務。至於呼叫器可與偉	經濟日報89年4月1日

（續）表14-5　國內外高科技產業重要結合案例彙整

參與結合公司	結合行為態樣	產業別	結合時間	結合效益	資料來源
台灣光罩公司與新台光罩公司光罩部門合併案	吸收合併，換股比例為1：4（台灣光罩公司對新台公司）	IC光罩產業	合併基準日89年11月1日	詮控制器技術結合，開發多功能資訊產品有互補性；考量全球光罩廠商四大主流地位已確定，分別是美國Dupont、Photronics二家，日本的大日本印刷（DNP）、日本凸版（Toppan），除了DNP外，其餘在台灣分別有與聯電合資的中華杜邦光罩、翔準先進及中華凸版。另外Photronics並與台灣光罩合資，在韓國成立KPL光罩公司；Photronics在新加坡也成立Photronics公司	經濟日報89年6月12日
大眾科學園區分公司與眾晶半導體公司	吸收合併，眾晶為存續公司	半導體產業	預計89年第三季末、第四季初完成合併	90年初擬推出GSM或CDMA手機，積極結合無線通訊與個人電腦，進軍IA領域	經濟日報89年6月15日
慧智公司與美商Netier公司	台灣慧智公司以1,600萬美元，買下美國以網路管理軟體為主的Netier Technology公司	電腦及周邊產業	89年12月6日	慧智公司的精簡型電腦（Thin Client）在結合Netier公司產品後，預計90年第一季末即可看見整合的綜效，現有代工客戶也可望將硬體與Netier公司軟體產品一同搭配出貨	工商時報89年12月7日

（續）表14-5　國內外高科技產業重要結合案例彙整

參與結合公司	結合行為態樣	產業別	結合時間	結合效益	資料來源
矽品精密公司與矽豐公司	矽品精密公司以概括承受方式吸收合併矽豐公司，並以矽品精密公司為存續公司，矽豐公司為消滅公司	積體電路產業	89年12月30日	矽品精密公司為世界第三及國內第二封裝廠，矽豐公司為國內第四大測試廠，將整合合併後，將達到整合生產與研發資源，降低成本、擴大營運規模、提升技術層次及提高國際市場競爭力等經濟效益	科學工業園區管理局
台灣飛利浦電子公司與台灣飛磁材料公司	台灣飛磁材料公司承購飛利浦電子園區分公司之磁性元件廠，包括所有設備、並簽訂長期合作契約	光電產業	89年12月	荷蘭飛利浦總公司將全球磁性元件共6廠，統籌由荷蘭商飛磁控股公司購併，使獨立靈活運作，增加資金與技術投入，提升其全球競爭力，並與飛利浦公司建立策略合作關係	科學工業園區管理局
普立爾科技公司與普麗光電公司	普立爾科技公司以吸收合併方式概括承受普麗光電公司，並以普立爾科技公司園區分公司為存續公司，普麗光電公司為消滅公司	光電產業	89年12月	普立爾科技公司之自動相機出貨量為世界第一位。本案係國內底片相機與數位相機之著名廠商結合，將研發產製高解析度數位及底片式混合變焦相機、數位及底片式混合單眼相機，及高解析度數位相機變焦鏡頭等，不但可提升國內光機電系統整合能力，更可帶動上游關鍵零組件廠商建立自主技術	科學工業園區管理局

資料來源：本研究彙整。

動因應，有關投資規範與制度將面臨更多挑戰，預料簡化行政作業程序，解除不必要之管制，協助廠商提升競爭力，將成為世界各國政府努力與競爭的重點。換言之，投資環境之良窳攸關企業全球運籌之營運策略與投資地區之選擇與規劃。

14.3 科學工業園區廠商營運績效

科學工業園區廠商之營運績效指標，包括營業額與資本額成長情形、研發專利與產品創新、帶動周邊產業發展、提供大量就業機會、高科技產品在國際市場之占有率、進出口成長及促進國內產業經濟成長等等，由於前文已陸續闡述，爰擬就園區廠商之投資與營運績效摘述如后。

一、竹科89年營運概況

新竹科學工業園區89年營運績效，受全球半導體產業景氣持續熱絡之影響，民國89年1至10月營業額累計高達7,632億元，較上年同期大幅成長50.34％。綜觀科學園區六大產業，包括積體電路、電腦、通訊、光電、精密機械及生物科技等之營業額，成長幅度介於11.2％至74.3％不等。如就貿易額統計，新竹科學園區89年上半年進出口貿易額占全國貿易總額比例，已由上年同期的8.8％提高為9.9％。

新竹科學工業園區自民國69年設立迄今已屆滿20餘年，目前高科技產業體系之發展已趨完整，進而帶動周邊產業蓬勃發展，充分顯現其高科技聚落效應。截至89年10月底止，園區高科技廠商共計有288家，從業人員99,519人，員工人數較上年底增加20％。由於高科技產業景氣帶動園區廠商投資鉅幅成長，新竹科學園區89年上半年共有62家廠商申請增資，核准增資金

額2,146.47億元,分別較上年同期家數增加29%、金額增幅則達172%,再創歷史新高紀錄。截至89年10月底止,廠商實收資本額合計達6,735億元,年成長率高達二成。至於新投資案之引進方面,由於新竹科學工業園區土地利用已趨飽和,投資引進以研發創新型公司為主;配合用水用電之總量管制,89年上半年所引進之新設公司僅8家、核准資本額35.79億元,分別較上年同期減少63%及56%。

茲就有關園區營業額、進出口貿易及投資引進情形,進一步分析如次:

(一)營業額方面

就園區六大產業89年上半年之營業額分析,積體電路產業營業額2,470億元,占園區總營業額58.7%,較上年同期成長69%,其中成長較顯著者,除晶圓製品成長一倍外,設備供應等周邊產業、晶片製造及電路設計等產值成長率分別為84%、73%及49%。電腦及周邊設備產業營業額1,092億元,占園區總營業額26%,較上年同期成長13%,以微電腦系統成長20%,表現較好。光電產業營業額384億元,占9.1%,較上年同期成長101%,以平面顯示器成長2.7倍最為突出,其次光學元件系統及光學資訊亦分別成長86%及78%。通訊產業營業額225億元,占5.3%,較上年同期成長17%,以無線電通訊設備及用戶終端設備分別成長46%及37%,表現最佳。精密機械產業營業額32億元,占0.8%,較上年同期成長56%,以精密元組件及精密儀器設備分別成長80%及78%較好。生物技術產業營業額4億元,占0.1%,成長47%,以醫療器材成長71%表現較佳。

(二)進出口貿易方面

科學園區89年上半年進出口貿易總額為4,208億元,較上年同期成長34%,約占全國貿易總額42,637億元之9.9%。其中園區出口總額為2,067億元,進口總額為2,141億元,分別較上年同

期成長24％及45.3％。

（三）投資引進方面

　　就89年上半年引進之8家新設公司分析，3家積體電路公司中，有2家從事IC設計、1家從事8吋晶圓測試及燒機裝置之研究。另通訊公司有1家從事非對稱數位用戶迴路軟體數據機及相關產品之研發產製。光電公司有2家，其中1家從事有機發光二極體顯示面板之研產，其餘1家從事16/32/64通道**高密度波長多工器濾光鏡片**（DWDM filter）之研產。生物技術公司2家，其中1家從事溶血栓藥物及人類化單株抗體之研產，可分別治療急性心肌梗塞、缺血性腦中風，及癌症之檢測與治療。另1家則利用分子生物及相關平台技術，發展DNA及RNA等生物晶片產品。

　　新加入之8家廠商，均為國內所亟需之關鍵零組件或是下一代的新興關鍵技術。其中有6家在新竹科學園區設廠，其餘2家在台南園區設廠，合計赴台南園區設廠之核准資本額為9.35億元，約占總核准資本額26％。另就8家新設公司之投資來源分析，計有3家係由海外學人申請設立；顯示科學園區仍持續吸引海外先進技術及學人回國投資設廠（陳銘煌，2001b）。

　　雖然國內外經濟景氣趨緩，科學工業園區廠商營業額依然大幅成長，蓋與園區廠商一向著重研發創新有關，由於每年都有豐碩之研發成果與創新產品，促使營業額逐年鉅幅攀升。根據園區管理局調查統計，88年園區發明專利之國內核准專利數為1,146件，國外專利數為1,085件，分別較上年成長25.9％及37.7％，詳如〔**表14-6**〕。也是促使科學園區成為我國科技重鎮之主要原因，多項產品在世界市場之占有率名列第一，或居重要地位（詳如〔**表14-7**〕）。

表14-6 科學工業園區歷年來發明專利核准數成長情形

單位：件

年度	國內專利數	成長率（%）	國外專利數	成長率（%）
78	33	-	22	-
79	51	54.5%	19	-13.6%
80	103	101.9%	35	84.2%
81	86	-16.5%	33	-5.7%
82	125	45.3%	69	109.1%
83	226	80.8%	101	21.7%
84	532	135.3%	234	131.7%
85	621	16.7%	376	60.7%
86	1,021	64.4%	566	50.5%
87	910	-12.2%	788	39.2%
88	1,146	25.9%	1,085	37.7%

資料來源：科學工業園區管理局（2000）。

表14-7 科學園區重要資訊電子產品之世界市場地位

資訊電子產品	全球市場排名	1998年全球市場占有率%	1999年全球市場占有率%	園區在國內之占有率%
積體電路製造業	4	4.4%（52.6億）	6.8%	95.6%
專業晶圓代工	1	55%（29.6億）	64.8%	100%
Chipset	2	30%（5億美元）	-	
DRAM	4	10%（15.1億）	12%	90%
筆記型電腦	1	40%	49%	15%
監視器	1	58%	58%	
桌上型電腦	3	17%	19%	74%
主機板	1	61%	64%	
SPS	1	66%	70%	
光碟機	1	34%	34%	
機殼	1	75%	75%	
掃描器	1	84%	91%	65%
繪圖卡	1	31%	31%	
鍵盤	1	65%	68%	
滑鼠	1	60%	58%	36%
網路卡	1	36%	40%	58%
集線器	1	54%	66%	
數據機	1	34%	54%	35%
終端機	1	67%		76%
發光二極體	2	30%		32%

資料來源：1.資策會MIC IT IS計畫（1999年12月）；2.經濟部（1999）；3.科學工業園區管理局（2000）。

二、竹科93年營運概況

新竹科學工業園區93年之營業額創歷年新高紀錄，隨著全球半導體市場一度攀登景氣高峰，93年營業額已達1兆859億元，較上年大幅成長27％。展望竹科營運規模仍將持續穩定成長，預測94年可達1.1兆元左右；如加計國內外產值將達1.5兆元。綜觀竹科六大產業之營業額全面上揚，其中精密機械產業93年營業額較上年巨幅成長60％最突出；其次光電產業及生物技術產業，均較上年成長39％；另園區主要產業積體電路營業額亦較上年成長32％；至電腦及周邊產業、通訊產業也分別成長3％及10％。

截至93年12月底止，新竹科學園區高科技廠商共計有384家，從業人員115,477人，分別較上年同期增加4％及13％。由於高科技廠商投資熱絡，加上矽導竹科研發中心SOC設計廠商陸續申請進駐，累計93年竹科所引進之新設公司計48家，核准資本額430.3億元，較上年大幅成長58％；另現有廠商55家申請增資，核准增資金額約720億元，則較上年負成長9％，新投資及增資額合計1,150.3億元，仍較上年成長8％。目前尚有49家潛在投資案申請入區設廠，投資金額約69億元。截至93年12月底止，竹科廠商實收資本額合計達1兆751億元，較上年同期成長9％。

有關竹科營業額、生產力、進出口貿易、投資引進產品技術及未來展望，進一步分析如下：

（一）營業額方面

竹科六大產業之營業額，有關產業結構與變動情形分析如下：

1.積體電路產業93年營業額7,441億元，占園區總營業額68.5

％，較上年成長32％。其中主要次產業IC設計、晶片製造產值分別較上年成長23％及35％；另封裝製造、晶圓製品及周邊設備產值，亦分別較上年大幅成長53％、35％及28％。

2.電腦及周邊產業93年營業額1,382億元，占園區總營業額12.7％，較上年成長3％。主要係因輸出設備及儲存設備產值分別巨幅成長240％及108％；主要次產業微電腦系統亦成長7％；另輸入設備、網路設備則分別負成長6％及37％。

3.光電產業營業額1,313億元，占12.1％，較上年成長39％。主要因平面顯示器及光電材料元件產值分別成長66％及13％；另光學資訊、光學元件系統產值則分別負成長9％及45％。

4.通訊產業營業額605億元，占5.6％，較上年成長10％。其中用戶終端設備及無線通訊設備產值分別成長9％及13％；至局端傳輸設備產值亦較上年成長7％。

5.精密機械產業營業額92億元，占0.9％，較上年大幅成長60％。主要係因自動化系統、精密儀器設備產值分別較上年成長20％及148％。

6.生物技術產業營業額25億元，占0.2％，成長39％。其中以疫苗製藥產值成長127％表現較佳，檢驗試劑及醫療器材產值亦分別成長27％及19％。

（二）生產力方面

　　竹科六大產業93年勞動生產力平均每人產值為940萬元，較上年成長12％。其中以積體電路產業平均每人產值為1,119萬元最高，餘依序為電腦及周邊產業969萬元、通訊產業834萬元、精密機械產業605萬元、光電產業526萬元、生物技術產業248萬元；倘就園區主要積體電路產業分析，則以電路設計業每人產

值1,829萬元最高,其次晶圓製品及晶片製造分別爲1,354萬元及1,115萬元,光罩製作爲1,018萬元。

(三)進出口貿易方面

反映93年全球經濟景氣一度強勁擴張,新竹科學園區累計93年進出口貿易總額8,886億元,亦較上年大幅成長45%。其中園區出口總額爲4,958億元,約占竹科營業額46%;進口總額爲3,928億元,出進口額分別較上年成長27%及77%。另就竹科主要進出口市場結構統計,93年園區前五大出口國及其占園區出口比例,依序爲中國20%、香港20%、日本12%、美國11%、韓國9%;其中香港及中國合計出口比例爲40%,自92年起雙雙取代日本及美國,成爲竹科最大出口國。至於主要進口國仍爲日本及美國,93年進口額分別占園區進口總額37%及20%,餘依序爲新加坡8%、香港7%、韓國3%。

(四)新投資引進之產品技術

新竹科學園區93年共計引進48家新設公司,有關新引進產品技術簡述如次:

1. 積體電路產業新設公司計有21家約占44%,其中14家從事IC設計,產品包括高階標準型DRAM、家庭網路系統單晶片、多媒體儲存系統單晶片、多媒體所需之類比特殊應用IC、影音處理系統單晶片、影像感測及影像處理系統單晶片、TFT-LCD驅動IC、主動矩陣式有機發光元件驅動IC、無線耳機及喇叭晶片、胎壓監控系統晶片、無線顯示晶片組、數位媒體核心處理器、H.264/AVC視訊處理器、射頻積體電路(RFIC)-功率放大器IC及模組、IEEE 802.11a/b/g功率放大器及超微化WLAN系統模組等;2家提供多媒體顯示系統矽智財開發、ASIC及SOC設計服務、電子自動化設計(EDA)服務;2家從事系統級封裝

模組（SiP）、晶圓級晶粒型構裝、IC測試軟體開發及服務等；2家研製IC測試機、光電測試機、IC驗證測試及微波通訊與影像IC之測試等技術服務；1家研製內建式相機手機鏡頭及其模組。

2. 電腦及周邊產業新設公司3家，其中1家研製平板電腦模組及無線筆式輸入晶片；1家研製高速網路及影像系統模組；1家研製網路攝影機、網路語音、多媒體、儲存及印表機伺服器等。

3. 通訊產業新設公司3家，其中2家研製掌上型衛星定位系統、汽車導航系統、衛星定位接收器及模組等；1家研製光發射機、光接收機、摻鉺光纖放大器及網路管理系統。

4. 光電產業新設公司12家，其中4家分別研製薄膜電晶體液晶顯示面板、TFT-LCD大型光罩基板、TFT-LCD用偏光板及彩色濾光片；2家研製反射式、穿透反射式及廣視角薄膜液晶顯示技術，超雙像彩色顯示器薄膜液晶顯示技術，導光板印刷及射出成型、高輝度背光模組；1家研製液晶投影機顯示器及光學引擎；1家研製鉭酸鋰晶圓、鈮酸鋰晶圓及藍寶石晶圓；1家研製氮化鎵發光二極體；1家研製塑膠光纖通訊之發射及接收模組；1家研製太陽能電池及相關系統；1家研製砷化鎵微波積體電路、表面聲波濾波器等。

5. 精密機械產業新設公司3家，其中1家研製離子植入機；1家研製電漿輔助化學氣相沉積設備、物理氣相沉積設備；1家研製光電半導體鍍膜設備、新世代奈米成膜設備、新世代顯示器生產設備。

6. 生物技術產業新設公司2家，其中1家研製紫杉醇原料藥及紫杉醇原料前驅物；1家研製Carbapenem類抗生素原料藥及中間體及生物製藥技術服務。

7. 育成中心及園區事業共4家，包括交通大學申請設立「新

興SOC育成中心」;另園區事業3家分別提供氮氣、儲運及無塵無菌相關耗材之技術服務。

另以48家新設公司之投資來源分析,17家為園區高科技廠商參與合併或衍生之新公司,22家由海外學人申請或參與設立;15家由外國公司參與投資創設,10家申請進入園區設立之「交大矽導竹科研發中心」,另已有4家申請進入竹科龍潭園區投資設廠。

(五)展望未來

全球半導體市場已由2004年景氣高峰逐漸滑落,北美及日本半導體設備接單出貨比(B/B值),自2004年9月起雙雙跌落關鍵值「1」以下逾三個月;國際半導體產業研究機構預測,2005年全球半導體產值將微幅走低或持平;IT IS則預測94年國內半導體產業成長率可達14.8%,光電產業亦將成長34%。由於竹科多家12吋晶圓廠及竹南、龍潭園區TFT-LCD廠產能陸續開出,展望94年竹科營運規模仍將穩定成長,預測94年新竹科學園區高科技廠商之營業額可望達1.1兆元左右;如加計國內外產值將達1.5兆元以上(陳銘煌,2005a)。

三、竹科93年營運簡報資料

(一)新竹科學工業園區93年營運分析

■93年全球半導體市場一度攀登景氣高峰,竹科營業額亦創歷史新高紀錄,93年竹科營業額已達10,859億元,較上年大幅成長27%。

■截至93年12月底竹科廠商已達384家,從業人員115,477人,分別較上年同期增加4%及13%。

（二）竹科廠商投資依然熱絡

■新竹科學工業園區93年引進新設公司共計48家，核准投資額430.3億元，較上年成長58％，且仍有49家潛在投資案，投資金額約69億元。

■93年竹科共有55家廠商申請增資，核准增資金額計720億元，較上年負成長9％，合計新投資及增資額共1150.3億元，仍較上年成長8％。

（三）全球半導體市場發展現況

■國際半導體設備及材料協會(SEMI)公布，2004年12月北美半導體設備接單出貨比（B/B值）為0.95，延續9月0.94、10月0.96、11月1.0之疲軟趨勢。

■日本半導體製造設備協會(SEAJ)公布，2004年9月以來日製半導體設備接單出貨比分別為9月0.87、10月0.91、11月0.96、12月1.05。

■據市調機構isuppli最新報告，2004年第四季全球半導體庫存約10億美元，已較前季減少38％。

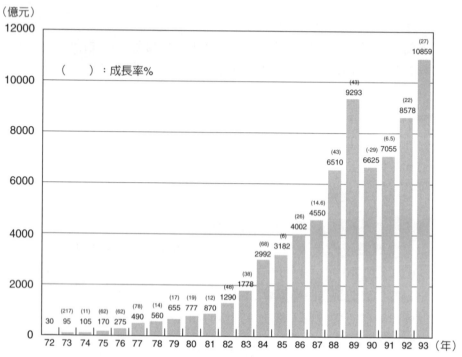

（億元）

( )：成長率%

圖14-1　72-93年歷年營業額成長趨勢
資料來源：科學工業園區管理局（2005）。

表14-8　93年竹科六大產業營業額成長情形

單位：新台幣億元

產業別	92年		93年		成長率（%）
	家數	營業額	家數	營業額	
積體電路	152	5,635	164	7,441	32
電腦及周邊	58	1,337	58	1,382	3
通訊	57	551	52	605	10
光電	59	943	61	1,313	39
精密機械	18	58	21	92	60
生物	26	18	28	25	39
合計	370	8,543	384	10,859	27

資料來源：科學工業園區管理局（2005）。

表14-9　積體電路產業成長情形

單位：新台幣億元

產業別	92年營業額	93年營業額	成長率（%）
電路設計	1,330	1,638	23
光罩製作	59	61	3
晶片製造	3,752	5,078	35
測試服務	10	12	26
封裝製造	99	151	53
晶圓製品	139	187	35
周邊產業	233	299	28
合計	5,635	7,441	32

資料來源：科學工業園區管理局（2005）。

表14-10　電腦及周邊產業成長情形

單位：新台幣億元

產業別	92年營業額	93年營業額	成長率（%）
微電腦系統	498	535	7
輸入設備	132	125	-6
輸出設備	44	150	240
儲存設備	51	107	108
網路設備	455	285	-37
軟體	4.6	4.9	5
電子零組件	151	175	16
合計	1,337	1,382	3

資料來源：科學工業園區管理局（2005）。

表14-11　光電產業成長情形

單位：新台幣億元

產業別	92年營業額	93年營業額	成長率（%）
光電材料元件	155	175	13
太陽能電池	6.4	5.5	-13
平面顯示器	580	963	66
光學資訊	155	141	-9
光學元件系統	41	22	-45
電池	6.2	5.8	-5
合計	943	1,313	39

資料來源：科學工業園區管理局（2005）。

表14-12　通訊產業成長情形

單位：新台幣億元

產業別	92年營業額	93年營業額	成長率（%）
局端傳輸設備	35	37	7
用戶終端設備	350	380	9
無線通訊設備	165	187	13
合計	551	605	10

資料來源：科學工業園區管理局（2005）。

表14-13　93年園區六大產業勞動生產力成長情形

單位：新台幣萬元／人

產業別	92年勞動生產力	93年勞動生產力	成長率（%）
積體電路	919	1,119	22
電腦及周邊	1,097	969	-12
通訊	819	834	2
光電	488	526	8
精密機械	611	605	-1
生物	224	248	11
平均	843	940	12

資料來源：科學工業園區管理局（2005）。

表14-14　93年積體電路產業勞動生產力成長情形

單位：新台幣萬元／人

產業別	92年勞動生產力	93年勞動生產力	成長率（%）
電路設計	1,918	1,829	-5
光罩製作	1,071	1,018	-5
晶片製造	896	1,115	24
測試服務	185	574	210
封裝製造	205	335	63
晶圓製品	1,079	1,354	25
周邊產業	460	581	26
平均	919	1,119	22

資料來源：科學工業園區管理局（2005）。

表14-15　93年竹科進出口貿易變動情形

單位：新台幣億元

項目	92年1-12月	93年1-12月	成長率（%）
園區出口額	3,908	4,958	26.9
園區進口額	2,218	3,928	77.0
貿易總額	6,126	8,886	45.1

資料來源：科學工業園區管理局（2005）。

表14-16　93年竹科主要出口國變動情形

單位：新台幣億元

產業別	92年1-12月 出口額（排行）%		93年1-12月 出口額（排行）%		成長率
中國大陸	654(2)	17%	992(1)	20%	52%
香港	811(1)	21%	988(2)	20%	22%
日本	496(4)	13%	604(3)	12%	22%
美國	538(3)	14%	536(4)	11%	-0.3%
韓國	313(5)	8%	430(5)	9%	38%

資料來源：科學工業園區管理局（2005）。

表14-17　93年竹科主要進口國變動情形

單位：新台幣億元

產業別	92年1-12月 進口額（排行）%		93年1-12月 進口額（排行）%		成長率
日本	638(1)	29%	1,449(1)	37%	127%
美國	446(2)	20%	797(2)	20%	79%
新加坡	182(3)	8%	326(3)	8%	79%
香港	154(5)	7%	261(4)	7%	70%
韓國	54(7)	2%	128(5)	3%	138%

資料來源：科學工業園區管理局（2005）。

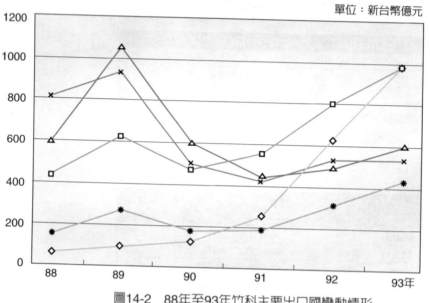

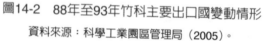

圖14-2　88年至93年竹科主要出口國變動情形

資料來源：科學工業園區管理局（2005）。

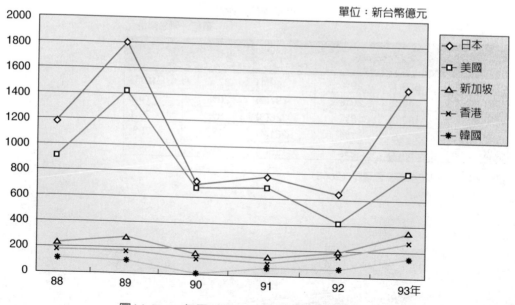

圖14-3　88年至93年竹科主要進口國變動情形

資料來源：科學工業園區管理局（2005）。

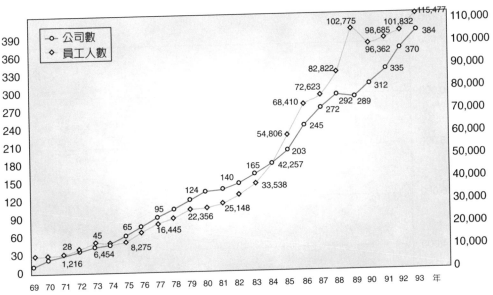

圖14-4　公司及從業人員成長圖

資料來源：科學工業園區管理局（2005）。

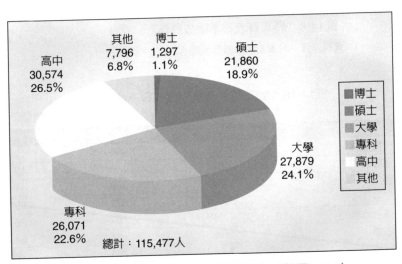

圖14-5　創造專科以上人力就業機會（截至93/12）

資料來源：科學工業園區管理局（2005）。

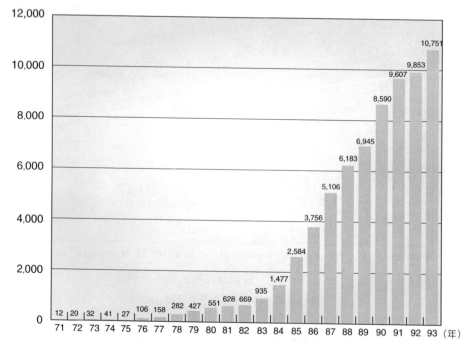

圖14-6　歷年實收資本額成長情形

資料來源：科學工業園區管理局（2005）。

表14-18　93年竹科產業別實收資本成長情形

單位：新台幣億元

產業別	92年12月資本額	93年12月資本額	成長率（%）
積體電路	7,445	7,999	7
電腦及周邊	674	756	12
通訊	347	309	-11
光電	1,304	1,571	20
精密機械	48	62	29
生物	35	54	54
合計	9,853	10,751	9

資料來源：科學工業園區管理局（2005）。

表14-19　93年竹科引進新投資案核准情形

單位：新台幣億元

產業別	92年1-12月		93年1-12月		成長率（％）
	家數	投資額	家數	投資額	
積體電路	26	161.3	21	121.6	-25
電腦及周邊	10	61.0	3	7.2	-88
通訊	4	5.4	3	7.2	33
光電	3	18.8	12	251.6	1238
精密機械	2	0.8	3	9.6	1100
生物	7	25.9	2	9.8	-62
育成中心及園區事業	2	4.0	4	23.8	495
合計	54	273.2	48	430.3	58

資料來源：科學工業園區管理局（2005）。

表14-20　93年竹科廠商增資額變動情形

單位：新台幣億元

產業別	92年1-12月		93年1-12月		成長率（％）
	家數	增資額	家數	增資額	
積體電路	28	532.4	19	187.6	-65
電腦及周邊	11	70.7	14	76.0	8
通訊	5	27.4	4	28.3	3
光電	9	145.1	10	363.5	169
精密機械	4	10.8	2	20.0	85
生物	3	8.3	6	44.6	438
合計	60	794.7	55	720.0	-9

資料來源：科學工業園區管理局（2005）。

表14-21　93年竹科廠商投增資額成長情形

單位：新台幣億元

產業別	92年1-12月		93年1-12月		成長率（％）
	家數	投增資	家數	投增資	
積體電路	54	693.7	40	309.2	-55
電腦及周邊	21	131.7	17	83.2	-37
通訊	9	32.8	7	35.5	8
光電	12	163.9	22	615.1	275
精密機械	6	11.6	5	29.6	155
生物	10	34.2	8	54.4	59
育成中心及園區事業	2	4.0	4	23.8	495
合計	114	1,068.4	103	1,150.3	8

資料來源：科學工業園區管理局（2005）。

表14-22 新竹園區申辦中投資案——產業別摘要

單位：新台幣億元

產業別	家數	投資額（億元）	廠房需求（m²）	土地需求（公頃）
積體電路	22	20	7,200	0
電腦周邊	7	11	5,800	1
通訊	5	15	6,500	0
光電	7	9	1,500	1.2
精密機械	1	1	1,650	0
生物技術	7	13	6,000	0
總計	49	69	28,650	2.2

資料來源：科學工業園區管理局（2005）。

表14-23 94年（2005年）國內外產銷預測

一、全球半導體產銷預測
　　SIA（半導體產業協會）（2,140億美元）　　　　持平　　→
　　IC Insights（1,754億美元）　　　　　　　　　-2%　　　↓
　　WSTS（全球半導體貿易統計）（2,153億美元）　1.2%　　↑
　　In-stat（1,993億美元）　　　　　　　　　　　-5.7%　　↓
二、國內半導體產銷預測（ITIS）
　　94年整體IC產業（新台幣12,793億元）　　　　14.8%　　↑
　　－IC設計業（新台幣3,020億元）　　　　　　　16.2%　　↑
　　－IC製造業（新台幣7,322億元）　　　　　　　14.9%　　↑
　　94年光電產業（新台幣1.51兆元）　　　　　　　34%　　　↑
三、竹科營業額預測（科管局）
　　94年竹科營業額約新台幣1.1兆億元左右　　　　1%左右　↑

資料來源：科學工業園區管理局（2005）。

重點摘錄

- 有鑑於高科技產品之研發創新是廠商競爭的必要條件,而商品生命週期縮短導致市場日新月異,廠商營運行為之快速反應,已成為激烈競爭市場之成功利器。

- 有關園區高科技廠商行為,包括投資營運、產銷行為、策略聯盟、國際合作、技術創新、產品研發、競爭行為、產業分工、垂直整合、多角化經營及全球運籌營運策略等不勝枚舉。

- 台灣競爭力的特質,已由過去擁有便宜、勤奮的勞力,轉變為擁有彈性、速度及便宜的腦力;因此,要創造台灣之新價值,則需專注在研發、市場、運籌及經管知識,投資技術和資本密集的產業,借助大陸的人力資源和市場,擴大台灣的知識價值,為知識經濟做好準備。

- 由於美國矽谷擁有先進技術、充裕資金與優秀人才,成為全球高科技產業之搖籃,新竹科學園區廠商規劃全球運籌營運策略,已有多家廠商在美國矽谷建立據點,得與全球領先技術同步成長。

- 高科技廠商為促進合理化經營,加強規模經濟效益,研發創新產品技術,降低營運成本,並提高國際市場競爭力,經常採取之主要經營策略為購併行為。

- 由於高科技廠商為因應產品創新、技術進步及市場競爭等各種挑戰,除採取全球運籌營運策略外,為促進上下游產業之垂直、水平整合,或達到多角化經營之分散風險目的,策略聯盟與購併行為已蔚為時代潮流。

- 預期未來科技進步將更加快速,廠商投資營運行為勢必更為機動因應,有關投資規範與制度將面臨更多挑戰,預料簡化行政作業程序,解除不必要之管制,協助廠商提升競爭力,將成為世界各國政府努力與競爭的重點。換言之,投資環境之良窳攸關企業全球運籌之營運策略與投資地區之選擇與規劃。

- 科學工業園區廠商之營運績效指標,包括營業額與資本額成長情形、研發專利與產品創新、帶動周邊產業發展、提供大量就業機會、高科技產品在國際市場之占有率、進出口成長及促進國內產業經濟成長等等。

- 新竹科學工業園區93年之營業額創歷年新高紀錄,隨著全球半導體市場一度攀登景氣高峰,93年營業額已達1兆859億元,較上年大幅成長27%。截至93年12月底止,新竹科學園區高科技廠商共計有384家,從業人員115,477人,分別較上年同期增加4%及13%。

- 竹科六大產業93年勞動生產力平均每人產值為940萬元,較上年成長12%。其中以積體電路產業平均每人產值為1,119萬元最高;倘就園區主要積體電路產業分析,則

以電路設計業每人產值1,829萬元最高,其次晶圓製品及晶片製造分別為1,354萬元及1,115萬元,光罩製作為1,018萬元。

◥進出口貿易方面反映93年全球經濟景氣一度強勁擴張,新竹科學園區累計93年進出口貿易總額8,886億元,亦較上年大幅成長45%。其中園區出口總額為4,958億元,約占竹科營業額46%。

重要名詞

退貨維修保證(return merchandize assurance)

美國存託憑證(American depository reserve)

低功率靜態隨機存取記憶體(low power SRAM)

系統單晶片(system on a chip, SOC)

網際網路語音通訊(VOIP)

應用服務供應商(ASP)

設計之服務聯盟(design service alliance)

數位訊號處理器(DSP)

無晶圓廠的設計公司(fabless)

整合元件製造廠(IDM)

非對稱性數位用戶迴路器(ADSL)

高密度波長多工器(DWDM)

高密度波長多工器濾光鏡片(DWDM filter)

電子自動化設計(EDA)

系統級封裝模組(SiP)

問題討論

1.請略述科學工業園區廠商之轉投資行為及有關規範。

2.請簡述新竹科學工業園區廠商如何規劃全球運籌營運策略。與美國矽谷之互動關係為何?

3.新竹科學工業園區廠商之策略聯盟態樣有哪些?試舉例說明之。

4.請簡述國內外高科技廠商之購併行為與案例。

5.請說明新竹科學工業園區廠商之營運績效,及對國內產業經濟發展之影響。

第 15 章

公平交易法如何規範高科技產業及有關案例分析

- 15.1 高科技產業涉及公平交易法之案例統計
- 15.2 公平交易法如何規範高科技產業之反托拉斯行為
- 15.3 公平交易法如何規範高科技產業之不公平競爭行為

本章節探討公平交易法如何規範高科技產業及有關案例分析，討論的議題有：高科技產業涉及公平交易法之案例統計、**公平交易法**（the Fair Trade Law）如何規範高科技產業（high-tech industries）之反托拉斯行為，以及公平交易法如何規範高科技產業之不公平競爭行為。

15.1 高科技產業涉及公平交易法之案例統計

一、高科技產業之定義與發展

按**高科技產業**之定義，根據產業技術白皮書彙整相關文獻及專家學者意見，大致可從定性面、產業投入面、產出面及綜合面等四個面向加以衡量，分別臚列如次：

1. 定性判斷的衡量指標包括：(1)新技術；(2)前瞻性、國際競爭、技術發展與市場改良。
2. 產業投入面定義指標包括：(1)研究發展費用占總產值比例；(2)員工職業比例；(3)研究發展支出及雇用員工技術層次。
3. 產業產出面衡量指標包括：(1)專利取得數；(2)單位銷售額創新比率；(3)產品及創新之複雜度。
4. 綜合性定義之高科技產業衡量指標包括：(1)高技術員工、高成長率研發支出與銷售額之比率、產品的世界市場；(2)就業量、生產總值、依賴性、市場、知識程度、生產力、關聯效果、研發支出、資金集約度問題、用地、用水能源浪費、污染情形等等。

事實上回顧我國近年來高科技產業之發展與政策，自一九

七〇年代即加強重化工業及機械、資訊、電子等策略性工業之發展；一九八〇年代政府在前瞻性、兼顧世界技術發展與市場需求，及著眼國際競爭力等三項原則下，規劃我國二十一世紀之新興高科技產業。依據市場潛力大、產業關聯性大、技術層次高、附加價值高、污染程度低、能源依存度低等六大原則，提出十大新興工業與八大關鍵工業技術；迄今，發展高科技產業已成為我國朝野對經濟持續成長之共識，財政部「進出口商品結構別複分類之研究的認定標準」，並將屬於產品附加價值高、技術複雜、技術人力及研發經費投入比率高之產業，包括化學、機械、電子、運輸工具等製造業，歸類為高科技產業（經濟部，1998）。

　　政府為促進產業升級，健全經濟發展，爰於79年12月29日制定並實施「促進產業升級條例」，該條例施行至民國89年已屆滿10年，對改善台灣產業結構頗有助益。根據工業局統計資料顯示，在80年促產條例施行初期，我國製造業之產業結構，技術密集工業約占29.2%、重化工業占36.3%、傳統工業占34.6%；歷經多年來高科技產業之轉型發展，至87年技術密集產業已躍居40.7%、重化工業退居第二約占35.8%、傳統工業則大幅衰退至23.5%；88年上半年高科技產業之總產值已達1.7兆元，約占製造業產值47%，又較上年同期增加7%。為持續加速國內產業升級，舉凡科學工業園區與相關工業園區之產業引進策略，無不以高科技產業及高附加價值產品為主要訴求。隨著我國經濟結構之演變及經濟自由化與國際化潮流，已使我國高科技產業成為全球經貿體系與國際產業分工體系之重要一環，尤其我國半導體產業在全球市場之重要性，可由88年921震災後晶圓代工與DRAM產品對全球市場之波及效應，及受到各主要產國之關注程度略窺端倪。目前我國不僅為全球第十三大出口國，高科技產品出口總值占整體出口比重約達45.8%（經濟部，1998）。

隨著高科技產業的迅速發展,新竹科學工業園區歷經20餘年的成長,在整體經濟地位之重要性日益凸顯,已然成為我國高科技產業之重鎮。按新竹科學工業園區89年營業額9,293億元,約占全國資訊電子產業89年銷售額2兆8,628億元之32.5%,另約占全國製造業89年銷售總額8兆6,457億元之10.7%。如就新竹科學園區89年產值占國內生產毛額(GDP)之比重觀之,根據行政院主計處統計資料,我國89年國內生產毛額為9兆6,859億元,其中農業占2.06%、工業占32.37%、服務業占65.57%。另據調查新竹科學園區產業附加價值約占營業額46.4%,據此計算新竹科學工業園區89年淨產值4,312億元,約占國內生產毛額(GDP)之4.5%。因此,科學工業園區之產業發展,已成為我國高科技產業發展之重要指標。

二、高科技產業涉及公平交易法之案例統計

公平交易法規範內容可概分為兩大部分,一為對事業獨占(monopoly)、結合(combination)及聯合行為(concerted action)之規範;另一部分則屬不公平競爭行為規範,包括約定轉售價格(restricting resale prices)、妨礙公平競爭行為(impeding fair competition)、仿冒(counterfeiting)、不實廣告(untrue action)、損害他人營業信譽(impairing business reputation)、不當多層次傳銷(multi-level sales)、欺罔或顯失公平之行為(deceptive or unfair action)等。公平交易法自民國81年實施至89年已屆滿9年,累計9年來行政院公平交易委員會受理公平交易法相關案件,共計有19,778件,平均每年受理2,198件,其中檢舉案件占65%、請釋案件占10%、申請結合及聯合案件分別占24%及1%;如就歷年案件結構變化觀之,隨著民眾對公平交易法之逐漸了解,請求解釋案件有顯著減少趨勢,由81年所占比率18%降至89年4%;同時檢舉案件也由80%降至51%,結合案

件則因近年來策略聯盟與企業購併之營運行為盛行，致申請結合案件由1％驟增為44％，另申請聯合行為案件則維持1％左右（詳如〔**表15-1**〕）。

行政院公平交易委員會針對公平交易法檢舉案件之處理結果統計，累計9年來共計處理12,443案，平均每年約1,383案，其中經作成處分案件約占11％、不處分者19％、行政處置者2％、中止審理者60％、因案情相近併案處理者占8％。公平交易法歷經9年來的實施，由於一般大眾已經對該法有較正確之認知，因此中止審理案件之比率，業由81年78％降至89年55％（詳如〔**表15-2**〕）。至於違反公平交易法之處分案件，9年來共計處分1,545件，其中以不實廣告案件最多，計有731件占47.3％，其次依序為欺罔或顯失公平行為464件占30％、非法多層次傳銷133件占8.6％、妨礙公平競爭之虞行為70件占4.5％、非法聯合行為66件占4.3％、拒絕調查等其他處分案件66件占4.3％、約定轉售價格行為25件占1.6％、非法結合行為20件占1.3％、仿冒行為19件占1.2％、損害營業信譽行為11件占0.7％、獨占行為處分案2件占0.1％（詳如〔**表15-3**〕）。

表15-1 公平交易法有關案件統計

年度	案件合計	檢舉案	申請聯合	申請結合	請釋案
81年	1,296（100）	1,039（80）	12（1）	13（1）	232（18）
82年	1,567（100）	1,243（79）	9（1）	112（7）	203（13）
83年	2,020（100）	1,499（74）	11（1）	262（13）	248（12）
84年	2,486（100）	1,768（71）	2（1）	435（17）	281（11）
85年	2,234（100）	1,636（73）	12（1）	334（15）	252（11）
86年	2,277（100）	1,480（65）	23（1）	561（25）	213（9）
87年	2,444（100）	1,335（55）	13（1）	863（35）	233（9）
88年	2,757（100）	1,521（55）	7（1）	1,064（38）	165（6）
89年	2,697（100）	1,370（51）	11（1）	1,188（44）	128（4）
總計	19,778（100）	12,891（65）	100（1）	4,832（24）	1,955（10）

資料來源：行政院公平交易委員會（2000）。

表15-2　公平交易法檢舉案件處理結果

年度	案件合計	處分	不處分	行政處置	中止審理	併案
81年	757（100）	51（7）	100（13）	-	591（78）	15（2）
82年	1,094（100）	79（7）	200（18）	7（1）	748（68）	60（6）
83年	1,408（100）	118（8）	306（22）	40（3）	852（61）	92（6）
84年	1,643（100）	157（10）	281（17）	75（4）	997（61）	133（8）
85年	1,633（100）	172（11）	331（20）	62（4）	931（57）	137（8）
86年	1,662（100）	201（12）	320（19）	34（2）	912（55）	195（12）
87年	1,409（100）	218（15）	285（20）	23（2）	773（55）	110（8）
88年	1,453（100）	151（10）	284（20）	17（1）	912（63）	89（6）
89年	1,384（100）	198（14）	305（22）	13（1）	759（55）	109（8）
總計	12,443（100）	1,345（11）	2,412（19）	271（2）	7,475（60）	940（8）

資料來源：行政院公平交易委員會（2000）。

表15-3　公平交易法違法案件統計

年度	合計	結合	聯合	轉售	妨礙	仿冒	不實	損譽	欺罔	傳銷	其他
81年	63	-	4	10	8	1	42	-	1	4	-
82年	91	1	-	3	7	-	55	-	13	11	6
83年	156	1	2	1	3	-	82	3	53	14	8
84年	177	-	5	2	19	3	92	1	40	15	7
85年	197	4	5	4	10	1	104	1	59	5	8
86年	227	2	10	2	7	2	109	3	71	19	11
87年	246	-	8	2	7	7	101	1	83	27	22
88年	166	8	11	-	7	-	69	1	59	14	3
89年	222	2	21	1	2	5	77	1	85	24	1
總計	1,545	20	66	25	70	19	731	11	464	133	66

註：89年違法案件中計有2件獨占行為案例。
資料來源：行政院公平交易委員會（2000）。

　　有關高科技產業涉及公平交易法之案例統計，茲就88年統計資料，以資訊電子產業為主的電力及電子機械器材製造修配業為例，在88年1,323件處分案中計有29件，約占2.2%。其中欺罔或顯失公平行為16件占55.2%居多、其次虛偽不實或引人錯誤廣告行為11件占37.9%、約定轉售價格行為2件占6.9%、妨礙公平競爭行為2件占6.9%、仿冒他人商品或服務表徵行為1件占3.4

％、非法多層次傳銷行為1件占3.4%。

15.2 公平交易法如何規範高科技產業之反托拉斯行為

　　公平交易法第1條開宗明義闡釋該法之立法宗旨，為維護交易秩序與消費者利益，確保公平競爭，促進經濟之安定與繁榮。台積電董事長張忠謀於90年6月26日台灣管理學會成立時，發表專題演講指出，台灣近10年來的經濟成長，受自由化、全球化及科技化三大潮流的推演，帶來前所未有的激烈競爭，首先特別強調競爭學地位提升，係管理學之新增課題；由於全球科技快速發展，使企業深陷更為白熱化的激烈競爭，舉凡市場、技術、人才、資金，無不處於激烈競爭狀態，而競爭學的重點在於了解與競爭對手的差距，如何拉近與競爭者的差距等等。而公平交易法所稱之「競爭」，係指二以上事業在市場上，以較有利之價格、數量、品質、服務或其他條件，爭取交易機會之行為。因此，公平交易法之實施主要為建立公平交易制度，透過公平合理的遊戲規則維護市場交易秩序，鼓勵並保障合法廠商之研發努力與創新，防範大企業濫用市場地位，限制市場競爭。以下分別就公平交易法有關事業獨占、結合及聯合行為之範疇，對高科技產業之規範舉例說明供參。

一、高科技產業獨占行為之規範

（一）公平交易法如何規範獨占事業

⚓獨占事業之定義

　　依據公平交易法第5條所稱之「獨占」，謂事業在特定市場處於無競爭狀態，或具有壓倒性地位，可排除競爭之能力者。

二以上事業,實際上不爲價格之競爭,而其全體之對外關係,具有前項規定之情形者,視爲獨占。至於前述所稱特定市場,係指事業就一定之商品或服務,從事競爭之區域或範圍。據此觀之,公平交易法所定義之獨占事業範圍,遠較經濟學上所稱「獨賣」或「獨買」爲廣,其獨家生產銷售或獨家購買係指市場上之唯一廠商。因此公平交易法主要規範實質的獨占行爲,而非形式上之獨家生意。

獨占事業之認定

有鑑於公平交易法對獨占事業之定義頗爲抽象,爰於公平交易法施行細則補充規定,獨占事業之認定應審酌事項,包括:

1. 事業在特定市場之占有率;
2. 考量時間、空間等因素下,商品或服務在特定市場變化中之替代可能性;
3. 事業影響特定市場價格之能力;
4. 他事業加入特定市場有無不易克服之困難;
5. 商品或服務之輸入、輸出情形。

至於獨占事業之認定範圍,則包括一事業在特定市場之占有率達二分之一,二事業全體在特定市場之占有率達三分之二,三事業全體在特定市場之占有率達四分之三;惟個別事業在該特定市場占有率未達十分之一,或上一會計年度事業總銷售金額未達新台幣10億元者,不列入獨占事業之認定範圍;另事業之設立或事業所提供之商品或服務進入特定市場,受法令、技術之限制,或有其他足以影響市場供需可排除競爭能力之情事者,雖有不列入前述認定範圍之情形,中央主管機關仍得依法認定其爲獨占事業。

獨占事業之禁止行爲

公平交易法第10條明文規定,獨占事業不得以不公平之方

法，直接或間接阻礙他事業參與競爭，或對商品價格或服務報酬為不當之決定、維持或變更，或無正當理由，使交易相對人給予特別優惠，或其他濫用市場地位之行為。違反前揭規定者，行政院公平交易委員會得依公平交易法第41條，處新台幣5萬元以上2,500萬元以下罰鍰；並限期命其停止、改正其行為或採取必要更正措施，而逾期未停止、改正其行為或未採取必要更正措施，或停止後再為相同或類似違反行為者，處行為人3年以下有期徒刑、拘役或科或併科新台幣1億元以下罰金。

獨占事業之豁免行為

依公平交易法第46條規定，事業關於競爭之行為，另有其他法律規定者，於不牴觸本法立法意旨之範圍內，優先適用該其他法律之規定。同法第45條規定，依照著作權法、商標法或專利法行使權利之正當行為，不適用公平交易法之規定。

（二）國外反托拉斯法規範高科技產業獨占行為之案例
——美國微軟公司涉嫌壟斷行為被判違法案

違法重點

運用違反競爭手段維持其壟斷勢力，並在視窗作業系統軟體非法「搭售」其網路瀏覽器，企圖壟斷瀏覽器市場。

相關市場

為全球英特爾相容個人電腦所使用的作業系統。

市場地位

微軟在相關市場中，具備獨占、持續性及增加占有率之特質。在前揭相關市場之全球市場占有率超過95％；即若列計蘋果電腦公司（Mac OS），微軟的市場占有率仍遠逾80％。

微軟阻絕網景領航者網路瀏覽器之手段

1. 要求OEM個人電腦製造商，在出貨前先裝置探險家軟體；
2. 要求網際網路通路供應商（IAP），採用探險家軟體。

♣結果

法院認定，微軟自1995年6月以來，掠奪性競爭手法大幅提高微軟在第二市場取得獨占地位之可能性，探險家瀏覽器的市場占有率已達50％以上，估計2001年1月已超過60％。且該趨勢仍會持續增加。

本案起源於1998年10月由美國聯邦政府與19州政府聯合提出對微軟公司的26項指控，經美國聯邦地方法院法官傑克森於1988年11月5日判決，在長達207頁的事實認定中偏向聯邦政府觀點，認爲微軟公司壟斷市場，利用市場力量和巨額利潤傷害對手，阻礙有益消費者的創新。歷經4個月的抗辯，2000年4月3日仍被判違反聯邦反托拉斯法，並研擬可能強制微軟修正商業行爲或企業結構；同年5月25日主審法官傑克森在調查庭，建議微軟公司可一分爲三，並給司法部兩天時間修改原擬分割微軟爲二家公司之矯正措施，同時駁回微軟要求更多時間回應之訴。本案初審罪名成立後微軟公司上訴，2001年6月29日美國哥倫比亞特區上訴法院7名法官一致裁定，微軟公司的確濫用獨占地位，違反反托拉斯法，大致維持地方法院的原判；但推翻要求微軟分家之命令，把本案交由另一名法官決定懲罰方式。

（三）國內公平交易法規範高科技產業獨占行爲之案例
——光碟產品規格專利授權行爲違反公平交易法案

本案荷蘭商皇家飛利浦電子公司、日本新力公司及日本太陽誘電公司被檢舉，分別擁有數項與可錄式光碟產品（CD-R）規格相關之專利，爲便於向世界各國之可錄式光碟製造商進行專利授權，採行包裹授權方式，先由新力公司及太陽誘電公司對飛利浦電子公司授權，再由飛利浦電子公司整合各項專利權，整批授權予被授權人。經公平交易委員會調查結果，被檢舉人等之聯合授權與包裹授權行爲、授權金訂價方式，及拒絕提供授權協議等重要交易資訊之行爲，分別違反公平交易法第

14條、第10條第2項及第4項規定，於90年1月11日第480次委員會議決議，依公平交易法第41條前段規定，參酌違法動機、所得利益、事業規模及市場地位等因素，處飛利浦電子公司800萬元罰鍰，日本新力公司400萬元罰鍰，及日本太陽誘電公司200萬元罰鍰，並命令應立即停止前述違法行為。

本案有關授權金訂價方式部分，飛利浦電子公司等專利權人所擁有之技術具有壓倒性優勢，得排除他事業參與競爭，屬公平交易法第5條第2項所稱之獨占事業。而系爭授權契約訂有「以淨銷售價格3%或日圓10元中之較高者」，為權利金之給付標準。訂約時可錄式光碟市價約日幣300餘元，以淨銷售價格3%或日圓10元計價，差距不甚明顯；嗣因可錄式光碟市價大幅下跌，倘以日幣10元計算，則權利金比率高達20%、30%以上，經國內廠商一再要求調整其權利金額度，仍一再拒絕。據估計89年度飛利浦電子公司的權利金收益，將達86年度的20至60倍，推估該三家公司獲利將遠超過原預期金額。因此，飛利浦電子公司等獨占事業在市場供需已改變情況，仍繼續維持其授權金之價格，未因應市場需求作有效變更，違反公平交易法第10條第2項有關獨占事業禁止行為之規定。另據台灣區電機電子工業同業公會資料顯示，各相關產業之權利金給付約定分別如〔**表15-4**〕。

另本案飛利浦電子公司在系爭授權協議索取權利金談判過程中，憑恃於系爭CD-R可錄式光碟授權專利技術市場之優勢地位，拒絕提供被授權人有關授權專利詳實的內容、範圍或專利有效期限等重要交易資訊，即逕行要求被授權人簽訂系爭授權合約及進行權利金之追索；並在授權協議中要求被授權人必須撤回系爭專利無效之舉發，始得簽署授權合約。飛利浦電子公司憑藉市場優勢地位，迫使被授權人接受授權協議，對於系爭授權專利市場及產品市場，已有濫用市場地位之行為，違反公平交易法第10條第4項有關獨占事業禁止行為之規定（行政院公

表15-4　各產業給付權利金一覽表

單位：百分比%

產業別	權利金給付比率			
	0~2%	2~5%	5~10%	10~15%
航太業	50	50		
運輸業	52.5	45	2.5	
化學業	16.5	58.1	24.3	0.8
電腦業	62.5	31.3	6.3	
電子業		50	25	25
食品／消費品		100		
一般製造業	45	28.6	12.1	14.3
政府／學校	25	25	50	
醫療業	3.3	51.7	45	
藥品	23.6	32.1	29.3	12.5
通訊／其他	40	37.3	23.6	

註：1.權利金係廠商給付技術授權的報酬，按產品市價一定比率計算。
　　2.只有極少數的化學及藥品之權利金比率超過15%，一般均在15%以下。
資料來源：台灣區電機電子工業同業公會（2001）。

平交易委員會，2001）。

二、高科技產業結合行為之規範

（一）公平交易法如何規範事業結合行為

　　公平交易法有關事業結合之行為態樣，包括與他事業合併、持有或取得他事業有表決權股份或出資額達三分之一以上、受讓或承租他事業全部或主要部分之營業或財產、與他事業經常共同經營或受他事業委託經營，及直接或間接控制他事業之業務經營或人事任免者。公平交易法對中小企業之結合，原則上並不予管制，但為避免事業結合可能對市場競爭產生不利之影響，規定達一定規模之事業結合，須事前申請許可。包括：

1. 事業因結合而使其市場占有率達三分之一者；

2. 參與結合之一事業，其市場占有率達四分之一者；

3. 參與結合之一事業，其上一會計年度之銷售金額，超過中央主管機關所公告之金額者（目前爲50億元）。

凡申請結合之事業對整體經濟之利益，大於限制競爭之不利益者，行政院公平交易委員會得予許可。至於事業結合，應申請許可而未申請，或經申請未獲許可而爲結合者，行政院公平交易委員會得禁止其結合、限期命其分設事業、處分全部或部分股份、轉讓部分營業、免除擔任職務或爲其他必要之處分。事業違反行政院公平交易委員會依前項所爲之處分者，行政院公平交易委員會得命令解散、停止營業或勒令歇業。

（二）公平交易法規範高科技產業結合行爲之許可案例
——台積電申請與德碁半導體及世大積體電路結合案

⚓結合態樣
公平法第6條第1項第1款所稱「與他事業合併」。

⚓產生限制競爭或妨礙競爭之不利益情形

1. 三家晶圓製造廠商之吸收合併，係屬競爭事業間之水平結合行爲。台積電於國內晶圓代工市場占有率可由88年53%提升爲60%以上，該公司將更具有顯著性市場地位。

2. 台積電與聯電公司在國內晶圓代工市場占有率幾達100%，將迫使其他晶圓代工廠商退出市場或面臨被購併之結果，並對有意進入者產生排擠效果。

⚓對整體經濟利益

1. 整合後台積電於全球晶圓代工市場占有率，可望提升至40%以上，有助於鞏固我國於全球晶圓代工市場之龍頭地位。

2. 整合不具生產效能之晶圓代工廠，有助於創造我國上游IC設計市場及下游IC封裝、測試市場之未來商機及發展。

3.整合三事業優秀的IC產業製程技術及人才，有助於產銷績效之提升。

4.主管機關肯定本結合案，對整體利益之正面性。

結果

對我國整體經濟之利益大於限制競爭之不利益；依公平交易法第12條許可（行政院公平交易委員會，2000b）。

（三）公平交易法規範有線電視產業申請結合行為之駁回案例──東森媒體科技公司申請與聯群、新台北、金頻道及新竹振道有線電視公司結合案

限制競爭之不利益

1.東森媒體科技公司及相關事業已自製及代理14個頻道節目，復透過東森傳播公司與年代公司合作推廣年代公司5個頻道節目，同時亦參與投資木喬公司代理18個頻道節目，因此東森媒體科技公司最高可影響37個頻道節目之供應，約達75個可利用頻道的50%。

2.該結合產生之優勢競爭力，及嚇阻潛在競爭者之力量，將進一步肇致有線廣播電視系統市場結構趨於集中，不利競爭機能之發揮。

3.目前有線廣播電視普及率，在多數地區已達七成以上。本案結合將造成有線廣播電視上下游產業市場集中化，進而損及消費者福祉（中央及地方主管機關亦有疑慮）。

對整體經濟利益

參與結合事業透過有線廣播電視網路，提供有線廣播電視、電信及網際網路之跨業整合性服務，促進寬頻網路傳輸發展等之整體經濟利益（惟傳統固網事業亦得提供寬頻傳輸服務）。

結果

行政院公平交易委員會綜上考量依公平交易法第11條第2項

規定，駁回本案結合之申請（行政院公平交易委員會，2000c）。

三、高科技產業聯合行為之規範

（一）公平交易法如何規範事業聯合行為

公平交易法所謂「聯合行為」，係指事業以契約、協議或其他方式之合意，與有競爭關係之他事業共同決定商品或服務之價格，或限制數量、技術、產品、設備、交易對象、交易地區等相互約束事業活動之行為。公平交易法對聯合行為係採原則禁止、例外許可之規範方式，除有公平法第14條之7款例外情形，並報經公平會許可外，依法事業不得為聯合行為。違反規定者，處行為人3年以下有期徒刑、拘役或科或併科新台幣1億元以下罰金。

依據公平交易法第14條規定，事業不得為聯合行為，但有下列情形之一，而有益於整體經濟與公共利益，並經中央主管機關許可者，不在此限：

1. 為降低成本、改良品質或增進效率，而統一商品規格或型式者；
2. 為提高技術、改良品質、降低成本或增進效率，而共同研究開發商品或市場者；
3. 為促進事業合理經營，而分別作專業發展者；
4. 為確保或促進輸出，而專就國外市場之競爭予以約定者；
5. 為加強貿易效能，而就國外商品之輸入採取共同行為者；
6. 經濟不景氣期間，商品市場價格低於平均生產成本，致該行業之事業，難以繼續維持或生產過剩，為有計畫適應需求而限制產銷數量、設備或價格之共同行為；
7. 為增進中小企業之經營效率，或加強其競爭能力所為之共

同行為者。

中央主管機關為前述之許可時，得附加條件、限制或負擔。且許可應附期限，其期限不得逾3年；事業如有正當理由，得於期限屆滿前3個月內，以書面向中央主管機關申請延展，其延展期限，每次不得逾3年。另聯合行為經許可後，如因許可事由消滅、經濟情況變更，或事業有逾越許可範圍之行為者，中央主管機關得撤銷許可、變更許可內容、命令停止、改正其行為或採取必要更正措施。

（二）公平交易法規範高科技產業聯合行為之許可案例
—— 台灣國際商業機器公司與摩托羅拉公司聯合行為延展案

⚓申請事項

台灣國際商業機器公司（IBM）與摩托羅拉公司（Motorola），申請就公平會前許可成立之「威力晶片技術服務中心」聯合行為，延展至85年12月31日。

⚓許可要旨

業者申請許可行為符合公平交易法第14條第2款之規定，應予許可。

⚓許可理由

1. 申請人共同成立之「威力晶片技術服務中心」，公平會原許可至85年7月6日，惟其中CHIP與MAC兩項作業系統，仍屬新的技術發展產品，對本地產業仍較陌生，有加強推廣及訓練之必要，且申請時已籌劃一系列訓練課程，預計將於85年12月31日完成。

2. 經查該兩項訓練之實施對相關產業新技術提升有所助益，且不致影響現有市場之競爭狀態，而有助於整體經濟。

15.3 公平交易法如何規範高科技產業之不公平競爭行為

　　公平交易法有關不公平競爭行為之規範，例如約定轉售價格、虛偽不實廣告、不正當多層次傳銷、不當限制交易相對人、欺罔或顯失公平行為之禁制規定，茲就有關高科技產業之規範舉例說明供參。

一、高科技產業有關侵害著作權、商標權或專利權警告函處理原則

1.事業發警告函行為，包括警告函、敬告函、律師函、公開信、廣告啟事及其他足以使交易相對人知悉方式。

2.行使權利正當行為之警告函應踐行下列程序之一：

　(1)經法院一審判決確屬專利權受侵害。

　(2)可能侵權之標的物，經司法院與行政院協調指定專業機構鑑定並取得報告，且事先通知可能侵害之製造商、進口商請求排除。

　或

　(1)警告函附具非指定專業機構之鑑定報告，且事先通知請求排除侵害。

　(2)警告函敘明專利權明確內容、範圍及受侵害之具體事實，使受信者得以合理判斷，且事先通知可能侵害之廠商，請求排除侵害。

3.未踐行程序可能違反公平法條文，包括第19條第1、3款妨礙公平競爭，21條不實廣告，22條損害營業信譽，及24條欺罔或顯失公平。

4.違反24條構成要件，包括未具合法專利權、誇示或擴張專利權、不實陳述影射侵害其權利。

二、公平交易法規範高科技產業不公平競爭行為之案例

(一) 甲公司發敬告信函予競爭同業乙公司之西德客戶，稱乙公司涉有違反著作權等情事，違反公平交易法第22條案

1.本案甲公司於83年間曾以乙公司侵害其著作權為由，聲請檢察官簽發搜索票，搜索乙公司，並提出告訴。其後並於檢察官尚未為起訴或不起訴處分前，即發函乙公司之西德客戶，稱乙公司有違反著作權情事。

2.甲公司雖辯稱其所發致西德該外商公司函，僅止於通知有關乙公司曾有警方前往搜索仿冒品，請其注意此一問題，切勿購買仿冒品或教唆他人為仿冒品，而主張係保障其自身權益之行為。惟其信函內容非但未具體指出侵害著作權之訴訟情形，尚稱乙公司「仿造並且銷售任何流行項目產品」，顯然明指乙公司所有產品均屬仿冒品，且有長時期之仿冒行為，雖發函當時甲公司確有以乙公司違反著作權法為由提出告訴，然該案僅在檢察官偵察中，公平會依卷附資料尚無證據顯示乙公司之所有產品均屬仿冒品，故甲公司之指摘顯與事實有所未符，不僅逾越單純之敬告通知，且因用語肯定乙公司之仿冒行為，已對乙公司之營業信譽產生嚴重貶損之影響。

另乙公司是否違反著作權法應經司法機關之認定，甲公司在系爭信函中卻以堅定語氣表示「我們百分之百確信某某先生一定會進入監牢」，顯示其陳述內容已超越保障自身權利之範圍。且該信函中並稱將以較低價格供應市場，以及「你擁有他們所有工廠的80％訂單。假如你不向他們買，他們將立即關閉」，故其發函行為乃為競爭目的，而被發函對象係乙公司80％訂單之客戶，對於乙公司

營業有極大不利影響，故系爭函件非為單純之通知或敬告而已。綜上所述，甲公司之發函行為係為競爭之目的，而陳述足以損害他人營業信譽之不實情事，違反公平交易法第22條之規定（行政院公平交易委員會，2000a）。

(二) 某美商公司於報紙刊登敬告啟事，並持之散布，為足以影響交易秩序之顯失公平行為，違反公平交易法第24條案

1. 國內某大電子連接器製造廠商（甲），檢舉某美商公司及其關係企業於國內外資訊產業界散布不實消息，指稱甲公司銷售之連接器仿冒其專利，致使其遭受鉅大損失。

2. 本案經行政院公平交易委員會審議後認為：該美商公司曾於《經濟日報》及《工商時報》刊登敬告啟事，稱有台灣廠商之產品侵害其專利權。雖該美商公司辯稱其所刊登之敬告啟事，並未提及或影射甲公司；且啟事中係稱「部分台灣電腦廠商」所出口電腦產品的腳座涉及侵害專利，由於甲公司並非電腦公司，故絕非啟事中所稱之「部分台灣電腦廠商」。惟

   (1) 該美商公司曾發函甲公司稱其「未經授權，製造侵害專利之腳座，供台灣電腦廠商製成電腦產品再行銷美國……已涉及侵害某某美商公司在美國之專利權」，此一發函行為及內容，與該美商公司所刊登啟事內容對照，難謂其所刊登啟事，不致涉及甲公司。

   (2) 甲公司係國產連接器製造廠商中規模最大者，其餘主要大廠皆為外商公司，故甲公司之多位代理商或使用者均作證指出，系爭啟事中所指之侵害專利權廠商令其認為即為甲公司。

3. 該啟事僅列出其於我國及美國之專利號碼、專利名稱，未具體表示專利權內容，在連接器產品專利眾多情形下，僅

憑專利號碼及專利名稱並不足以判斷何種產品侵害其專利權。故此項專利權侵害聲明，易使業者不敢使用被指為侵害專利權人之產品，以避免涉訟；亦即該敬告啟事易產生懸疑效果，並有利於自己產品之銷售，其行為已超出保護權利所必要之正當程度，對於競爭者甲公司而言顯不公平，應屬公平交易法第24條所稱之「其他足以影響交易秩序之顯失公平行為」（行政院公平交易委員會，2000a）。

（三）行使專利權之正當行為依公平交易法第45條豁免適用案

　　Intel公司1996年時，在全球之電腦伺服器及工作站的微處理器擁有88％之市場占有率，並曾於民國82年初在國內推動微處理器338授權方案，經台北縣電腦公會、美商AMD、Cyrix等公司共同向公平會檢舉，指稱Intel公司以拒絕提供新晶片技術資料為手段，要求業者簽署338專利授權方案。公平會82年7月受理，85年7月做成暫停調查程序之決定，認為依第45條豁免適用。

（四）專利權不實廣告案

　　某多功能磁鐵吸盤教具製造廠商之專利尚申請中，惟促銷行為宣稱已取得專利，涉及違反公平交易法第21條之不實廣告規定（陳銘煌，2002b）。

重點摘錄

⚡ 隨著高科技產業的迅速發展，新竹科學工業園區歷經20餘年的成長，在整體經濟地位之重要性日益凸顯，已然成為我國高科技產業之重鎮。按新竹科學工業園區89年營業額9,293億元，約占全國資訊電子產業89年銷售額2兆8,628億元之32.5％，另約占全國製造業89年銷售總額8兆6,457億元之10.7％。

⚡ 據調查新竹科學園區產業附加價值約占營業額46.4％，據此計算新竹科學工業園區89年淨產值4,312億元，約占國內生產毛額（GDP）之4.5％。因此，科學工業園區之產業發展，已成為我國高科技產業發展之重要指標。

⚡ 公平交易法規範內容可概分為兩大部分，一為對事業獨占、結合及聯合行為之規範；另一部分則屬不公平競爭行為規範，包括約定轉售價格、妨礙公平競爭行為、仿冒、不實廣告、損害他人營業信譽、不當多層次傳銷、欺罔或顯失公平之行為等。

⚡ 公平交易法第1條開宗明義闡釋該法之立法宗旨，為維護交易秩序與消費者利益，確保公平競爭，促進經濟之安定與繁榮。

⚡ 台積電董事長張忠謀指出，台灣近10年來的經濟成長，受自由化、全球化及科技化三大潮流的推演，帶來前所未有的激烈競爭，首先特別強調競爭學地位提升，係管理學之新增課題；由於全球科技快速發展，使企業深陷更為白熱化的激烈競爭，舉凡市場、技術、人才、資金，無不處於激烈競爭狀態。

⚡ 公平交易法所稱之「競爭」，係指二以上事業在市場上，以較有利之價格、數量、品質、服務或其他條件，爭取交易機會之行為。因此，公平交易法之實施主要為建立公平交易制度，透過公平合理的遊戲規則維護市場交易秩序，鼓勵並保障合法廠商之研發努力與創新，防範大企業濫用市場地位，限制市場競爭。

⚡ 公平交易法第5條所稱之「獨占」，謂事業在特定市場處於無競爭狀態，或具有壓倒性地位，可排除競爭之能力者。二以上事業，實際上不為價格之競爭，而其全體之對外關係，具有前項規定之情形者，視為獨占。

⚡ 依公平交易法第46條規定，事業關於競爭之行為，另有其他法律規定者，於不牴觸本法立法意旨之範圍內，優先適用該其他法律之規定。同法第45條規定，依照著作權法、商標法或專利法行使權利之正當行為，不適用公平交易法之規定。

⚡ 公平交易法有關事業結合之行為態樣，包括與他事業合併、持有或取得他事業有表決權股份或出資額達三分之一以上、受讓或承租他事業全部或主要部分之營業或財產、與他事業經常共同經營或受他事業委託經營，及直接或間接控制他事業之業務

經營或人事任免者。

↗公平交易法所謂「聯合行為」，係指事業以契約、協議或其他方式之合意，與有競爭關係之他事業共同決定商品或服務之價格，或限制數量、技術、產品、設備、交易對象、交易地區等相互約束事業活動之行為。

重要名詞

公平交易法（the Fair Trade Law）

高科技產業（high-tech industries）

獨占行為（monopoly）

結合行為（combination）

聯合行為（concerted action）

約定轉售價格行為（restricting resale prices）

妨礙公平競爭行為（impeding fair competition）

仿冒行為（counterfeiting）

不實廣告行為（untrue action）

損害他人營業信譽行為（impairing business reputation）

多層次傳銷行為（multi-level sales）

欺罔或顯失公平行為（deceptive or unfair action）

問題討論

1.公平交易法之規範內容為何？高科技產業涉及公平交易法之案例主要有哪些行為類型？

2.公平交易法如何規範獨占行為？試舉例說明之。

3.公平交易法所稱結合行為有哪些？如何規範結合行為？

4.公平交易法對聯合行為之定義為何？如何規範聯合行為？

5.公平交易法如何規範高科技產業之不公平競爭行為？可能涉及哪些違法案例類型？

第 16 章
產業環境與廠商競爭
結論

● 16.1 前言

● 16.2 研究結論

16.1 前言

　　矽谷（Silicon Valley）係美國高科技產業重鎮，根據聖荷西（San Jose）第一大報《水星報》，邀集矽谷當地歷史學家、社會學家及業界領袖代表共同研討，認為影響矽谷高科技產業蓬勃發展既深且遠的十大因素，包括矽谷本身是創業文化的搖籃及晶片的發源地、聖荷西市的發展奠定矽谷穩固的基礎、惠普公司樹立大企業經營之獨特文化、移民風潮形成多元化的族裔融合、大戰結束後產業升級都會興起、莫菲基地與國防工業帶動工業蓬勃發展、網景公司上市成功掀起網路股掏金熱、矽谷之父Frederick Terman帶動史丹福創業風氣盛行、蘋果電腦顛覆了人類對機器的疏離感，及成功的規劃水利系統。

　　新竹科學工業園區雖未具備矽谷成功的多項要素，但是規劃之初主要師法矽谷模式作為開發藍本。硬體建設方面，以Stanford Research Park為參考藍圖，儘量保留30%以上之原始綠地，創建公園化之生活、生產、投資與研發之優良環境；軟體建設方面，提供各式各樣的投資誘因，創備良善之投資與營運環境，尤其有關業務推動強調制度面健全法規，創設「單一窗口」（one-stop operation）之服務機制。加上政府高瞻遠矚早期引進並研發半導體技術，帶動國內高科技產業聚落效應之發展。

16.2 研究結論

　　本書嘗試由科學工業園區之產業環境切入，並探討園區廠商之投資營運行為與競爭關係，期能配合科學園區之業務處理

過程，依循高科技產業之發展脈動，剖析歸納當前產業投資營運所面臨之問題，並窺探廠商之營運需求，冀望能拋磚引玉，提供改善當前國內投資環境之淺見，庶幾有助於健全產業發展環境，並作為進一步研究之參考。茲彙整有關結論如次：

一、發揮高科技產業之聚落效應，以落實「綠色矽島」之願景

根據科學工業園區與相關工業區之產業結構比較分析，概可略窺科學園區之高科技產業特質及上下游產業體系之密切關聯脈絡。由於科學園區產業咸屬低污染、高附加價值之研發型高科技產業，加上政府對科學工業有嚴格的投資審查與監督管理機制，園區有非常重視環保工安之產業特質。歷經20餘年的發展，新竹科學工業園區已經產生顯著的產業聚落效應，帶動新竹縣市周圍相關產業之連鎖發展，形成科技產業上中下游之完整體系，諸如近年來許多與園區產業有關之服務業紛紛設立於毗鄰園區之光復路上，另有許多半導體產業中下游封裝、測試等大廠，相繼設立於附近的新竹、湖口工業區，包括部分半導體設備零組件如生產石英管之崇越科技股份有限公司亦於該工業區設廠，就近生產供應園區晶圓廠之需要，儼然形成美國加州矽谷之高科技產業發展聚落，蓋為新竹科學工業園區有「台灣矽谷」之稱的主要原因。除此之外，新竹科學工業園區與加工出口區亦緊密形成上下游產業關聯體系；因此，為實現「綠色矽島」之願景，允宜藉由廣設科學園區計畫，發揮高科技產業之聚落效應，從而提升國民所得，促進總體經濟之安定與繁榮。

二、科學工業之產業關聯性大，為帶動經濟發展之火車頭產業

根據行政院主計處之產業關聯分析，電子產業之最終需求

對相關產業需求總變動量之**感應度**（sensibility），即所謂向前關聯效果，75年至85年間約介於1.26至1.57；另電子產業對所有產業之影響（dispersion）程度，即所謂向後關聯效果，75年至85年約介於1.14至1.22之間。顯示電子產業之受感應程度及對所有產業之影響度遠大於全體產業之平均水準。科學工業園區歷經20餘年發展，已充分展現高生產力、高附加價值、高經濟貢獻度；除了園區多項產品之國際市場占有率排名世界第一位外，新竹科學園區之進出口貿易總額，約占全國貿易總額之10%。另科學工業園區產值約占全國資訊業及電子產業總產值29.6%，足以顯示科學園區對我國整體經濟之貢獻程度。倘從證券交易市場觀察，科學園區前三大上市公司台積電、聯電、宏碁電腦公司，88年底市值合計約占全國總市值20%，對國內整體經濟之影響甚鉅。加上聚落效應之持續發酵，科學工業已取代建築業、鋼鐵業等傳統產業，成為帶動國內經濟發展之火車頭產業。

三、園區廠商之全球運籌營運策略，展現台灣高科技產業實力

新竹科學工業園區歷經20餘年之穩健成長，已有完備的高科技產業體系，廠商除了進行國際性策略聯盟，也開始展開跨國性合縱連橫之營運策略，加速產品範疇及營運規模之擴張。例如87年聯電集團收購日本新日鐵旗下NPNX半導體公司56%股權，並取得實際經營權，首創台灣廠商收購日本上市公司，89年與德國Infineon公司於新加坡合建12吋晶圓廠；另台積電除於美國華盛頓州與數家美國IC公司合資成立Wafertech晶圓廠，又於87年在新加坡與荷蘭飛利浦及新加坡投資公司，聯合投資興建晶圓廠。由於美國矽谷擁有先進技術、充裕資金與優秀人才，成為全球高科技產業之搖籃，新竹科學園區廠商為規劃全球運籌營運策略，已有多家廠商在美國矽谷建立據點，並與全

球領先技術同步成長。根據矽谷時報研究中心（The Silicon Valley Journal eBusiness）調查，新竹科學園區廠商已在矽谷建立灘頭堡者共計有60多家，進駐矽谷之竹科廠商以成立分公司、研發中心、業務開發銷售，及技術支援與RMA（return merchandize assurance，退貨維修保證）等功能最多。至於竹科廠商聚集地，則以矽谷核心所在的兩大城市包括聖荷西市及聖塔克拉拉市為主。此外，科學園區部分廠商亦陸續向經濟部投審會，申請赴大陸投資設廠或設立辦事處，截至89年約30家左右，其中泰半屬電腦周邊產業之廠商。園區廠商之全球運籌營運策略，廣泛在技術領先國家或市場潛力大的地區，設立分支機構、研發中心或行銷據點等，充分展現台灣高科技產業實力。

四、完善的產業環境與營運機制，是竹科成功的主要因素

新竹科學工業園區高科技產業之成功發展，及廠商營運績效斐然蜚聲國際之原因，蓋以科學園區擁有完善之產業環境，具備良好之投資環境，加上高效能之「單一窗口」營運機制，促使園區高科技產業持續蓬勃發展，有效規避經濟景氣循環影響，營業額逐年攀高，已然擺脫傳統產業之成長模式，再創台灣經濟奇蹟。欲探索新竹科學工業園區之成功因素，可溯源至20餘年前之設立背景與定位，除了感念當年創辦園區多位領航者的睿智與貢獻外，政府高瞻遠囑政策居功厥偉。

五、改善園區投資環境與制度規範，滿足高科技廠商營運需求

為協助園區廠商多角化經營，並改善擴充園區發展規模，園區管理局曾提經園區指導委員會決議，開放科學工業園區事業得於投資計畫完成前，從事轉投資業務；並開放園區公司得

於區外設立分公司或工廠，均有助於廠商推動全球化運籌中心之經營策略，提升國際市場之競爭力。除此之外，爲改善園區投資環境與制度規範，有關營運制度規範，包括政府產業政策、投資引進、租稅優惠、技術作股、投資完成、開工檢查、轉投資行爲及區外設立分公司規範，以及撤銷出區辦法、產業合作與競爭規範、研發獎助辦法等法令與制度規範，均值得重新檢驗，是否滿足高科技廠商之營運需求。

六、簡化科學園區之保稅通關作業，提升廠商之滿意水準

爲落實單一窗口及快速通關之服務宗旨，近年來大幅修法改善科學工業園區保稅貿易制度，並全面檢討簡化貨物通關作業。舉凡園區科學工業廠商之貿易業務、保稅業務、通關業務及高科技貨品之流向控管等業務，爲求不斷創新改善作業機制，持續提升服務效能，無不積極推動通關自動化、法規制度化、作業電腦化，並全面邁向無紙化目標，充分發揮有限的行政資源，滿足廠商最大之服務需求。另管理局已協調關政、貿易等主管機關，針對廠商需求意見，整合園區行政資源，相繼推動完成保稅貿易法規之研修工作、簡化保稅物資之自主管理、開放廠商申請例假日及24小時之通關服務、提供不停工及假日盤存、實施保稅帳冊電腦化、委託加工之申辦審查作業電腦化、進一步簡化區內交易申請書、建立高科技貨品報廢作業之標準化流程，並研議開放園區廠商設置區外保稅倉庫等等簡政便民措施。根據廠商滿意度調查結果，科學工業園區廠商對管理局近年來大幅修法改善保稅貿易制度，並全面檢討簡化通關作業之做法多持肯定意見，其中非常滿意者占16.7%、滿意占75%，兩者合計達91.7%、普通占8.3%，尚無勾選不滿意或非常不滿意者。經變異數分析發現，園區**積體電路**（integrated circuits）、**通訊**（telecommunication）、**光電**（optoelectronics）、**精**

密機械（precision machinery）四大產業之滿意度，在5％之顯著水準並無顯著性差異，另電腦周邊產業（PC & peripherals）之滿意度水準有顯著性較高現象，至於生物技術產業（biotechnology）滿意度水準則有顯著性偏低情形，蓋因不同業別產銷特性差異所致。

七、豐碩之研發成果與產品創新，維繫科學園區營運持續熱絡

經濟學家Simon Kuznets指出，經濟成長的主要來源是技術進步，至於勞動與資本累積對平均每人產量成長率之貢獻尚不及十分之一，足見技術進步對產業生產及經濟利益之創造影響甚鉅。由於研發創新係高科技產業持續發展之原動力，而新竹科學園區高科技廠商研發投入占營業額比例平均約7％，遠高於全國平均1.2％。至於研發成果方面，科學園區廠商88年之發明專利數，國內專利核准數為1,146件、國外為1,085件，分別較上年成長25.9％及37.7％。按科學園區之產業引進原則，係以國內無產製、技術優異，或國內急需之重要關鍵性零組件並以研發為主；加上有效的研發獎勵辦法，應屬維繫園區產品不斷創新、廠商投資熱絡及營業額持續攀高的重要因素。雖然國內外經濟有景氣循環，科學工業園區廠商營業額依然大幅成長，蓋與園區廠商一向著重研發創新有關，由於每年都有豐碩之研發成果與創新產品，促使營業額逐年鉅幅攀升。不僅使科學園區成為我國科技重鎮，並在全球高科技產業體系中扮演非常重要之角色。

重點摘錄

↗ 矽谷係美國高科技產業重鎮，影響矽谷高科技產業蓬勃發展既深且遠的十大因素，包括矽谷本身是創業文化的搖籃及晶片的發源地、聖荷西市的發展奠定矽谷穩固的基礎、惠普公司樹立大企業經營之獨特文化、移民風潮形成多元化的族裔融合、大戰結束後產業升級都會興起、莫菲基地與國防工業帶動工業蓬勃發展、網景公司上市成功掀起網路股掏金熱、矽谷之父Frederick Terman帶動史丹福創業風氣盛行、蘋果電腦顛覆了人類對機器的疏離感，及成功的規劃水利系統。

↗ 根據科學工業園區與相關工業區之產業結構比較分析，概可略窺科學園區之高科技產業特質及上下游產業體系之密切關聯脈絡。由於科學園區產業咸屬低污染、高附加價值之研發型高科技產業，加上政府對科學工業有嚴格的投資審查與監督管理機制，園區有非常重視環保工安之產業特質。歷經20餘年的發展，新竹科學工業園區已經產生顯著的產業聚落效應，帶動新竹縣市周圍相關產業之連鎖發展，形成科技產業上中下游之完整體系。

↗ 根據行政院主計處之產業關聯分析，電子產業之受感應程度及對所有產業之影響度遠大於全體產業之平均水準。科學工業園區歷經20餘年的發展，已充分展現高生產力、高附加價值、高經濟貢獻度；且園區多項產品之國際市場占有率排名世界第一位，加上聚落效應之持續發酵，科學工業已成為帶動國內經濟發展之火車頭產業。

↗ 由於美國矽谷擁有先進技術、充裕資金與優秀人才，成為全球高科技產業之搖籃，新竹科學園區廠商為規劃全球運籌營運策略，已有多家廠商在美國矽谷建立據點，並與全球領先技術同步成長。進駐矽谷之竹科廠商以成立分公司、研發中心、業務開發銷售，及技術支援與RMA（return merchandize assurance，退貨維修保證）等功能最多。

↗ 為改善園區投資環境與制度規範，有關營運制度規範，包括政府產業政策、投資引進、租稅優惠、技術作股、投資完成、開工檢查、轉投資行為及區外設立分公司規範，以及撤銷出區辦法、產業合作與競爭規範、研發獎助辦法等法令與制度規範，均值得重新檢驗，是否滿足高科技廠商之營運需求。

↗ 科學工業園區廠商營業額持續大幅成長，蓋與園區廠商一向著重研發創新有關，由於每年都有豐碩之研發成果與創新產品，促使營業額逐年鉅幅攀升。不僅使科學園區成為我國科技重鎮，並在全球高科技產業體系中扮演非常重要之角色。

重要名詞

矽谷（Silicon Valley）

感應度（sensibility）

積體電路產業（integrated circuits）

通訊產業（telecommunication）

光電產業（optoelectronics）

精密機械產業（precision machinery）

電腦及周邊產業（PC & peripherals）

生物技術產業（biotechnology）

問題討論

1. 請說明影響美國矽谷高科技產業發展之十大因素。

2. 請說明高科技產業之聚落效應與實現政府「綠色矽島」政策目標之關係為何。

3. 請略述新竹科學工業園區之成功因素為何。

4. 請說明高科技產業之研發創新對科學工業園區發展之重要性為何。

Notes

參考文獻

一、中文部分

孔憲法（1996）。〈從全球看兩岸科學園區發展〉。《兩岸都市發展變遷與展望研討會論文集（第三屆）》，111-126。台北市：中華民國都市計畫學會。

王弓（1997，3月）。〈從新竹到台南──建設科學工業園區、邁向科技島〉。國科會科學工業園區管理局專題報告。

王弓、夏慕梅、陳俊偉（1999，9月）。〈出席第十六屆國際科學園區組織IASP年會報告〉。科學工業園區管理局及台南科學園區開發籌備處出國報告。

王國樑（2004）。《管理經濟學》（第二版）。台北：東華書局。

王鳳生（2004）。《經濟學──個體生活世界之讀解》（初版）。台中：滄海書局。

台南科技工業區（1999）。〈台南科技工業區引進產業型態〉。1999年11月8日，取自台南科技工業區網站http://www.ttip.gov.tw/。

行政院公平交易委員會（2000a）。《認識公平交易法》（增訂七版），宣導系列。

行政院公平交易委員會（2000b）。〈台灣積體電路製造股份有限公司依公平交易法第6條第1項第1款規定，申請與德碁半導體股份有限公司及世大積體電路股份有限公司結合案〉。《競爭政策通訊》，4（3），23-24。行政院公平交易委員會

競爭政策資料及研究中心。

行政院公平交易委員會（2000c）。〈東森媒體科技股份有限公司申請與聯群、新台北、金頻道及新竹振道有線電視公司事業結合許可案〉。《競爭政策通訊》，4（4），20-21。行政院公平交易委員會競爭政策資料及研究中心。

行政院公平交易委員會（2001）。〈荷蘭皇家飛利浦電子股份有限公司、日本新力股份有限公司及日本太陽誘電股份有限公司在台之光碟產品規格專利授權行為，違反公司交易法第14條、第10條第2及第4條款規定案〉。《競爭政策通訊》，5（2），59-62。行政院公平交易委員會競爭政策資料及研究中心。

行政院主計處（2000，1月）。《台灣地區產業關聯表編製報告》。

行政院國家科學委員會（1997）。《中華民國科技白皮書──科技化國家宏圖》。行政院國家科學委員會科技白皮書。

李界木、陳銘煌、胡世民、呂澄蘭、黃以晴等（2004）。〈新竹科學工業園區生技廠商之產品技術彙編Biotechnology Companies in Hsinchu Science Park〉。《Bio Taiwan 2004台灣生技月》。科學工業園區管理局投資組。

李界木、陳銘煌、夏慕梅、郭坤明、王宏元（2004）。〈參加義大利Bergamo市「第21屆世界科學園區協會（IASP）年會」並參訪瑞士UNAXIS公司及法國亞東氣體總公司〉。國科會科學工業園區管理局出國報告。

李國鼎（2000，4月）。〈園區二十年憶往〉。《新竹科學工業園區二十週年紀念專刊》。

林明漢（1998，6月）。〈學術資源對建構科學園區孕育與發展機制之研究〉。科學工業園區管理局自行研究報告。

林信義（2000，11月17日）。〈停建核四及其替代方案〉。經濟部專題報告。

林建元等（1999，1月）。〈設置科學園區總體環境分析之研究〉。行政院國科會科學工業園區管理局委託研究計畫。

施振榮（2000，11月）。「提升企業價值——企業能力與資產的重整」。台灣應用材料股份有限公司主辦，「數位時代領袖高峰論壇」，台北。

洪順慶、李小梅、余佩珊（1999）。《市場調查》（初版二刷）。台北縣蘆洲鄉：國立空中大學。

科學工業園區管理局（1999）。《1998科學工業園區年報》。新竹：科學工業園區管理局投資組。

科學工業園區管理局（2000）。《1999科學工業園區年報》。新竹：科學工業園區管理局投資組。

科學工業園區管理局（2005）。《2004科學工業園區年報》。新竹：科學工業園區管理局投資組。

孫震（2000）。〈台灣的科技管理與產業發展〉。《競爭政策通訊》，4（3），1-7。

徐小涵（1997，10月）。〈新竹科學工業園區與加工出口區經貿交易互動資料之分析報告〉。科學工業園區管理局專題研究報告。

徐賢修（2000）。〈回憶新竹科學工業園區成立始末〉。《新竹科學工業園二十週年紀念專刊》，27-31。

徐賢修口述，陶端格筆記（1995）。〈回憶新竹科學工業園區成立始末〉。《傳記文學》，66（6），23-28。

馬維揚（1998）。《台灣高科技產業發展之實證研究》。台北市：華泰。

曹小琴、陳瓊瑤（1997，12月）。〈出席「APEC科技工業園區溝通網路會議」暨參訪大陸APEC科技工業園區〉。科學工業園區管理局出國報告。

曹興誠（1999，3月）。「談台灣IC工業之競爭力」。聯電集團。

陳銘煌（1993）。〈我國與亞洲鄰國物價水準及政策比較分

析〉。《台灣經濟月刊》，194，30-43。

陳銘煌（2000，12月）。〈科學工業園區產業環境及廠商投資營運行為之探討〉。行政院國科會科學工業園區管理局自行研究。

陳銘煌（2001a）。〈科學工業園區廠商對保稅通關制度之滿意度調查分析〉。《國立空中大學商學學報》，9，145-180。

陳銘煌（2001b）。〈園區89年營業額累計達9293億元再創新高〉。《科學園區雙週刊》，228，1-3。

陳銘煌（2002a）。〈科學工業園區之產業特質分析〉。《國立空中大學商學學報》，10，71-96。

陳銘煌（2002b）。《公平交易法與產業經濟分析》。台中市：滄海書局。

陳銘煌（2003）。〈新竹科學工業園區之開發模式與營運績效〉。《台灣經濟金融月刊》，39（8），42-51。

陳銘煌（2004）。〈新竹科學園區93年營運目標1.2兆元〉。《科學園區簡訊》，269，1-3。

陳銘煌（2005a）。〈竹科93年營業額1兆859億元再創新高〉。《科學園區簡訊》，275，3-5。

陳銘煌（2005b）。〈科管局及宜蘭縣政府聯合赴美歐招商引發熱烈迴響〉。《科學園區雙週刊》，279，18-20。

陳銘煌（2005c）。〈國科會竹科銅鑼科學園區赴美招商圓滿成功〉。《科學園區雙週刊》，278，4-5。

黃文雄（1999，12月）。〈前瞻與超越——再造科學工業園區迎向新世紀〉。科學工業園區管理局專題報告。

黃文雄（2000，11月）。〈科學工業園區水電問題簡報〉。科學工業園區管理局。

新竹科學工業園區（2000）。《污水處理廠折頁簡介》。科學工業園區管理局。

楊文科（2000，2月3日）。《新竹縣縣誌經濟篇草稿》。新竹縣

政府。

楊政學（2005a）。《實務專題製作：企業研究方法的實踐》（第
　　二版）。台北：新文京開發公司。

楊政學（2005b）。《個體經濟學：學理與應用》（初版）。台
　　北：新文京開發公司。

楊政學（2005c）。《經濟分析：學理與實證》（初版）。台北
　　市：揚智文化。

楊政學、陳佩君（2003）。〈休閒農場創新管理策略之個案研
　　究：以桃園蓮園為例〉。《92年度運動觀光及休閒產業管理
　　學術研討會論文集》，87-97。國立屏東科技大學。

經濟部（1998）。《產業技術白皮書》。經濟部技術處編印。

經濟部（1999）。《半導體工業年鑑》，捌1-65。經濟部技術處
　　及工業技術研究院。

經濟部（2004）。《產業技術白皮書》。經濟部技術處編印。

經濟部加工出口區管理處（1996）。《加工出口區倉儲轉運專區
　　——推動亞太製造中心之助力》。經濟部加工出口區管理處
　　編印。

薛香川（1994）。〈科學工業園區的現況與展望〉。國科會科學
　　工業園區管理局專題報告。

謝振環、陳正亮（2003）。《經濟學》（初版）。台北：東華書
　　局。

二、英文部分

Bennett, B. A. (1999). "Dataquest predicts semiconductor market
　　will rebound in 1999." The Industry News Month in Review.
　　Dataquest.

City of San Jose (2000). "Why is San Jose called the capital of
　　Silicon Valley?" City of San Jose, Office of Economic

Development.

IASP (1998). Delivering Innovation, XV IASP World Conference of Science Parks. Perth/Australia, October 18 to 23.

Pindyck, R. S. & D. L. Rubinfeld (2000). *Microeconomics* (5th ed). Prentice Hall, Inc.

Romera, F. (1998, October). "Technocells." International Association of Science Parks (IASP). Perth.

Tanzer, A. (1998). "Silicon Valley East." *Forbes Global Business & Finance*, June 1, 123-127.

The Silicon Valley Journal (1999). Serving Asia Pacific Silicon Valleys eBusiness, Serial 1.

中英索引

A-J效果 Averch-Johnson effect 183

Lerner指數 Lerner index 100

X-無效率 X-inefficiency 182

3劃

三角研究園區 Research Triangle 247

大學相關研究園區協會 Association of University Related Research Parks 242

工業技術研究院 Industrial Technology Research Institute 248

工業園區 industrial park 208

4劃

不公平 inequitability 177

不可獲利市場 nonprofitable market 182

不完全競爭 imperfect competition 39

不完全競爭行為 non-competitive behavior 177

不實廣告行為 untrue action 376

中小企業創新研發制度 Small Business Innovation Research 267

公平交易法 the Fair Trade Law 374, 376

公用事業 public utilities 185

公共利益理論 the public inter-est theory 171

公共利益學說 the public inter-est theory 177

公有公營 public ownership 188

勾結 collusion 127

反托拉斯法 Anti-Trust Law 128

天真的 naive 124

5劃

包絡曲線 envelope curve 14

卡特爾 Cartel 127

可獲利市場 profitable market 182

古諾模型 Cournot model 124

史塔貝克模型 Stackelberg model 125

外部不經濟 external disec-onomies 65

外部性 externalities 70

外部經濟 external economies 66

市場失靈 market failure 70

市場失靈學說 the market fail-ure theory 177

市場區隔 market segmentation 151

市場結構 market structure 157

市場開發 market development 25

市場集中度 market concentra-tion 158

市場滲透 market penetration 25

平均支出 average expenditure 113

平均成本訂價法 average cost pricing 185

平均收益 average revenue 16

平滑曲線 piecewise smooth curve 54

正常利潤 normal profit 18-19

瓦聖那協議 Wassenar Agree-ment 296

生物技術產業 biotechnology 401

生產者剩餘 producer surplus 61, 69

6劃

交叉補貼 cross subsidization 182, 188

交互影響 interdependence 45

仿冒行為 counterfeiting 376

光電產業 optoelectronics 400

全面成本優勢 cost leadership 29

劣勢 weaknesses 21

多角化 diversification 25

多層次傳銷行為 multi-level sales 376

成本不變產業 constant cost industry 66

成本遞減產業 decreasing cost industry 66

成本遞增產業 increasing cost industry 66

成長／占有率矩陣法 growth／share matrix 30

成長極理論 growth pole theory 230

自然獨占 natural monopoly 78, 105, 185

行政成本 administrative costs 172

7劃

作弊 cheating 130

低功率靜態隨機存取記憶體 low power SRAM 329-330

利益團體學說 the theory of interest groups 177

利潤 profit 52

利潤極大訂價法 profit maximization pricing 185

吸引創新 attracting innovation 245

均衡 equilibrium 68

妨礙公平競爭行為 impeding fair competition 376

完全差別訂價 perfect price discrimination 149

完全競爭 perfect competition 38

技術育成中心 technology-based incubators 245

技術園區 technocell 245

技術擴散 technology dissemination 245

投入管制 input regulation 184

沉沒成本 sunk cost 43

私人利益學說 the private interest theory 177

系統級封裝模組 SiP 358-359

系統單晶片 system on a chip, SOC 330, 332

貝德蘭模型 Bertrand model 125

8劃

其他成本不利因素 cost disadvantage 27

抵換 trade-off 274

拗折 kinked 126

拗折需求曲線模型 kinked demand curve model 126

服從成本 compliance costs 173

波士頓顧問集團 Boston Consulting Group 30

法定報酬率 rate of return regulation 175

矽谷 Silicon Valley 396

社會無謂損失 social deadweight loss 72, 102-103, 154, 166, 186

社會福利 social welfare 69

社會管制 social regulation 172

股票認購權 stock options 272

長期平均成本曲線 long-run average cost curve 12

長期邊際成本曲線 long-run marginal cost curve 12

非意欲的效果 unintended side effect 173

非對稱性數位用戶迴路器 ADSL 333

非價格競爭 nonprice competition 40, 141

非關聯多角化 unrelated diversification 26

9劃

保稅物資 bonded goods 286, 288, 297, 299, 308, 309

促進產業升級條例 Statute for Upgrading Industries 222

威脅 threats 21

按月彙報 monthly declaration privileges 307

政府失能 government failure 183

政府政策 government policy 27

政治聯盟的組成 the formation of political coalitions 179

柏拉圖最佳境界 Pareto optimality 153

狡猾的 sophisticated 125

研究園區 research park 208

科技島 Silicon Island 206

科技都市 technopolis 244

科技園市計畫 technopolis program 229-230

科技園區 technology park 243

科學工業 science-based industry 225

科學工業園區 Science Park 199

約定轉售價格行為 restricting resale prices 376

美國存託憑證 American depository reserve 324

10劃

原始投資 initial investment 43

套利 arbitrage 149

差別訂價 price discrimination 148

差異化 differentiation 30

效能 effectiveness 167

效率 efficiency 167

核心科學園區 core science park 208

消費者剩餘 consumer surplus 69, 152

特許權 franchise 174

缺陷 drawbacks 177

逆選擇 adverse selection 184

退貨維修保證 return merchandize assurance 324

追求經濟租 rent seeking 103

配合款補貼 matching grants 176

配銷通路 distribution channels 27

配額管制 quota regulation 175

高科技產業 high-tech industries 374

高密度波長多工器 DWDM 333

高密度波長多工器濾光鏡片 DWDM filter 354

11劃

停產點 shut-down point 59

動態隨機存取記憶體 DRAM 222

區隔市場 segment market 29

國家毫微米元件實驗室 National Nano Device Laboratories 265

國際合作 international co-operation 245

國際科學園區組織 International Association of Science Park 242, 243

國際標準品質保證制度環境管理系統認證 The International Organization for Standardization, ISO 14000系列 228

基本競爭策略 generic competitive strategy 29

執照 license 174

專利權 patents 79

專注經營 focus 30

掠奪學說 the capture theory 177

理性冷漠 rational ignorance 172

產出管制 output regulation 184

產品差異化 product differentiation 27

產品差異性 product differentiation 46

產品開發 product development 25

產能過剩 excess capacity 140

產業 industry 38

產業內 within-treatments or within-groups 302

產業別 industry-specific 182

產業間 between-treatments or between-groups 302

第一級差別訂價 first-degreed price discrimination 149

第二級差別訂價 second-degreed price discrimination 149

第三級差別訂價 third-degreed price discrimination 151

被管制產業 the regulated industries 183

規模經濟 economies of scale 27, 78

規範經濟學 normative economics 200

設立成本 start-up cost 78

設計之服務聯盟 design service alliance 333

通訊產業 telecommunication 400

連鎖效果 linkage effect 243

12劃

創始股票 founder's shares 272

創業育成中心 incubator center 243

勝利聯盟 winning collation 180

單一窗口 one-stop operation 248

報復 tit-for-tat 132

晶圓代工 IC foundry 222

智慧財產權 intellectual property right 79

欺罔或顯失公平行為 deceptive or unfair action 376

無形的 intangible 183

無效率 inefficiency 177

無晶圓廠的設計公司 fabless 333

無謂損失 deadweight loss 152

短期平均成本曲線 short-run average cost curve 12

筑波科學城 Tsnkuba Science City 229

結合行為 combination 376

進入障礙 barrier to entry 96

進入障礙 entry barrier 27

集中度指標 concentration index 157

13劃

感應度 sensibility 398

損害他人營業信譽行為 impairing business reputation 376

損益平衡點 break-even point 56

暗中勾結 tacit collusion 131

會計利潤 accounting profit 18

經濟利潤 economic profit 19

經濟效率 economic efficiency 68

經濟管制 economic regulation 172

群聚效應 cluster effect 198

補貼 subsidy 87

資金需求 capital requirement 27

道德危機 moral hazard 184

電子自動化設計 EDA 358

電腦及周邊產業 PC & peripherals 401

14劃

寡占 oligopoly 38, 44, 124

寡買 oligopsony 44

對資本財進行過度投資 over-investment in capital 183

福利效果 welfare effects 71

管制 regulation 172

管理鬆散 managerial slack 167

精密機械產業 precision machinery 400-401

綜效 synergy 26

綠色矽島 Green Silicon Island 198

網際網路服務業者 internet service provider 45

網際網路語音通訊 VOIP 330

領導廠商 dominate firm 131

15劃

價值鏈 value chain 22

價格的接受者 price taker 41

價格管制 price regulation 175

價格領導者 price leader 131

價格僵固性 price stickiness 125

廠址選擇 site selection 206

數位訊號處理器 DSP 333

標準管制 regulation of standards 175

編碼 coding 79

16劃

整合元件製造廠 IDM 333

機會 opportunities 21

獨占 monopoly 38, 78

獨占力 monopoly power 95

獨占行為 monopoly 376

獨占性競爭 monopolistic competition 38, 138

獨占財富 monopoly rents 168

獨買 monopsony 44, 112

獨買力 monopsony power 44

積體電路產業 integrated circuits 400

錢柏林模型 Chamberline model 128

17劃

優勢 strengths 20-21

壓力俘掠理論 the capture theory 171

應用服務供應商 ASP 331

營業許可 entry regulation 174

營運績效 operation performance 201, 202

矯枉過正 overzealous personnel 173

總收益 total revenue 16

總和集中度 aggregate concentration 158

聯合行為 collusion 127

聯合行為 concerted action 376

18劃

擴張線 expansion path 7

轉換成本 switch cost 27

離散 discrete 54

雙占 duopoly 45

雙邊獨占 bilateral monopoly 119-120

鬆綁 deregulation 190

19劃

邊際支出 marginal expenditure 113

邊際成本 marginal cost 68

邊際成本訂價法 marginal cost pricing 185

邊際收入 marginal revenue 81

邊際收益 marginal revenue 16

邊際利益 marginal benefit 68

邊際價值 marginal value 112, 113

關聯多角化 related diversification 25

20劃

競爭動力 competitive forces 26

競租行為 rent seeking 154, 168

23劃

變異數分析表 Analysis of Variance Table 303

英中索引

A

accounting profit 會計利潤 18

administrative costs 行政成本 172

ADSL 非對稱性數位用戶迴路器 333

adverse selection 逆選擇 184

aggregate concentration 總和集中度 158

American depository reserve 美國存託憑證 324

Analysis of Variance Table 變異數分析表 303

Anti-Trust Law 反托拉斯法 128

arbitrage 套利 149

ASP 應用服務供應商 331

Association of University Related Research Parks 大學相關研究園區協會 242

attracting innovation 吸引創新 245

average cost pricing 平均成本訂價法 185

average expenditure 平均支出 113

average revenue 平均收益 16

Averch-Johnson effect A-J效果 183

B

barrier to entry 進入障礙 96

Bertrand model 貝德蘭模型 125

between-treatments or between-groups 產業間 302

bilateral monopoly 雙邊獨占 119-120

biotechnology 生物技術產業 401

bonded goods 保稅物資 286, 288, 297, 299, 308, 309

Boston Consulting Group 波士頓顧問集團 30

break-even point 損益平衡點 56

C

capital requirement 資金需求 27

capture theory, the 掠奪學說 177

capture theory, the 壓力俘掠理論 171

Cartel 卡特爾 127

Chamberline model 錢柏林模型 128

cheating 作弊 130

cluster effect 群聚效應 198

coding 編碼 79

collusion 勾結 127

collusion 聯合行為 127

combination 結合行為 376

competitive forces 競爭動力 26

compliance costs 服從成本 173

concentration index 集中度指標 157

concerted action 聯合行為 376

constant cost industry 成本不變產業 66

consumer surplus 消費者剩餘 69, 152

core science park 核心科學園區 208

cost disadvantage 其他成本不利因素 27

cost leadership 全面成本優勢 29

counterfeiting 仿冒行為 376

Cournot model 古諾模型 124

cross subsidization 交叉補貼 182, 188

D

deadweight loss 無謂損失 152

deceptive or unfair action 欺罔或顯失公平行為 376

decreasing cost industry 成本遞減產業 66

deregulation 鬆綁 190

design service alliance 設計之服務聯盟 333

differentiation 差異化 30

discrete 離散 54

distribution channels 配銷通路 27

diversification 多角化 25

dominate firm 領導廠商 131

DRAM 動態隨機存取記憶體 222

drawbacks 缺陷 177

DSP 數位訊號處理器 333

duopoly 雙占 45

DWDM 高密度波長多工器 333

DWDM filter 高密度波長多工器濾光鏡片 354

E

economic efficiency 經濟效率 68

economic profit 經濟利潤 19

economic regulation 經濟管制 172

economies of scale 規模經濟 27, 78

EDA 電子自動化設計 358

effectiveness 效能 167

efficiency 效率 167

entry barrier 進入障礙 27

entry regulation 營業許可 174

envelope curve 包絡曲線 14

equilibrium 均衡 68

excess capacity 產能過剩 140

expansion path 擴張線 7

external diseconomies 外部不經濟 65

external economies 外部經濟 66

externalities 外部性 70

F

fabless 無晶圓廠的設計公司 333

Fair Trade Law, the 公平交易法 374, 376

first-degreed price discrimination 第一級差別訂價 149

focus 專注經營 30

formation of political coalitions, the 政治聯盟的組成 179

founder's shares 創始股票 272

franchise 特許權 174

G

generic competitive strategy 基本競爭策略 29

government failure 政府失能 183

government policy 政府政策 27

Green Silicon Island 綠色矽島 198

growth / share matrix 成長 / 占有率矩陣法 30

growth pole theory 成長極理論 230

H

high-tech industries 高科技產業 374

I

IC foundry 晶圓代工 222

IDM 整合元件製造廠 333

impairing business reputation 損害他人營業信譽行為 376

impeding fair competition 妨礙公平競爭行為 376

imperfect competition 不完全競爭 39

increasing cost industry 成本遞增產業 66

incubator center 創業育成中心 243

industrial park 工業園區 208

Industrial Technology Research Institute 工業技術研究院 248

industry 產業 38

industry-specific 產業別 182

inefficiency 無效率 177

inequitability 不公平 177

initial investment 原始投資 43

input regulation 投入管制 184

intangible 無形的 183

integrated circuits 積體電路產業 400

intellectual property right 智慧財產權 79

interdependence 交互影響 45

International Association of Science Park 國際科學園區組織 242, 243

international co-operation 國際合作 245

International Organization for Standardization, ISO 14000系列 國際標準品質保證制度環境管理系統認證 228

internet service provider 網際網路服務業者 45

K

kinked 拗折 126

kinked demand curve model 拗折需求曲線模型 126

L

Lerner index Lerner指數 100

license 執照 174

linkage effect 連鎖效果 243

long-run average cost curve 長期平均成本曲線 12

long-run marginal cost curve 長期邊際成本曲線 12

low power SRAM 低功率靜態隨機存取憶體 329-330

M

managerial slack 管理鬆散 167

marginal benefit 邊際利益 68

marginal cost 邊際成本 68

marginal cost pricing 邊際成本訂價法 185

marginal expenditure 邊際支出 113

marginal revenue 邊際收入 81

marginal revenue 邊際收益 16

marginal value 邊際價值 112, 113

market concentration 市場集中度 158

market development 市場開發 25

market failure 市場失靈 70

market failure theory, the 市場失靈學說 177

market penetration 市場滲透 25

market segmentation 市場區隔 151

market structure 市場結構 157

matching grants 配合款補貼 176

monopolistic competition 獨占性競爭 38, 138

monopoly 獨占 38, 78

monopoly 獨占行為 376

monopoly power 獨占力 95

monopoly rents 獨占財富 168

monopsony 獨買 44, 112

monopsony power 獨買力 44

monthly declaration privileges 按月彙報 307

moral hazard 道德危機 184

multi-level sales 多層次傳銷行為 376

N

naive 天真的 124

National Nano Device Laboratories 國家毫微米元件實驗室 265

natural monopoly 自然獨占 78, 105, 185

non-competitive behavior 不完全競爭行為 177

nonprice competition 非價格競爭 40, 141

nonprofitable market 不可獲利市場 182

normal profit 正常利潤 18-19

normative economics 規範經濟學 200

O

oligopoly 寡占 38, 44, 124

oligopsony 寡買 44

one-stop operation 單一窗口 248

operation performance 營運績效 201, 202

opportunities 機會 21

optoelectronics 光電產業 400

output regulation 產出管制 184

over-investment in capital 對資本財進行過度投資 183

overzealous personnel 矯枉過正 173

P

Pareto optimality 柏拉圖最佳境界 153

patents 專利權 79

PC & peripherals 電腦及周邊產業 401

perfect competition 完全競爭 38

perfect price discrimination 完全差別訂價 149

piecewise smooth curve 平滑曲線 54

precision machinery 精密機械產業 400-401

price discrimination 差別訂價 148

price leader 價格領導者 131

price regulation 價格管制 175

price stickiness 價格僵固性 125

price taker 價格的接受者 41

private interest theory, the 私人利益學說 177

producer surplus 生產者剩餘 61, 69

product development 產品開發 25

product differentiation 產品差異化 27

product differentiation 產品差異性 46

profit 利潤 52

profitable market 可獲利市場 182

profit maximization pricing 利潤極大訂價法 185

public interest theory, the 公共利益理論 171

public interest theory, the 公共利益學說 177

public ownership 公有公營 188

public utilities 公用事業 185

Q

quota regulation 配額管制 175

R

rate of return regulation 法定報酬率 175

rational ignorance 理性冷漠 172

regulated industries, the 被管制產業 183

regulation 管制 172

regulation of standards 標準管制 175

related diversification 關聯多角化 25

rent seeking 追求經濟租 103

rent seeking 競租行為 154, 168

research park 研究園區 208

Research Triangle 三角研究園區 247

restricting resale prices 約定轉售價格行為 376

return merchandize assurance 退貨維修保證 324

S

science-based industry 科學工業 225

Science Park 科學工業園區 199

second-degreed price discrimination 第二級差別訂價 149

segment market 區隔市場 29

sensibility 感應度 398

short-run average cost curve 短期平均成本曲線 12

shut-down point 停產點 59

Silicon Island 科技島 206

Silicon Valley 矽谷 396

SiP 系統級封裝模組 358-359

site selection 廠址選擇 206

Small Business Innovation Research 中小企業創新研發制度 267

social deadweight loss 社會無謂損失 72, 102-103, 154, 166, 186

social regulation 社會管制 172

social welfare 社會福利 69

sophisticated 狡猾的 125

Stackelberg model 史塔貝克模型 125

start-up cost 設立成本 78

Statute for Upgrading Industries 促進產業升級條例 222

stock options 股票認購權 272

strengths 優勢 20-21

subsidy 補貼 87

sunk cost 沉沒成本 43

switch cost 轉換成本 27

synergy 綜效 26

system on a chip, SOC 系統單晶片 330, 332

T

tacit collusion 暗中勾結 131

technocell 技術園區 245

technology-based incubators 技術育成中心 245

technology dissemination 技術擴散 245

technology park 科技園區 243

technopolis 科技都市 244

technopolis program 科技園市計畫 229-230

telecommunication 通訊產業 400

theory of interest groups, the 利益團體學說 177

third-degreed price discrimination 第三級差別訂價 151

threats 威脅 21

tit-for-tat 報復 132

total revenue 總收益 16

trade-off 抵換 274

Tsnkuba Science City 筑波科學城 229

U

unintended side effect 非意欲的效果 173

unrelated diversification 非關聯多角化 26

untrue action 不實廣告行為 376

V

value chain 價值鏈 22

VOIP 網際網路語音通訊 330

W

Wassenar Agreement 瓦聖那協議 296

weaknesses 劣勢 21

welfare effects 福利效果 71

winning collation 勝利聯盟 180

within-treatments or within-groups 產業內 302

X

X-inefficiency X-無效率 182

產業與競爭關係

管理叢書4

著　　者／楊政學・陳銘煌

出 版 者／揚智文化事業股份有限公司

發 行 人／葉忠賢

總 編 輯／林新倫

執行編輯／晏華璞

登 記 證／局版北市業字第1117號

地　　址／台北市新生南路三段88號5樓之6

電　　話／(02)2366-0309

傳　　真／(02)2366-0310

E - m a i l／service@ycrc.com.tw

網　　址／http://www.ycrc.com.tw

郵撥帳號／19735365

戶　　名／葉忠賢

印　　刷／大象彩色印刷製版股份有限公司

法律顧問／北辰著作權事務所　蕭雄淋律師

初版一刷／2005年10月

定　　價／新台幣520元

ＩＳＢＮ／957-818-761-0

國家圖書館出版品預行編目資料

產業與競爭關係 = The relation of industry and
competition / 楊政學, 陳銘煌著. -- 初版. -- 台北
市：揚智文化, 2005 [民94]
　　面；　公分. --（管理叢書；4）
參考書目：面
含索引
ISBN 957-818-761-0（平裝）

1. 競爭（經濟）2. 產業

553.53　　　　　　　　　　　　　　94018768